KB067894

네트워크 마케팅
이렇게 시작하면 된다

네트워크 마케팅에서 성공할 수 있는 필승 매뉴얼!
전편을 뛰어넘는 견고하고 자세한 실전 해설서!

실전판 네트워크 마케팅
이렇게 시작하면 된다

Network Marketing Business, The Excellent Manual to win

아름다운 사회

네트워크 마케팅에서의
성공여부는 90%가 우리의 마음자세

다른 사람을 배려하는 마음과 '반드시 성공하겠다' 는
강한 신념을 갖고 행동하는 사람은 풍부한
사업지식을 갖고 있으면서 실천하지 않는
사람보다 성공할 확률이 훨씬 더 높습니다.
다시 말해 적극적인 행동은 풍부한
사업지식보다 우선하는 것입니다.
하지만 사업지식이 전혀 없어서도 안 됩니다.

네트워크 마케팅의 입문서로써 이 책에 앞서 출간된 『네트워크 마케팅, 이렇게 하면 성공할 수 있다』에서는 성공자에게 공통적으로 필요한 '그룹 리더의 여덟 가지 조건' 과 그 이면에 숨어 있는 '성공으로 이끄는 열 가지 원칙' 을 자세하게 소개하였습니다. 아마도 그 '열 가지 원칙' 을 충분히 이해하고 '여덟 가지 조건' 을 충족시켜 현재 네트워크 마케팅 사업을 하고 있는 사람들도 많이 있을 것입니다.

만약 당신이 지금까지 열심히 노력해 왔는데, 아직 성공의 문이 보이지 않는다면 아마도 다음과 같은 의문을 품고 있을 것입니다.

'나는 성공으로 이끄는 열 가지 원칙을 이해하고 그룹 리더의 여덟 가지 조건을 잘 실천하고 있는데 왜 아직 성공하지 못하고 있는 것일까?'

그러한 의문에 대한 대답으로 몇 가지를 지적하고자 합니다.

첫째, 만약 당신이 '성공으로 이끄는 열 가지 원칙'을 충분히 이해하였고 '그룹 리더의 여덟 가지 조건'을 충족시키며 사업을 전개하고 있다면 당신의 성공은 시간문제일 뿐입니다.

네트워크 마케팅은 마치 봄에 씨를 뿌리고 가을에 수확하는 농사와 같기 때문에 농부와 같은 마음으로 임하지 않으면 안 됩니다. 그러므로 모든 성공조건들을 그대로 실천하여 기대만큼 좋은 결과가 나오지 않을지라도 조급하게 서둘지 말고 성공조건을 100% 신뢰하며 더불어 자신의 성공을 확신하면서 적어도 1년간은 결과를 되돌아보지 마십시오.

그렇다고 성공으로 인도하는 패턴에 따라 사업을 계속해도 1년 동안 전혀 좋은 결과를 얻을 수 없다는 뜻은 아닙니다. 다만, 씨를 뿌리면 그것을 수확할 때까지 오랜 기간이 걸린다는 의미입니다.

어쩌면 당신은 여러 해에 걸쳐 회사 혹은 누군가에게 고용되어 일해 본 경험이 있을지도 모릅니다. 하지만 이제는 새로운 사업을 시작했습니다.

그럼에도 불구하고 아직까지 옛날의 습관을 벗어버리지 못한 것입니까? 혹시 네트워크 마케팅을 일주일 정도 하면 그만큼의 급료를 받을 수 있을 것이리고 생각하지는 않습니끼? 물론 회사에 출근히여 그 시간만큼 일을 하면 시간과 맞바꾼 대가가 돌아오겠지요. 이러한 시스템은 일한 시간만큼 수입이 들어오기 때문에 언뜻 보기에 대단히 편리하고 좋은 방법인 것 같지만, 사실 일을 그만두면 수입이 완전히 없어져 버리는 소위 '노동수입' 입니다.

반면, 네트워크 마케팅 사업에서는 일주일을 일했다고 하여 급료가 나오는 것이 아닙니다. 아니, 3개월 동안 열심히 일할지라도 받는 것은 약간의 보너스에 지나지 않을지도 모릅니다. 오히려 대부분의 경우, 처음 몇 개월 동안에는 사업경비가 사업을 통해 얻는 수입을 크게 웃돌기도 합니다.

하지만 농부의 마음으로 1년 동안 결과에 전혀 신경 쓰지 말고 업 라인과 밀접한 연락을 취하며 사업을 지속하십시오. 그리고 당신이 배운 대로 그룹 내의 사람들에게 '성공으로 이끄는 열 가지 원칙' 과 '그룹 리더의 여덟 가지 조건' 을 가르치십시오.

그리하여 그룹 내의 사람들이 당신과 똑같이 사업을 시작한다면 다시 말해 그들이 당신을 복제한다면, 당신이 당신의 지역에서 미팅을 개최하는 동안, 당신 그룹의 누군가가 어딘가에서 다른 미팅을 주최하게 될 것입니다. 혹은 당신이 회사에서 일하는 동안 다른 누군가가 제품의 카탈로그를 보고 제품을 주문하여 당신이 알지 못하는 사이에 당신의 포인트가 올라가는 일이 생길 것입니다. 더 나아가 당신이 잠자고 있는 동안 당신 그룹 내의 누군가가 외국인에게 사업설명을 하는 상황으로 발전할지도 모릅니다.

이처럼 당신의 그룹 안에서 일단 복제가 일어나면 당신의 시간을 다섯 배 혹은 열 배로 만드는 일이 가능해집니다. 그리고 당신이 사업을 하든 하지 않든 수입이 계속해서 들어오는 이른바 '권리수입'이 생깁니다.

이것이 바로 네트워크 마케팅의 커다란 장점입니다.

이 사업은 당신이 상상하는 것 이상으로 놀라운 가능성을 지니고 있는 것입니다.

둘째, 네트워크 마케팅에서 성공하기 위해 반드시 필요한 것은 '나는 할 수 있다'는 적극적인 마음자세와 인간관계를 원활하게 해주는 노하우, 즉 '나를 대하듯 다른 사람을 대한다'는 정신이 90% 그리고 제품에 대한 지식과 사업에 관한 지식이 10%를 차지합니다.

네트워크 마케팅의 독립적인 자영사업자로서 새로운 인생을 출발한 당신은 아마도 제품의 특징과 사용방법이 가장 궁금할 것입니다. 어쩌면 사람들 앞에서 사업설명을 완벽하게 하고 싶을지도 모릅니다. 혹은 가능한 한 많은 제품을 소매로 판매하는 방법 역시 알고 싶을 것입니다.

물론 제품에 대한 지식을 갖추고 있는 것이 그렇지 못한 것보다 낫습니다. 또한 마케팅 플랜을 제대로 설명하지 못하는 것보다 설득력 있게 하는 편이 훨씬 더 좋습니다. 하지만 네트워크 마케팅에서 성공하는 데에는 '적극적인 마음자세'와 '다른 사람을 먼저 고려하는 정신'이 90%를 차지하고 지식은 단지 10%밖에 필요하지 않습니다.

따라서 제품이나 사업방법에 대해 풍부한 지식을 갖추고 있을지라도 '적극적인 마음자세', 즉 '반드시 성공히겠다'는 신념이 없다면 이 사업에서 결코 성공할 수 없습니다. 반면, '기필코 성공하고 말겠다'는 신념을 갖고 있다면 제품과 사업에 대해 별다른 지식이 없더라도 꾸준히 이 사업을 지속하는 한, 반드시 성공할 수 있습니다. 또한 회사가 제공하는 제품이 아무리 훌륭하더라도 자신을 대하듯 다른 사람을 대하지 않는다면 네트워크 마케팅에서 성공할 수 없습니다.

그러므로 당신은 이 사업에 쏟아 붓고 있는 시간과 에너지의 90%를 '반드시 성공하겠다'는 신념을 갖는 일과 '적극적인 마음자세'를 갖추는 데 사용해야만 합니다. 그리고 남은 10%, 즉 제품과 사업에 대한 지식이나 기술은 실제 행동을 통해 사업을 해나가면서 자연스럽게 몸에 배이도록 하면 됩니다.

그룹 리더의 조건에서 100% 자사제품을 사용하고 적어도 일주일에 한 번은 사업설명을 하며 최소한 15명의 고객을 확보하라는 처음의 세 가지 조건은 '어떻게 하면 좀더 많은 제품을 유통시킬 수 있을까?'에 대한 지식입니다. 네트워크 마케팅 사업에서 제품을 유통시키는 작업은 기본적으로 위에서 언급한 세 가지로 이루어집니다. 하지만 '그룹 리더의 조건'에서 나머지 조건들은 모두 제품을 유통시키는 것과 직접적으로 관계가 없습니다.

이러한 조건은 우리가 보다 나은 인간관계를 구축해 나가는데 있어서 필요한 것 혹은 상대방을 배려하는 마음자세 및 긍정적인 사고방식을 지니는 것처럼 우리의 '인간적인 성장'을 도와주는 요소들입니다.

왜냐하면 수많은 성공자들의 사례를 검토해 볼 때, 네트워크 마케팅에서 성공하려면 무엇보다 자기 자신이 인간적으로 성장하지 않으면 안 된다는 사실이 밝혀졌기 때문입니다.

이러한 결과를 토대로 하여 가능한 한 많은 사람들이 네트워크 마케팅에서 성공을 거두도록 인간적인 성장을 촉진하고 긍정적인 마음자세를 갖추게 하려는 목적으로 고안된 것이 '그룹 리더의 조건' 입니다.

다시 한 번 강조하지만 '네트워크 마케팅에서의 성공여부는 90%가 우리의 마음자세' 에 달려 있습니다. 아무리 뛰어난 사업설명을 하고 우수한 제품이 있을지라도 당신에게 다른 사람에 대한 배려의 마음이 결여되어 있는 한, 당신은 네트워크 마케팅에서 절대로 성공할 수 없습니다.

당신의 업 라인이 추천하는 책이나 테이프는 당신의 인간적인 성장을 촉진하고 사업에 대한 당신의 마음자세를 좋은 방향으로 인도해줄 것입니다. 하지만 정기적으로 미팅에 참석하고 책을 여러 권 읽으며 테이프를 듣는다 할지라도 성장에 필요한 나머지 10%인 ①100% 자사제품을 사용하고 ②적어도 일주일에 한 번은 사업설명을 하며 ③최소한 15명의 고객을 확보하라는 원칙을 실천하지 않는다면 네트워크 마케팅 사업에서 결코 성공할 수 없습니다.

특히 사업을 크게 확장하려는 사람이 '적어도 일주일에 한 번은 사업설명을 하라' 는 두 번째 조건을 실천하지 않는다면 네트워크 마케팅에서 절대로 크게 성공할 수 없습니다.

아무리 다른 사람을 배려하고 적극적인 마음자세를 갖고 있을지라도 실천이 따르지 않는다면, 다시 말해 사업을 전개하지 않는다면 어떤 사업에서든 성공을 거둘 수 없습니다.

물론 '성공하고 싶다!'는 강한 신념은 성공으로 향하는 첫걸음임에 틀림없습니다. 하지만 예를 들어 당신이 아무리 의사가 되고 싶다는 강한 신념을 갖고 있을지라도 의과대학을 졸업하여 자격증을 취득하지 않는다면 절대로 의사가 될 수 없습니다. 마찬가지로 당신이 네트워크 마케팅에서 성공하고 싶다는 강한 동기를 갖고 있더라도 행동을 취하지 않는다면 당신은 절대로 성공을 거두지 못할 것입니다. 어떠한 꿈과 목표 그리고 계획이 있다 하더라도 최종적으로 행동을 취하지 않으면 꿈은 이슬처럼 사라지고 맙니다.

다른 사람을 배려하는 마음과 '반드시 성공하겠다'는 강한 신념을 갖고 행동하는 사람은 풍부한 사업지식을 갖고 있으면서 실천하지 않는 사람보다 성공할 확률이 훨씬 더 높습니다. 다시 말해 적극적인 행동은 풍부한 사업지식보다 우선하는 것입니다. 하지만 사업지식이 전혀 없어서도 안 됩니다. 왜냐하면 방향 설정도 없이 취하는 행동은 주위 사람들에게 폐만 끼칠 뿐, 결코 좋은 결과를 산출할 수 없기 때문입니다.

이처럼 적극적인 행동이 풍부한 사업지식보다 우선하는 것이라면 왜 수많은 사업자들이 아직까지도 적극적인 행동을 취하지 못하는 것일까요? 무엇보다 가장 큰 원인은 '무엇을 어떻게 해야 할지' 모르기 때문입니다. 모르기 때문에 행동할 수 없는 것이고 그러한 상태에서 시행착오를 겪은 결과, 도중에서 포기하는 사람도 많습니다.

그러한 문제를 조금이라도 해결할 수 있도록 이 책에서는 최소한의 조건으로 당신 스스로 네트워크 마케팅에서 성공하고자 하는 신념을 갖고 당신의 업 라인이 추천하는 모든 활동에 정기적으로 참석하며 추천 받은 책과 테이프를 매일 읽고 들으면서 나날이 인간적인 성장을 이뤄나간다는 가정 하에 사업을 어떻게 추진하면 좋을지를 설명해 나가고자 합니다.

특히 '명단 작성의 포인트', '예비사업자에게 어떻게 접근하여 미팅에 초대할 것인가', '약속하는 방법', '홈 미팅과 오픈 미팅에서 성공하는 비결'에 중점을 두고 자세히 설명하고자 합니다.

요시무라 유타카

CONTENTS

네트워크 마케팅 이렇게 시작하면 된다

CONTENTS

CONTENTS

네트워크 마케팅 이렇게 시작하면 된다

CONTENTS

성공 사이클의 9단계

제1단계 – 드림/목표
제2단계 – 명단 작성
제3단계 – 접근(어프로치)
제4단계 – 미팅
제5단계 – 정보자료집 제공
제6단계 – 그룹 미팅
제7단계 – 후속조치
제8단계 – A타입의 사업자를 찾는다
제9단계 – 위에서 아래로 파 내려가기

'그룹 리더의 8가지 조건'과 '성공으로 이끄는 10가지 원칙'

지난 몇 년 동안 수많은 네트워크 마케팅 사업자들이 공통적으로 지니고 있던 커다란 의문점은 '왜 똑같은 사업을 하고 있으면서 어떤 사람은 단기간에 성공을 하는 반면, 또 다른 사람은 그렇지 못한가?' 라는 것입니다.

그런데 그러한 의문을 풀어보기 위해 수많은 성공자들을 관찰하고 분석한 결과, '성공자들은 그들의 배경, 즉 연령, 성별, 학력, 직업, 직함, 국적, 종교, 피부색, 밀두와 관계없이 성공한다' 는 사실을 알게 되었습니다.

이처럼 성공이 연령, 성별, 학력과 같은 배경과 전혀 무관하다면 당연히 '과연 네트워크 마케팅에서 성공하는 요인은 무엇인가?' 라는 의문이 떠오르게 됩니다.

그렇다면 네트워크 마케팅에서 자신의 그룹을 크게 신장시켜온 수많은 성공자들을 연구해볼 필요가 있습니다. 그들에게는 과연 어떠한 비결이 있었던 것일까요?

이미 알고 있을지도 모르지만, 그들에게는 공통적으로 실천하는 조건이 있었는데, 그것은 바로 '그룹 리더의 여덟 가지 조건' 입니다.

이러한 의문이 풀릴지라도 계속해서 의문은 남습니다.

'모든 성공자들이 그룹 리더의 여덟 가지 조건을 실천하고 있다면 그들이 성공하는 이유는 무엇일까?', '왜 여덟 가지 조건을 갖춘 상태에서 사업을 전개하면 성공하게 되는가? 그리고 그 이유는 무엇인가?', '네트워크 마케팅에서 성공하는 사람들이 충족시키고 있는 그 여덟 가지 조건에 일정한 원칙이 존재하는 것은 아닌가?' 등의 의문이 발생하는 것입니다.

이러한 의문에 따라 '그룹 리더의 조건' 을 자세히 분석한 결과, 네트워크 마케팅에서 성공하는데 필요한 '여덟 가지 조건' 을 뒷받침하는 '열 가지 원칙' 이 있음을 알게 되었습니다.

그렇다면 네트워크 마케팅에서 '성공으로 이끄는 열 가지 원칙' 은 어떤 역할을 하고 있는 것일까요?

예를 들어 우리의 건강에 대해 생각해봅시다. 우리의 건강을 장기적으로 유지하려면 5대 영양소를 포함한 음식물을 균형 있게 섭취하고 적당한 운동과 규칙적인 생활을 하지 않으면 안 됩니다.

그와 마찬가지로 네트워크 마케팅에서 장기적이고 건전하며 안정적인 사업을 유지하기 위해서는 성공에 필요한 열 종류의 영양소를 골고루 섭취해야만 합니다. 그것이 바로 '성공으로 이끄는 열 가지 원칙' 입니다. 그리고 그러한 영양소를 함유하고 있는 음식물이 바로 '그룹 리더의 여덟 가지 조건' 입니다.

현재 100세 이상 장수하는 사람들은 주로 1800년대 후반에 태어난 사람들입니다. 물론 그 당시에는 5대 영양소에 관한 지식이 거의 없었지만, 그들은 자신도 모르는 사이에 5대 영양소를 균형 있게 섭취해 왔습니다. 그들이 만약 인스턴트식품이나 각종 식품첨가물이 들어 있는 가공식품을 주로 섭취해 왔다면 영양의 균형이 깨져 장기적으로 볼 때, 결코 건강한 상태를 유지하지 못했을 것입니다.

마찬가지로 '성공으로 이끄는 열 가지 원칙' 이 알려지기 이전부터 네트워크 마케팅에서 성공하는 사람들은 자신도 모르는 사이에 '성공으로 이끄는 열 가지 원칙' 에 따라 '그룹 리더의 여덟 가지 조건' 을 충족시키며 균형 있게 사업을 전개해 왔던 것입니다.

성공 사이클이란?

아무리 학교에서 아이작 뉴턴이 발견한 만유인력의 법칙이나 아인슈타인의 상대성 이론을 배우더라도 그것을 실제로 어떻게 응용하는지 모른다면 로켓을 쏘아 올려 지구 궤도에 올려놓을 수 없을 것입니다. 또한 여러 가지 지식을 습득할지라도 실제로 그것을 사용하는 법을 모른다면 지식이 없는 것과 다를 바가 없습니다.

마찬가지로 아무리 '성공으로 이끄는 열 가지 원칙'을 배우더라도 그 열 가지 원칙을 어떻게 사업에 응용할 것인지를 이해하지 못한다면 사업에서 성공할 수가 없습니다. 그렇기 때문에 '성공으로 이끄는 열 가지 법칙'을 어떻게 사업에 적용할 것인지를 알기 쉽게 '도표'로 만든 것이 바로 '성공 사이클'입니다.

성공 사이클은 다음과 같이 '9단계'로 되어 있고 그것이 하나의 사이클을 이루고 있습니다. 이 책에서는 꿈(드림, 목표)으로 시작하여 다시 꿈으로 되돌아오는 이 과정을 '성공 사이클'이라고 부르겠습니다.

예를 들어 성공 사이클 상에서 네트워크 마케팅을 사업으로서 본격적으로 시작하려는 A타입의 사업자가 나오면 사이클에서 갈라져 나와 다음 페이지의 〈그림 1〉처럼 제8단계와 제9단계로 나아갑니다. 그리고 자신의 성공 사이클을 이루는 것과 동시에 A타입의 사업자도 성공 사이클을 이루도록 도와줍니다.

이러한 성공 사이클을 단계 순으로 정리하면 다음과 같습니다.

성공 사이클

제1단계 - 드림/목표 … 꿈을 확실히 정하고 목표를 설정한다.

　　　　('성공으로 이끄는 열 가지 원칙'의 제1원칙)

제2단계 - 명단 작성 … 모든 아는 사람의 명단을 작성한다.

　　　　('성공으로 이끄는 열 가지 원칙'의 제2원칙)

제3단계 - 접근(어프로치) … 미팅에 초대할 약속을 한다.

　　　　('성공으로 이끄는 열 가지 원칙'의 제3원칙)

제4단계 - 미팅 … 사업설명을 하고 후속조치를 취할 기회를 만든다.

　　　　('성공으로 이끄는 열 가지 원칙'의 제4원칙)

제5단계 - 정보자료집 제공 … 사업을 객관적으로 판단하는 데 필요한 정보를 준다.

　　　　('성공으로 이끄는 열 가지 원칙'의 제5원칙)

제6단계 - 그룹 미팅 … 프로스펙터 네트워크 마케팅 사업자들의 프로스펙트 리스트(예비사업자 명단)에 올라있는 가망고객이 갖고 있는 틀을 바꾼다.

제7단계 - 후속조치 … 프로스펙터를 최종적으로 세 가지 타입으로 분류한다.

제8단계 - A타입의 사업자를 찾는다 … 당신이 스폰서 한 20명의 우수한 사업자 중에서 세 명의 A타입의 사업자를 찾는다.

　　　　('성공으로 이끄는 열 가지 원칙'의 제6원칙 위에서 아래로 파기)

제9단계 - 위에서 아래로 파 내려가기 … 가능한 한 빨리 그룹을 위에서 아래로 10단계를 파 내려가 그 그룹을 안정시킨다.

('성공으로 이끄는 열 가지 원칙' 의 제6원칙－위에서 아래로 파기)

〈그림 1〉

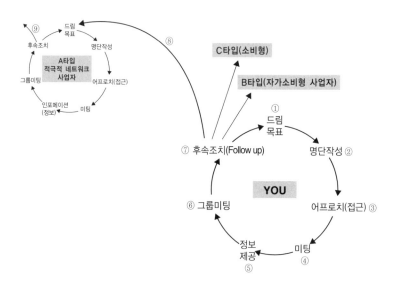

성공 사이클은 '꿈으로 시작해서 꿈으로 되돌아온다'

◇ 제1단계 … 꿈/드림

성공 사이클의 제1단계는 '성공으로 이끄는 열 가지 원칙' 의 제1원칙
입니다. 즉, 당신의 '꿈' 을 확실히 하고 '왜 네트워크 마케팅을 하는
가?' 에 대한 이유 내지는 '목적' 을 분명하게 정하는 것으로 시작합니

다. 〈그림 1〉에서도 알 수 있는 것처럼 성공 사이클을 돌리는 '원동력' 은 바로 당신이 갖고 있는 '꿈' 입니다.

이미 알고 있을지도 모르겠지만, 성공 사이클은 '그룹 리더의 조건' 에 서 두 번째인 '적어도 일주일에 한 번은 사업설명을 하라' 는 조건을 실 천하고 명단에 들어있는 모든 프로스펙터, 즉 가능성 있는 고객이 A, B, C타입의 어디에 속하는지를 판단해 나가는 과정입니다.

왜냐하면 네트워크 마케팅 사업에서는 정기적으로 사업설명을 하여 네트워크를 크게 늘려나가지 않는 한, 커다란 성공을 거둘 수 없기 때문 입니다. 만약 당신의 명단에 20명의 프로스펙터가 있고 그들과 1대1로 미팅을 했다면, 당신은 성공 사이클을 20번 돌지 않으면 안 됩니다.

◇ 제2단계 … 명단 작성

성공 사이클의 제2단계는 명단에 가능한 한 많은 이름을 올리는 것입 니다. 왜냐하면 네트워크 마케팅에서 무엇보다 중요한 사업 자산은 사 람이기 때문입니다. 따라서 명단 작성은 매우 중요한 단계라 할 수 있습 니다. 명단에 올리는 사람은 보통 100명 이상이 바람직하고 이상적이지 만, 실제로는 30~50명 정도의 명단으로 사업을 시작하는 것이 일반적 입니다.

이때, 중요한 것은 '왜 네트워크 마케팅을 하는가?' 라는 목적과 동기 부여가 없다면 명단에 올라가는 이름은 자연히 적을 수밖에 없지만, 목 적이 크고 확실하다면 명단에 많은 사람들의 목록이 올라간다는 점입니다. 그러므로 명단을 보면 그 사람이 사업을 하려는 확실한 이유를 갖고 있는지의 여부 혹은 그 사람이 갖고 있는 꿈의 크기를 측정할 수 있습니다.

'성공으로 이끄는 열 가지 원칙'의 제1원칙은 '꿈' 입니다. 하지만 사업의 관점에서 보면 제2원칙인 '명단 작성'과 꿈의 설정은 동시에 진행되어야 합니다. 따라서 제1원칙과 제2원칙은 성공 사이클에 있어서 가장 선두에 오지 않으면 안 됩니다.

그리고 이 두 단계가 없는 상태에서 절대로 다음 단계로 나아가서는 안 됩니다. 그러므로 사업설명을 듣고 새로운 사업자가 조금이라도 더 흥분하고 있는 사이에 그의 꿈을 설정하게 하고 30명 정도의 명단을 작성하도록 하는 것이 중요합니다.

그 이유는 만약 당신이 그 사람의 명단을 갖고 있다면 여러 가지 사정으로 인해 그가 사업에 흥미를 느끼지 못할지라도 당신이 그 사람을 대신해 명단에 들어있는 사람들에게 접근하여 사업설명을 할 수 있기 때문입니다.

그러므로 사업상의 관점에서 보면, 새로운 사업자에게 꿈을 설정하도록 하는 것보다 명단을 작성하게 하는 것이 최우선 순위에 와야 합니다.

그리고 당신이 그 사람의 명단을 사용하여 새로운 프로스펙터에게 접근한 결과, 사업을 본격적으로 하려는 A타입의 사업자가 탄생하고 그 사업자의 그룹이 커지게 되면 본래 명단을 작성해 놓고도 흥미가 없었던 사람도 본격적으로 사업을 시작할 가능성이 커집니다.

◇ 제3단계 ⋯ 접근(어프로치)

성공 사이클의 제3단계는 '성공으로 이끄는 열 가지 원칙' 의 제3원칙에 해당되는데, 명단에 들어 있는 사람들에게 '접근' 하여 미팅에 초대하는 이른바 '약속을 취하는' 단계입니다. 프로스펙터에게 접근할 때에는 원칙적으로 '폰 스크립트' (전화로 하는 대화의 실례를 적어 놓은 대본)를 사용하여 접근합니다.

물론 처음에는 폰 스크립트를 사용하는 것이 어색하고 부자연스럽게 느껴질 수도 있습니다. 하지만 스크립트에 적혀 있는 엄선된 문장을 사용하여 프로스펙터에게 접근하고 대화를 진행시켜 나가는 것이 왜 중요한지를 충분히 이해한 후에, 실제로 표현할 수 있을 때까지 여러 번에 걸쳐 충분히 연습하도록 하십시오.

처음 두 세 번은 당신의 스폰서나 업 라인의 도움을 받아 스크립트를 잘 활용하고 직접 프로스펙터에게 접근해 보십시오. 그리고 명단에 들어있는 사람들을 미팅에 초대하기 위한 약속을 하면서 자신감을 갖도록 하십시오.

◇ 제4단계 ⋯ 미팅

성공 사이클의 제4단계는 프로스펙터를 미팅에 초대하여 사업설명을 하는 것으로 이것은 '성공으로 이끄는 열 가지 원칙' 의 제4원칙에 해당합니다.

미팅은 크게 홈 미팅, 그룹 미팅, 일대일 혹은 이대일 미팅으로 나눌 수 있습니다. 하지만 뭐니뭐니해도 네트워크 마케팅의 기본은 집에서 열리는 '홈 미팅'이라고 할 수 있습니다. 그리고 일대일 미팅을 해내려면 어느 정도 사업경험이 필요하기 때문에 경험이 부족한 사람은 가능한 한 일대일 미팅을 피하는 것이 좋습니다. 그러나 반드시 일대일 미팅을 가져야 한다면 스폰서나 업 라인에게 도움을 요청하여 이대일 미팅을 갖는 것이 좋습니다.

또한 홈 미팅을 개최할 때에도 사업경험이 부족하다면 처음 두 세 번은 스폰서나 업 라인의 힘을 빌려 당신의 집에서 개최하도록 하십시오.

첫 번째로 열리는 홈 미팅에는 당신과 가장 친한 사람들 예를 들어 가족이나 친척, 친구 그리고 이웃에 사는 사람들을 초대하는 것이 좋습니다. 각각의 사업자들은 적어도 두 번 이상 홈 미팅을 개최하도록 하십시오.

◇ 제5단계 ··· 정보자료집 제공

성공 사이클의 제5단계는 미팅에 참석한 프로스펙터 전원에게 정보자료집을 제공하는 것입니다. 다시 한 번 강조하지만 홈 미팅의 가장 큰 목적은 후속조치를 취할 기회를 만드는데 있습니다. 그 후속조치의 첫 단계는 미팅이 끝날 때, 참가자 전원에게 정보자료집을 건네는 것으로부터 시작됩니다.

◇ 제6단계 ··· 그룹 미팅

성공 사이클의 제6단계는 홈 미팅이나 일대일 미팅에서 사업설명을 들은 후, 사업에 흥미를 느끼는 사람 혹은 더 많은 정보를 필요로 하는 사람을 그룹 미팅에 초대하는 것입니다.

물론 홈 미팅에서 프로스펙터 전원이 사업설명을 잘 이해하여 주어진 사업기회에 참여하는 것이 가장 이상적이지만, 실제로는 한 번 듣는 것으로 단번에 이해하는 사람은 드뭅니다. 따라서 프로스펙터들이 네트워크 마케팅의 사업기회에 대해 보다 잘 이해하도록 돕기 위해 그룹 미팅에 참가하게 하는 것입니다.

다시 말해 그룹 미팅은 프로스펙터로 하여금 그 미팅에 참석한 수많은 사람들을 보게 함으로써 그들의 생각과 견문을 넓혀주려는 목적으로 기획되는 것입니다.

◇ **제7단계 … 후속조치**

성공 사이클의 제7단계는 미팅이 끝난 지 48~72시간 이내에 후속조치를 취하여 프로스펙터에게 건네준 정보자료집을 반드시 회수하는 것입니다. 이 후속조치가 성공 사이클의 제7단계이고 '성공으로 이끄는 열 가지 원칙'의 제5원칙에 해당합니다.

후속조치의 목적은 명단에 들어있는 모든 사람들을 적어도 한 번은 미팅에 초대하여 최종적으로 그들을 A, B, C의 세 가지 타입으로 분류하는 것입니다.

'C타입'은 사업자로서 활동하지는 않지만 당신으로부터 정기적으로 제품을 구입하는 '고객'이 될 가능성이 있는 사람들입니다.

'B타입' 은 일단 사업자로 참여하지만 주로 자신이 사용하는 제품만 구입하는 '자가 소비자 타입' 을 말합니다.

이러한 두 가지 타입의 사람들에게는 샘플을 보여주고 제품의 사용 방법과 특징을 알려준 후에 가능한 한 많은 제품을 구입하도록 하는 것이 좋습니다. 그렇게 하려면 무엇보다 당신 자신이 자사 제품을 100% 사용해야 하고 최소한 15명의 고객을 확보하고 있지 않으면 안 됩니다. 그 것이 바로 '그룹 리더의 조건' 의 첫 번째와 세 번째를 실천하는 것입니다. 그리고 이것은 '성공으로 이끄는 열 가지 원칙' 의 제7원칙인 '사업 볼륨' 과 연결됩니다.

◇ 제8단계 ··· 당신이 스폰서 한 20명의 우수한 사업자 중에서 세 명의 A타 입의 사업자를 찾는다

만약 당신이 6~12개월 안에 우수한 사업자를 찾아낸다면 그 중에서 적어도 세 명의 'A타입의 사업자' 를 발견해야 합니다. A타입을 찾는 포 인트는 언제 어느 순간에 당신의 그룹에서 A타입의 사업자가 나올지 모 르므로 항상 A타입을 찾으려는 목적을 갖고 스폰서 활동을 하는데 있습 니다.

그러다가 만약 A타입을 한 명이라도 발견했다면 그 그룹을 파 내려가 야 합니다. 동시에 적어도 두 명의 A타입을 더 찾아내기 위해 계속 그룹 을 횡적으로 넓혀 나가야 합니다.

◇ 제9단계 ··· A타입의 사업자를 집중적으로 도와주고 가능한 한 빨리 그룹을 위에서 아래로 10단계를 파 내려가 그 그룹을 안정시킨다. (가능하다면 세 라인을 동시에)

우수한 사업자를 스폰서하고 그룹을 횡적으로 넓힌다고 하여 그룹이 안정되는 것은 아니므로 당신이 A타입을 도와주고 적어도 30명의 명단을 작성하게 하며 스폰서 활동을 지원하여 그룹이 마치 나무의 뿌리처럼 아래로 계속 뻗어나가도록 해야 합니다.

아무리 A타입의 사업자라 하더라도 곧바로 그룹을 아래로 파 내려가지는 못하므로 당신이 주도적으로 그를 도와주면서 그룹을 아래로 파 내려가야 합니다. 이때, 당신이 하나의 라인을 도와주든 세 개의 라인을 도와주든 들어가는 시간과 노력은 거의 비슷하므로 가능하면 세 라인을 동시에 파 내려가는 것이 이상적입니다.

지금까지 살펴본 단계를 누구나 한 눈에 이해하기 쉽도록 '도표화' 한 것이 바로 '성공 사이클' 입니다. 그리고 네트워크 마케팅에서의 성공은 이러한 성공 사이클을 당신 자신뿐만 아니라, 당신의 하위 라인에서 몇 사람이나 적용하는가에 달려 있습니다. 물론 이 사이클을 따르는 사람이 많으면 많을수록 당신의 성공은 더욱더 커질 것입니다. 그러므로 이러한 성공 사이클 상에서의 활동은 가능한 한 많은 사람들이 적용할 수 있도록 특수한 지식을 쌓거나 훈련을 받지 않더라도 누구나 간단하게 따라 할 수 있는 것이어야 합니다.

이것이 바로 '성공으로 이끄는 열 가지 원칙' 의 제9원칙인 '복제성' 입니다.

그렇다면 '성공으로 이끄는 열 가지 원칙' 의 제8원칙인 '인간적인 성장' 은 성공 사이클에 어떻게 관여하고 있는 것일까요?

당신은 성공 사이클 상에서 당신의 자유로운 시간을 이용하여 ①성공한 사람들이 쓴 자기계발과 관련된 책을 읽고 ②성공한 사람들의 체험담을 녹음한 테이프를 들으면서 성공한 사람들의 사고방식에 접하며 ③ 업 라인이 추천한 행사에 참석하여 리더로서 활약하고 있는 사람들의 사고방식이나 사물을 보는 견해를 배움으로써 인간적으로 성장해나갈 수 있습니다.

하지만 아무리 다양한 지식을 쌓는다 하더라도 그것을 실제로 사업에 사용하지 않는다면 인간적으로 성장할 수가 없습니다. 그러므로 책이나 테이프를 통해 혹은 미팅에 참석하여 배운 지식을 성공 사이클 내에서 사용해 보십시오. 다시 말해 하위 라인에 있는 사람들에게 당신이 배운 지식을 응용해 보고 그들도 인간적으로 성장할 수 있도록 도와주지 않으면 안 되는 것입니다.

그러면 '성공으로 이끄는 열 가지 원칙' 의 제10원칙인 '신뢰' 는 성공 사이클에 어떻게 관여하고 있을까요? 네트워크 마케팅 사업은 사람과 사람과의 신뢰라는 토대 위에서 성립되는 사업입니다. 그러므로 서로간의 확실한 신뢰가 없다면 성공 사이클은 제대로 돌아갈 수가 없습니다. 다시 말해 '신뢰' 는 성공 사이클 전체에 관여하고 있는 것입니다.

네트워크를 만들 때, 무시할 수 없는 법칙과 통계적 수치

네트워크 마케팅 사업을 전개할 때에는 반드시 성공 사이클에 따라 네트워크를 구축해 나가야 합니다. 특히 다음에 열거하는 법칙과 확률을 무시한 채, 네트워크를 구축하는 것은 마치 자살행위와도 같습니다.

① 80/20의 법칙 : 80%의 매상고는 20%의 사람들에 의해 만들어진다.

② 사업자가 된 사람들의 70%는 한 사람도 스폰서를 해본 경험이 없다.

③ 사업자 한 사람의 한 달 평균 매상고는 약 100,000~200,000원이다.

④ 사업자의 80% 이상은 자기 자신이 사용하기 위해서만 제품을 구입한다.

⑤ 보너스를 받기 위해 반드시 우수한 사업자를 독립시킬 필요는 없다.

⑥ 당신이 직접 도와줄 수 있는 것은 다섯 라인이 최고 한도이다. 가장 이상적인 것은 전력을 다해 세 라인을 돕는 것이다.

⑦ 하나의 라인을 돕든 세 개의 라인을 돕든 당신이 들이는 시간과 노력은 거의 비슷하다.

⑧ 그룹을 아래로만 파 내려가면 그룹은 안정되지 않는다.

⑨ 그룹을 10단계까지 파 내려가면 그 그룹에서 여러 명의 리더가 나온다.

⑩ 그룹을 파 내려가는 포인트는 A타입의 사업자를 찾아내 파 내려가는 데 있다. 그렇게 하여 찾아낸 A타입은 당신이 도와주이 가능한 한 빠른 시일 내에 홈 미팅을 두 번 개최하도록 한다.

⑪ 그룹을 파 내려가는 것은 기본적으로 '당신' 이 리더십을 발휘하여 주도적으로 해나가는 것이 원칙이다.

⑫ 20-12-8-6의 룰을 적용한다.

⑬ 우수한 사업자를 다섯 명 지원하면 적어도 한 사람은 A타입의 사업자가 된다.

일단 누군가를 스폰서하고 있거나 어떤 좋은 결과가 나오면 성공 사이클을 돌리는 속도는 점점 더 빨라집니다. 왜냐하면 성공 사이클을 돌리는 원동력인 '꿈' 이 처음에는 비록 작을지라도 그 꿈이 일단 현실화되면 보다 큰 꿈을 갖게 될 뿐만 아니라 그 새로운 꿈을 가능한 한 빨리 실현하려 하기 때문입니다.

그리고 당신이 생각하고 있는 것보다 많은 수입이 들어오게 되면 사업, 제품, 회사 그리고 당신 자신에 대한 자신감이 더욱더 고조되고, 일단 그 단계에 진입하면 어느 누구든 그 사이클의 회전을 멈출 수 없게 됩니다.

당신은 몇 번이나 이 성공 사이클을 회전시켜 성공을 손에 넣고 싶습니까?

이렇게 하면
명단 작성을 잘할 수 있다

1

제1장 이렇게 하면 명단 작성을 잘할 수 있다

 네트워크 마케팅은 사람과 사람을 신뢰라는 인연으로 맺어주고 그물과 같은 형태로 만들어 나가는 네트워크 사업입니다. 따라서 그 네트워크의 기본이 되는 것은 바로 '사람'입니다. 이것은 곧 네트워크 마케팅에서 무엇보다 중요한 사업 자산은 사람들의 이름이 적힌 '명단'이라는 것을 의미합니다.

 그렇기 때문에 새로운 사업자가 자신이 갖고 있는 '꿈'이나 사업을 하는 '목적'을 확실히 정한 후에 가장 먼저 해야 할 일은 바로 '명단을 작성하는 것'입니다.

 이처럼 명단을 작성하는 일은 네트워크 마케팅의 기본이자 대단히 중요한 과정이지만, 안타깝게도 새로운 사업자뿐만 아니라 이미 풍부한 경험을 갖고 있는 사업자들도 명단 작성을 소홀히 하는 경향이 있습니다.

명단을 작성하는 일은 자신이 알고 있는 모든 사람들의 이름을 적어 목록으로 만드는 극히 간단한 작업입니다. 하지만 성공자들의 경험을 분석해 본 결과, 대다수의 사람들이 쉽게 범하는 몇 가지 문제점을 확실히 알게 되었기에 여기에 언급해 보고자 합니다.

명단 작성과 관련하여 흔히 안고 있는 첫 번째 문제점은 알고 있는 사람들의 이름을 '종이' 에 적지 않는다는 것입니다. 새로운 사업자에게 명단을 작성하라고 하면 흔히 '명단은 제 머리 속에 다 들어 있어요' 라거나 '그 정도는 괜찮아요. 종이에 안 적어도 언제든 생각해 낼 수 있으니까요' 라는 이유를 대며 명단을 종이에 기록하지 않는 사람들이 대단히 많습니다.

그리고 두 번째 문제점이자 '최대의 문제점' 은 사업설명을 하기 전부터 '이 사람은 배운 게 없어서 설명을 해도 잘 알아듣지 못할 거야', '저 사람은 재산이 많아서 이런 사업에 흥미를 갖지 못할 거야', '그 사람은 너무 바빠서 아마 안 될 거야' 라고 나름대로 미리 상대방에 대해 판단해 버리는 것입니다.

명단 작성의 주요 포인트

명단 작성과 관련하여 위에서 언급한 두 가지의 문제점 이외에도 몇 가지 주의해야 할 사항이 더 있는데, 그것을 항상 염두에 두고 명단을 작성하면 네트워크 마케팅에서 성공할 확률이 더욱더 높아질 것입니다.

그러면 주의해야 할 사항 다섯 가지 사항을 아래에 열거해 보도록 하겠습니다.

① 아는 사람의 명단을 종이 위에 적는다.
② 가능한 한 많은 이름이 들어간 명단을 작성한다.
③ 사업설명을 하기 전에 먼저 상대방을 판단하지 않는다.
④ 명단에 들어있는 모든 사람들에게 반드시 한 번 이상은 사업설명을 한다.
⑤ 항상 새로운 이름을 명단에 추가한다.

첫 번째 포인트 – 아는 사람의 명단을 종이 위에 적는다

첫 번째 포인트는 '아는 사람의 명단을 종이 위에 적는 것' 입니다. 명단을 작성하는 일은 지극히 간단한 것이기 때문에 흔히 무시하기 쉽지만, 네트워크 마케팅에서 명단은 대단히 중요한 사업상의 자산입니다. 그러므로 스폰서들은 새로운 사업자가 명단을 작성하지 않는 한, 그 다음 단계로 넘어가서는 안 됩니다. 다음 페이지에 명단작성의 예를 들어 놓았으므로 참고하기 바랍니다.

명단을 종이 위에 적는 것이 왜 그렇게 중요한 깃일까요?

첫째, 명단을 종이 위에 적으면 누구를 적어놓았는지 일목요연하게 파

악할 수 있고 실수로 프로스펙터를 명단에서 누락시킬 가능성을 최소한으로 줄일 수 있습니다.

둘째, 이름 옆이나 아래에 사업설명을 했는지 혹은 사업설명 결과가 어떻게 되었는지 등의 사항을 적어둘 수 있습니다. 또한 후속조치를 취하러 갔을 때, 프로스펙터가 한 말도 자세히 기록할 수 있습니다. 그러면 설령 이번에는 그 사람이 사업자가 되지 않는다 하더라도 후에 기회를 봐서 다시 한 번 시도할 때 분명 큰 도움이 될 것입니다.

셋째, 당신이 사업에서 성공했을 때, 명단이 있다면 전에 사업을 하지 않았던 프로스펙터들에게 다시 한 번 접근하여 사업기회에 대해 말할 수 있습니다. 또한 처음에는 네트워크 마케팅을 하지 않겠다던 사람이 몇 년 후에 상황이 바뀌어 사업을 시작할 가능성도 충분히 있습니다. 즉, 그들의 인생에 큰 변화가 일어나거나 이전과 비교하여 당신이 사업에서 보다 많은 수확을 얻게 되어 스스로에 대해서나 사업에 대해 강한 자신감을 갖게 될 수도 있는 것입니다.

명단 작성 사례

	이 름	전화번호	주 소	접 근	미 팅	후속조치	A/B/C
1							
2							
3							
4							
5							
6							
7							
8							
9							
10							
11							
12							

그러므로 사업자로 등록하지 않은 프로스펙터라 할지라도 가끔 전화를 걸거나 엽서를 보내는 방법을 통해 그들과의 관계가 계속 이어지도록 하는 것이 중요합니다.

성공자들의 경험에 의하면 처음에는 사업을 시작하지 않았던 사람들도 정기적으로 연락을 취하면 그 중의 약 $\frac{1}{3}$은 나중에 사업자가 될 가능성이 있다고 합니다.

넷째, 네트워크 마케팅에서 보다 높은 단계로 나아가려는 목표를 달성하기 위해서는 일정 기간 내에 일정한 수의 프로스펙터에게 사업설명을 하지 않으면 안 되기 때문입니다.

그리고 그렇게 하기 위해 프로스펙터에게 접근하여 홈 미팅에 참석하겠다는 약속을 받아내야 합니다. 그러면 언제 프로스펙터에게 전화로 접근해서 약속을 하는 것이 가장 좋을까요? 당신이 열정으로 불타오르고 있을 때, 접근하는 것이 최상의 방법입니다.

그러면 당신이 불타오르고 있을 때는 과연 언제입니까? 그것은 행사나 컨벤션과 같은 미팅에 참석한 직후나 그룹 미팅에 참가한 직후일 것입니다. 그때, 명단이 수중에 있다면 바로 그 장소에서 프로스펙터에게 전화를 걸어 약속을 할 수 있습니다. 이제 막 초빙강사의 이야기를 듣고 열정으로 흥분될지라도 수중에 명단이 없다면 전화를 걸 수가 없습니다. 그리고 그제야 서둘러 명단을 작성하려 해도 이미 좋은 기회는 지나가 버린 뒤입니다.

흔히 행사장에 참석했을 때에는 열정으로 불타오르다가도 집에 돌아오면 그 열정이 반으로 줄어들게 마련입니다. 하물며 다음 날 또 다음 날 그리고 그 다음 주로 미루게 되면 프로스펙터와 약속할 좋은 기회를 놓치게 되고 네트워크 마케팅에서 성공할 수가 없습니다. 그러므로 행사나 컨벤션 혹은 강연회에 참석할 때에는 프로스펙터의 이름과 전화번호를 적어 놓은 명단을 반드시 지참하는 습관을 길러야 할 것입니다.

두 번째 포인트 – 가능한 한 많은 이름이 들어간 명단을 작성한다

'두 세 사람에게 이 사업에 대해 이야기를 해보고 아무도 사업자가 되지 않으려 하면 그만두지 뭐' 라는 생각으로 네트워크 마케팅 사업을 시작할 생각이라면 애초에 하지 않는 것이 좋습니다.

이왕 사업을 해볼 생각이라면 '적어도 100명에게는 사업설명을 하겠다' 는 자세로 뛰어들어야 합니다. 그러므로 가능한 한 많은 이름을 명단에 올리도록 하십시오.

그러면 명단에는 최소한 몇 사람의 이름을 올려야 할까요?

네트워크 마케팅에서 성공한 많은 사람들은 75명의 프로스펙터를 명단에 올리고, 6~12개월 이내에 그들 모두에게 사업설명을 하는 방법을 추천하고 있습니다. 이것은 과거의 통계에 근거를 둔 것으로 75명의 프로스펙터의 이름을 명단에 올리고 6~12개월 이내에 사업설명을 했을 때 적어도 세 명의 '그룹 리더' 를 발견할 수 있었기 때문입니다. 그리고 그 세 사람이 사업에서 성공하면 당신은 1년 안에 스폰서로부터 독립할 수도 있습니다.

하지만 이제 막 사업자가 된 사람이 처음부터 75명의 명단을 작성하는 경우는 드물기 때문에 실제로는 누구나 별다른 어려움 없이 작성할 수 있는 30명의 명단을 가지고 다음 단계인 '접근'으로 나아가는 것이 일반적입니다. 물론, 명단에 올라간 이름은 많으면 많을수록 좋기 때문에 사업을 해 나가면서 계속해서 프로스펙터의 이름을 명단에 추가해야 합니다.

또한 새로운 사업자의 집에서 홈 미팅을 열어 좋은 결과를 얻는다면, 예를 들어 두세 명을 스폰서 해주면 새로운 사업자는 당신이나 사업에 대해 강한 확신을 갖게 되기 때문에 지금까지 관심을 두지 않았던 사람들의 이름까지도 떠올릴 수 있을 것입니다.

그렇다면 왜 75명이나 되는 많은 사람의 명단이 필요한 것일까요? 그 이유는 다음의 두 가지 경우를 비교해 보면 잘 알 수 있습니다.

첫째, 예를 들어 명단에 다섯 명의 프로스펙터의 이름밖에 올리지 않은 새로운 사업자를 위해 홈 미팅을 개최해 주었다고 가정해 봅시다. 그런데 불행하게도 그 다섯 명의 프로스펙터 모두가 미팅에 참석하지 않거나 참석은 했지만 아무도 사업자로서 사업을 시작하려 하지 않는다면 혹은 그 중에서 누군가가 '그런 사업은 이제 한물 간 것이 아닌가요?'라고 반대의견을 말한다면 그 새로운 사업자는 어떻게 생각하겠습니까? '이 사업은 내가 생각했던 것보다 훨씬 더 어려운데?'라거나 '역시 나는 안 되나봐'라고 생각하지 않겠습니까? 그리고 명단에 있는 다섯 명 모두가 사업을 하자는 제의를 거절했기 때문에 그 새로운 사업자는 심리적인 쇼크를 받게 되고 그 사람의 스폰서 활동은 그 미팅이 처음이자 마지막이 될 것입니다.

둘째, 명단에 100명의 이름이 들어있는 새로운 사업자가 있다고 가정해 봅시다. 이 사람에게도 앞사람과 동일하게 홈 미팅을 열어주었더니 마찬가지로 처음 다섯 명이 미팅에 참석하기를 거절했다고 합시다. 하지만 이 사람은 앞사람과 달리 낙담하는 일은 없을 것입니다. 왜냐하면 아직 명단에 95명의 이름이 남아 있기 때문입니다.

위의 두 가지 예는 우리에게 커다란 교훈을 제공해 줍니다.

그것은 만약 당신의 하위라인 사업자가 명단에 채 30명도 올리지 않은 상태에서 미팅을 개최하면 그 사람이나 당신에게 있어 커다란 손실이 된다는 점입니다. 좀더 직설적으로 말하면 당신은 단지 그 사람을 그리고 당신 자신을 실패의 길로 인도하고 있을 뿐이라는 것입니다.

다시 한 번 강조하지만 명단 작성과 관련된 두 번째 포인트는 '가능한 한 많은 이름을 명단에 올리라는 것' 입니다.

세 번째 포인트 – 사업설명을 하기 전에 먼저 상대방을 판단하지 않는다

세 번째 포인트는 프로스펙터에게 사업설명을 하기 전에 '이 사람은 아마 사업을 잘할 거야' 라거나 '저 사람은 네트워크 마케팅을 할 리가 없어' 라고 당신 마음대로 상대방을 판단하지 말라는 것입니다. 당신이 사업설명을 들은 후에 네트워크 마케팅을 할 것인지 하지 않을 것인지를 스스로 판단했듯이 프로스펙터 역시 당신과 마찬가지로 선택의 자유를 갖고 있습니다.

그러므로 사업설명을 들은 후에 프로스펙터 자신이 '사업을 하겠다' 혹은 '하지 않겠다' 는 결정을 내리도록 해야 합니다.

'표지만 보고 책의 내용을 판단하지 말라' 는 말처럼 입고 있는 옷이나 겉모습만 보고 그 사람이 어떤 사람인지를 판단할 수는 없습니다. 또한 첫 인상만으로 그 사람의 모든 것을 판단하려 해서는 안 됩니다.

'겉모습만으로 사람을 판단할 수 없다' 는 속담처럼 네트워크 마케팅에서는 학력도 높고 누구보다 성공할 것처럼 보이는 사람이 어려워서 쩔쩔매는 경우도 있고, 절대로 성공하지 못할 것처럼 보이던 사람이 대성공을 거두는 일도 종종 있습니다. 즉, '별로 잘할 것처럼 보이지는 않지만 한 번 믿어보자' 라는 생각으로 시작한 사람이 의외로 당신에게 많은 것을 안겨줄 수도 있는 것입니다.

그러므로 명단 작성에 있어서 무엇보다 중요한 것은 어떤 상대방일지라도 적어도 한 번은 기회를 주겠다는 마음자세를 갖는 것입니다. 그렇게 함으로써 생각했던 것보다 훨씬 더 좋은 결과를 얻을 수 있습니다.

네 번째 포인트 – 명단에 들어있는 모든 사람들에게 반드시 한 번 이상은 사업설명을 한다

네 번째 포인트는 명단에 들어있는 모든 사람들에게 반드시 한 번 이상 사업설명을 하고 그 사람으로 하여금 '사업을 할 것인지'의 여부를 확실히 정하도록 하는 것입니다.

명단은 액자에 넣어 벽에 걸어놓기 위해 만든 것이 아닙니다. 명단을 작성하는 목적은 프로스펙터에게 접근하여 미팅에 참석하도록 약속을 잡고 사업설명을 한 후, 후속조치를 통해 최종적으로 프로스펙터 전원을 A, B, C타입 중의 하나로 분류하는 데 있습니다.

만약 후속조치를 취한 결과, 그 사람에게 네트워크 마케팅을 하려는 마음이 전혀 없을 때에는 그 사람의 이름 위에 빨간 볼펜으로 선을 그어 일시적으로 그 사람의 이름을 명단에서 삭제합니다. 이때, 프로스펙터가 했던 말들을 모두 기록으로 남겨 놓으면 그 기록이 나중에 대단히 유용하게 사용될 수 있습니다. 또한 그 프로스펙터가 왜 사업에 대해 관심이 없는지 그 이유를 알고 있다면 그 점도 기록해 두어야 합니다. 그렇게 해두면 당신이 사업에서 성공했을 때, 다시 한 번 그 사람에게 접근하는데 크게 도움이 됩니다.

다양한 프로스펙터 가운데에는 당신이 좀처럼 접근하기가 어려운 사람도 있게 마련입니다. 만약 명단에 들어있는 프로스펙디 중에서 접근하고자 하는 마음은 있지만, 한 달이 지나도 접근할 수 없는 사람이 있을 경우에는 당신 대신 당신의 스폰서가 접근하도록 해보십시오.

당신이 그 사람에게 접근할 수 없었던 이유는 여러 가지가 있을 수 있습니다. 그 중의 한 가지는 그 사람이 당신보다 사회적 지위가 높다고 생각하기 때문입니다. 일반적으로 자신과 비슷한 레벨의 사람이나 자신보다 낮은 사람에게는 쉽게 말을 걸 수 있지만, 자신보다 레벨이 높다고 생각되는 사람에게는 이야기를 꺼내기가 상당히 어렵게 느껴지는 법입니다.

예를 들어 식당 종업원으로 일하는 사람에게는 쉽게 접근할 수 있어도, 크게 성공한 사업가에게는 '네트워크 마케팅을 소개하더라도 그다지 진지하게 받아들이지 않을 거야' 라는 생각이 앞서기 때문에 접근하지 못하는 것입니다.

그러나 겉으로 볼 때에는 성공자처럼 보일지라도 실제로는 여러 가지 고민거리를 안고 있을지도 모릅니다. 예를 들어 돈은 많이 벌고 있지만 자신만의 자유시간이 없다거나 설비투자를 하고 싶은데 자금이 부족하다거나 또는 사업을 시작하기 위해 빌린 빚이 많아 그 이자를 갚기 위해 부업을 찾고 있을지도 모르는 것입니다. 바로 그때, 그들은 네트워크 마케팅을 통해 그들이 갖고 있는 고민을 해결할 수도 있습니다.

또한 성공자들은 항상 새로운 기회를 엿보게 마련입니다. 따라서 그들은 현재에 만족하고 안주한 채, 아무런 의욕 없는 생활을 영위하기보다는 네트워크 마케팅이 제공하는 커다란 기회를 이해할 수 있는 지식과 선견지명을 갖고 있을 확률이 높습니다.

실제로 네트워크 마케팅에서 성공한 사람들의 경험에 의하면, 처음에 접근하기 어려웠던 사람들 중에서 대성공을 거두는 사람이 나올 가능성이 높다고 합니다. 만약 당신에게 '왠지 접근하기가 좀 어려운 사람'이 있다면 용기를 내어 그에게 접근해 보십시오. 왜냐하면 그 사람이 당신의 사업성장에 있어서 '열쇠'가 되어줄 '그룹 리더'일 가능성이 가장 높기 때문입니다. 최고의 방법은 사업경험이 풍부한 스폰서에게 대신 접근해 줄 것을 요청하는 것입니다.

또한 위에서 언급한 경우와 완전히 다른 이유도 있습니다.

당신의 명단 속에는 '이 사람에게는 반드시 이 사업에 대해 설명해 주어야겠다'고 생각되는 사람이 있을 것입니다. 그 사람은 당신의 은사일 수도 있고 첫사랑일 수도 있으며 지금 교제하는 사람이거나 죽마고우일 수도 있습니다. 그러나 당신에게 있어서 그 사람이 중요한 존재일수록 당신은 그 사람에게 쉽게 접근하지 못합니다.

왜냐하면 접근을 했다가 만약 그 사람이 이해해 주지 않거나 거절을 당하거나 반대의견에 부딪친다면 그 사람과의 관계에 금이 갈지도 모른다는 생각이 앞서기 때문입니다. 따라서 그냥 아무 말 하지 않는 것이 낫겠다는 생각에 접근할 수 없게 되는 현상이 일어나는 것입니다.

이런 현상이 일어나는 이유는 당신이 무의식적으로 네트워크 마케팅을 다음과 같이 생각하기 때문입니다.

'네트워크 마케팅에서 성공하기 위해서는 커다란 네트워크를 만들지 않으면 안 된다. 그렇게 하려면 가능한 한 많은 사람들의 이름이 들어있는 명단을 만들어야 하고 그들을 홈 미팅 초대해야 하며 또한 그들을 스폰서 해야만 한다. 그리고 그들도 나와 마찬가지로 자사제품을 사용하게 하고 스폰서 활동을 하게 하지 않으면 안 된다. 그렇게 하면 나의 꿈을 실현할 수 있게 된다'

당신이 이렇게 생각하는 동안, 당신은 잠재의식 속에서 '오로지 나의 커다란 수입만을 위해 다른 사람을 이용하고 있다' 는 생각을 갖게 되고 그 때문에 자신도 모르게 죄책감을 느끼게 되어 결국 그들에게 접근할 수 없는 것입니다.

만약 당신이 이러한 상황에 놓여 있다면 당신 혼자의 힘으로 쉽게 문제를 해결할 수 없을지도 모릅니다.

하지만 네트워크 마케팅을 하면서 다른 사람들도 함께 성공하도록 만들지 않는 한, 당신은 결코 성공할 수가 없습니다. 즉, 가족이나 친구가 사업에서 성공하도록 도와주고 한 달에 수 백 만원의 부수입을 올릴 수 있도록 해주어야 비로소 당신이 권리수입의 하나인 '오버라이드 보너스' 또는 '리더십 보너스' 를 받을 수 있게 되는 것입니다.(하위 라인 그룹을 독립시켜 주었을 때 받게 되는 보너스 제도의 명칭은 회사에 따라 각각 다릅니다)

'오버라이드 보너스' 는 하위 라인 그룹이 독립하도록 육성하였을 때 회사로부터 지급 받는 보너스로, 회사가 특별히 모아 놓은 기금에서 일정한 조건을 충족시킨 사업자에게 매월 지급하는 것이지 결코 독립한 하위 라인 그룹에서 나오는 것이 아닙니다. 이것은 그 그룹을 장기간에 걸쳐 교육하고 키워온 당신이 당연히 받아야 하는 일종의 보수입니다.

그러므로 네트워크 마케팅 사업을 하고 있는 당신이 '상대방을 이용하고 있다' 고 생각하는 것은 큰 오산입니다.

이로써 네트워크 마케팅은 사람을 이용하는 사업이 아니라 사람들에게 기회를 제공하는 사업이라는 것을 잘 알게 되었으리라 생각합니다. 만약 당신이 진정으로 아끼는 사람을 위해 경제적 · 시간적 자유를 얻을 수 있는 기회를 제공하고 싶다면, 다른 누구보다 먼저 그 사람에게 네트워크 마케팅이 갖고 있는 사업기회를 전해주도록 하십시오.

사업자 중에는 명목상으로 등록만 해놓았을 뿐, 실제로 사업을 하지 않는 사람들도 있습니다. 그 이유는 아마도 '내가 열심히 일해도 돈을 버는 것은 업 라인뿐이다' 라는 생각을 하기 때문일 것입니다. 정말로 당신보다 먼저 사업자로 등록한 사람만 유리한 것일까요? 진실을 말하자면, 네트워크 마케팅에서는 아무리 먼저 사업자가 되었을지라도 아무런 사업도 하지 않는다면 그 사람의 수입은 전혀 없습니다.

네트워크 마케팅에서 얻게 되는 수입은 모두 당신이 노력한 결과물일 뿐, 아무 것도 하지 않으면서 돈을 벌수는 없습니다. 단지 먼저 시작했다는 이유만으로 아무 일도 하지 않으면서 수입을 얻는다면 그건 악덕상법에 지나지 않습니다.

네트워크 마케팅은 오래 전부터 몇 만 명, 아니 몇 십만 명에 이르는 사람들에게 꿈과 희망을 제공해 왔습니다. 그리고 당신이 진정으로 아끼는 가족이나 친구들 중에도 네트워크 마케팅을 필요로 하는 사람들은 반드시 있을 것입니다. 당신은 그러한 사람들에게 꿈과 희망을 주기 위해 네트워크 마케팅의 사업자가 된 것입니다.

다섯 번째 포인트 - 항상 새로운 이름을 명단에 추가한다

명단은 처음에 한 번 작성하는 것으로 끝나는 것이 아니라, 항상 새로운 사람들(프로스펙터)을 명단에 추가해 나가야 합니다. 그렇다고 길 한복판에 서 있다가 지나가는 사람들에게 접근하여 그들에게 사업설명을 하라는 의미가 아닙니다.

이것은 당신의 주위에 있는 사람들이 하는 말에 언제나 관심을 갖고 그들 중에서 '지금의 생활수준을 향상시켜 줄 어떤 것을 구하고 있는 사람들' 혹은 '뭔가 새로운 일을 해보려는 야망을 갖고 있는 사람들' 을 찾아내 그들의 이름을 추가해 나가라는 것입니다.

네트워크 마케팅은 생활수준을 조금이라도 향상시키기 위해 자신이 할 수 있는 일을 찾고 있는 사람들에게 그들이 원하는 최상의 기회를 제공합니다. 반면 지금의 생활에 만족하고 뭔가 새로운 것을 해보려는 의욕이나 진보에 관심이 없는 사람들은 네트워크 마케팅에 관한 이야기에 전혀 흥미를 느끼지 못합니다.

그렇다면 스스로 뭔가를 해보려는 의욕을 지닌 사람을 찾아내려면 어떻게 해야 할까요?

그렇게 하려면 당신의 마음속에 늘 그러한 사람들을 찾아내기 위한 안테나를 설치해 놓는 것이 필요합니다. 매일의 일상생활 속에서 안테나의 전원을 계속 켜놓지 않으면 그러한 사람들을 찾는 것은 절대로 불가능하기 때문입니다. 쉽게 말해 이 사업을 필요로 하는 사람을 찾기 위해 늘 신경을 쓰지 않으면 그러한 사람이 바로 곁에 있어 알아차리지 못하게 됩니다.

만약 당신이 네트워크 마케팅에서 성공하여 스폰서로부터 독립을 한다면, 명단에 새로운 프로스펙터의 이름을 추가할 필요가 없어지는 것일까요? 절대로 그렇지 않습니다. 만약 당신이 네트워크 마케팅 업계에서 프로가 되고 싶다면 항상 10~20명 정도의 새로운 프로스펙터 이름이 들어있는 명단을 갖고 있지 않으면 안 됩니다.

'자녀는 부모의 발자취를 따르면서 성장한다' 는 말처럼 하위 라인은 업 라인이 하는 대로 따라 하면서 사업을 전개하게 마련입니다. 그러므로 하위 라인의 모범이 될 수 있도록 정기적으로 명단에 새로운 프로스펙터의 이름을 추가해 나가면서 그들에게 사업설명을 하십시오. 그렇게 하지 않으면 하위 라인에서는 당신이 하는 것처럼 새로운 프로스펙터를 명단에 추가하지 않을 것입니다.

이제 어떻게 하면 새로운 프로스펙터를 항상 명단에 추가해 나갈 수 있을지 그 방법을 설명하도록 하겠습니다.

모든 사업은 명단 작성으로부터 시작한다

모든 사업은 명단 작성으로부터

네트워크 마케팅을 하든 병원을 개업하든 자동차 세일을 하든 영어회화 학원을 운영하든 모든 사업은 명단 작성으로부터 시작됩니다. 컴퓨터 회사에서 소프트웨어를 팔기 위해 고객을 모으려면 혹은 치과병원을 개업하여 환자를 끌어 모으려면 또는 새로운 교회를 짓고 신자를 모으려면 그리고 레스토랑을 오픈하고 개업인사를 하려면 무엇보다 먼저 명단을 작성해야 합니다.

만약 그렇게 하지 않는다면 사람들을 개업식에 초대할 수 없을 것입니다.

미국 캘리포니아 주의 어느 정보은행 회사는 특수한 직업에 종사하는 사람들의 명단을 전문적으로 수집하여 그 명단을 원하는 사람들을 상대로 판매사업을 하였습니다. 그 명단에는 예를 들어 특정 종교단체에 속해 있는 사람들, 농업에 종사하는 사람들, 식당을 경영하는 사람들, 의사, 과학자와 같은 사람들의 이름이 들어있었습니다. 왜 그러한 정보회사가 존재하는 것일까요? 그것은 명단을 필요로 하는 사람들이 많기 때문입니다. 모든 사업은 처음에 명단 작성으로부터 출발하는 것입니다.

어떤 사업에서든 경영에 필요한 최소한의 수치가 있다

어떤 사업에서든 적자를 내지 않는 경영을 위해 필요한 최소한의 수치라는 것이 존재합니다.

제가 알고 있는 어느 보험 세일즈맨은 자신이 보험 세일즈만으로 생계를 꾸려가려면 하루에 적어도 100명의 프로스펙터(가능성 있는 고객)에게 전화를 걸지 않으면 안 된다고 합니다. 그리하여 그는 두 달 안에 보험이 만기가 되는 사람들의 명단을 구입하여 그 명단에 들어있는 사람들에게 전화를 걸어 "여러 보험회사의 가격을 한 번 비교해 보십시오. 이번에는 보험료를 절약해 보시지 않겠습니까?"라는 질문을 한다고 합니다.

그렇게 전화를 걸었을 때, 100명의 프로스펙터 중에서 몇 명이나 '예스'를 할지 모르지만, 어쨌든 그가 보험 세일즈를 하여 생계를 유지하기 위한 최소한의 수치는 하루에 100명의 프로스펙터에게 전화를 하는 것입니다.

당신도 우편함에서 상품광고를 자주 볼 수 있을 것입니다.

일반적으로 상품광고 100통을 보내면, 그 광고를 보고 반응을 보이는 경우는 겨우 한두 통이라고 합니다. 아니, 100통의 상품광고를 보내 두 장이 돌아온다면 크게 성공한 것이라고 합니다. 물론 편지가 돌아올 확률이 1~2%라고 할지라도 그리고 우편비용이나 광열비, 인건비를 제한다 하더라도 타산이 맞는다면 그 일을 할 가치는 충분히 있습니다. 다시 말해 '100통의 광고를 보냈을 때, 2통이 돌아온다' 는 것이 상품광고 사업을 경영하기 위한 최소한의 수치인 셈입니다.

레스토랑이든 소매점이든 손익분기점의 수치는 반드시 있게 마련입니다. 그보다 수치가 많으면 그것이 곧 수입이 되는 것이고 적으면 적자가 되어 그 가게는 문을 닫지 않으면 안 됩니다. 이처럼 어떤 사업에서든 경영에 필요한 최소한의 수치가 있습니다.

P&G사의 숫자로부터 배울 수 있는 것

현재, 일반 가정용 세제업계에서 미국 시장 점유율 1위를 자랑하는 제품이 바로 P&G의 '타이드' 입니다. 하지만 실제로 이 제품을 사용하는 비율은 국민 전체의 약 20%라고 합니다. 다시 말해 약 80%의 소비자는 '타이드' 를 사지 않는 것입니다.

이때, 만약 P&G사의 마케팅부에서 일하는 사람들이 네트워크 마케팅 사업자가 흔히 겪는 상황처럼 '10명에게 전화를 했는데 미팅에 4명밖에 참석하지 않았다. 그리고 그 중에서 관심을 보인 사람은 단 2명이다. 이런 식이라면 나는 도저히 성공할 수 없을 거야' 라는 생각으로 사업을 했다면 P&G사는 벌써 도산했을 것입니다.

실제로 P&G사는 '타이드' 라는 한 가지 제품만으로 연간 1조원 이상의 매상을 올린다고 합니다. 그래도 미국인의 약 80%는 다른 회사 제품을 사용하고 있는 것입니다. 그렇지만 P&G사의 영업부에서 일하는 사람들은 단 한 명도 '왜 10명 중에서 단지 2사람만이 우리 회사 세제를 사용하는 걸까?'라는 의문을 갖지 않습니다. 왜냐하면 그들은 다음과 같은 두 가지 사실을 알고 있기 때문입니다.

첫째, 10명 중에 2명이 '타이드'를 사면 시장점유율이 1위가 된다.

둘째, 아무리 그들이 열심히 노력한다 해도 모든 소비자로 하여금 '타이드'를 쓰게 하는 일은 불가능하다.

만약 그들이 이 사실을 알고 있지 않다면 '10명 중에 8명은 자사 제품을 사용하지 않는다는 이유'로 인해 낙담하여 정신적인 혼란상태에 빠지고 말 것입니다.

P&G사에서 '타이드'를 담당하는 영업부가 목표로 하는 숫자는 '시장점유율 1위를 유지하기 위해 10명 중에서 2명이 우리 제품을 쓰도록 한다'라는 것입니다.

네트워크 마케팅은 숫자 게임

네트워크 마케팅의 숫자

'어떤 사업에서든 경영에 필요한 최소한의 수치가 있다'는 말은 네트워크 마케팅에도 동일하게 적용됩니다. 실제로 네트워크 마케팅을 하는 사람들이 성공하지 못하는 가장 큰 원인 중의 하나는 명단에 들어있는 프로스펙터의 수가 적기 때문입니다.

이 사업에서 성공하려면 최대한 많은 사람들에게 접근하고 최대한 많은 사람들을 스폰서해서 가능한 한 많은 그룹을 독립시키지 않으면 안 됩니다. 하지만 어떤 사업자는 단지 두 세 사람 밖에 스폰서하지 않았으면서 크게 성공하려는 생각을 갖고 있기도 합니다.

이것은 마치 BMW를 판매하는 어느 세일즈맨의 이야기와도 같습니다. BMW 10대를 팔면 많은 돈을 벌 수 있다는 사실을 잘 알고 있던 그는 10명에게 편지를 보냈습니다. 그리고 그는 마음 속으로 '10명이 모두 차를 산다면 나는 부자가 될 것이고, 만약 한 사람도 사지 않는다면 이 일을 그만두면 되지' 라는 생각을 하고 있었습니다. 하지만 아무리 우수한 세일즈맨일지라도 10명에게 편지를 보내 그들 모두가 상품을 사도록 하는 일은 거의 불가능합니다.

10명에게 BMW를 팔기 위해서는 그 몇 배, 몇 십 배 아니 몇 백 배의 명단을 만들고 그들에게 접근하여 그들 중에 관심이 있는 사람에게 차를 보여주지 않으면 안 됩니다. 그리고 결과에 크게 신경 쓰지 않고 많은 사람들에게 계속 관심을 기울이면 반드시 그 차를 원하는 사람을 발견하게 되는 것입니다. 그런 사람을 다섯 번째의 상담에서 만날지 아니면 15번째 혹은 50번째에 만날지는 아무도 모릅니다. 그러나 자신이 갖고 있는 명단을 근거로 하여 상담을 나눈 사람이 많으면 많을수록 보다 많은 사람들에게 차를 판매할 확률이 높아집니다. 왜냐하면 세일즈 사업이란 '숫자 게임' 이기 때문입니다.

마찬가지로 네트워크 마케팅 역시 숫자 게임의 범주에 포함됩니다. 즉, '몇 사람이나 스폰서를 할 수 있는가?' 라는 것은 '당신이 몇 명의 프로스펙터를 당신의 명단에 올리고 그들에게 얼마나 사업설명을 하였는가?' 에 의해 좌우되는 것입니다.

예를 들어 ○개의 그룹을 독립시켜야겠다고 생각하고 있다면, ○명의 몇 십 배나 되는 사람들을 명단에 올리고 그들에게 접근하여 약속을 받아내고 사업설명을 하지 않으면 안 됩니다. 또한 '얼마나 제품을 유통시킬 수 있는가' 하는 것은 몇 사람을 스폰서 할 수 있는가에 의해 좌우됩니다.

따라서 상대방에 대해 자기 마음대로 판단하지 않을 것 그리고 명단에 가능한 한 많은 프로스펙터의 이름을 올리는 것이 무엇보다 중요합니다.

네트워크 마케팅과 다른 세일즈 사업과의 차이

네트워크 마케팅이 갖고 있는 최대의 매력 가운데 하나는 '오버라이드 보너스' 를 받을 수 있다는 것입니다. '오버라이드 보너스' 란 당신이 열심히 노력해서 그룹을 독립시켜 주면, 당신이 사업을 하든 하지 않든 상관없이 수입을 올릴 수 있는 '권리수입', 즉 인세수입의 하나입니다. 물론 그 보너스를 받으려면 회사가 요구하는 일정 정도의 사업수준을 계속 유지해야 합니다. 하지만 그 요구라는 것은 하고자 하는 의욕만 있다면 그다지 어렵지 않게 통과할 수 있는 것들입니다.

세상에는 자동차, 컴퓨터, 보험, 화장품과 같이 다양한 세일즈 사업이 존재하지만 아무리 우수한 세일즈맨일지라도 일단 세일즈 사업을 그만두면 수입이 들어오지 않게 됩니다. 반면 네트워크 마케팅에서는 하위라인 그룹을 도와주어 그 그룹을 독립시켜 주면 그리고 개인그룹에게 정해진 수준만 유지한다면 그 그룹이 존재하는 한, 오버라이드 보너스를 계속해서 받을 수 있습니다.

　이러한 '권리수입'의 기회가 있는지 없는지의 여부가 일반 세일즈 사업과 네트워크 마케팅의 커다란 차이인 것입니다.

　물론 또 다른 면에서의 차이점도 존재합니다.

　일반 세일즈 사업에서 다른 사람을 어엿한 한 사람의 세일즈맨으로 자리 잡도록 지도해주면 물론 그 사람으로부터 고맙다는 말을 듣게 될 것입니다. 그러나 그러한 당신의 노력에 대해 전혀 보수를 받을 수 없을 뿐더러 사업상의 라이벌이 생기는 결과가 되고 맙니다.

　하지만 네트워크 마케팅에서는 자신의 그룹 사람들을 훈련시켜 독립시키더라도 그들이 사업상의 협력자가 될지언정 라이벌은 되지 않습니다. 게다가 당신의 노력에 대한 정당한 보수로서 보너스도 받을 수 있고 독립시켜 준 사람으로부터 감사하다는 말도 들을 수 있습니다. 그리고 더 나아가 그 사람은 평생 당신의 좋은 벗이 될 것입니다.

누구나 갖고 있는 세 개의 서클

누구나 갖고 있는 세 개의 서클이란?

가족이나 친척, 친구, 동창, 이웃 그리고 회사 동료들은 당신을 개인적으로 잘 알고 있는 사람들로 당신과 신뢰관계로 맺어져 있습니다. 임의적으로 이들을 '첫 번째 서클' 이라고 부르겠습니다.

그리고 이들 첫 번째 서클의 바깥쪽에는 그보다 더 큰 '두 번째 서클' 이존재합니다. 그들은 당신과 서로 안면이 있는 사람들의 서클입니다. '안면이 있다' 는 것은 이름이 무엇이고 사는 곳이 어디인지 그리고 직업은무엇이며 자녀는 몇 명이나 되는지 등 개인적인 신상에 대해서는 잘 모르지만, 얼굴을 마주 대하면 서로 알 수 있을 정도의 사람들을 말합니다.

예를 들어 자주 가는 주유소의 직원이나 단골 슈퍼의 점원, 자녀의 같은 반 친구 부모와 같은 사람들입니다. 일반적으로 안면 있는 사람들의서클은 가족, 친척, 친구의 서클보다 더 크게 마련입니다. 그리고 이 서클은 해를 거듭할수록 계속 확대되어 갑니다. 물론 첫 번째 서클도 결혼이나 출산으로 인해 시간이 지날수록 점점 커지지만 두 번째 서클이 확장하는 속도에 미치지는 못합니다.

또한 이 두 번째 서클의 바깥쪽에는 더욱더 커다란 '세 번째 서클' 이있습니다. 그것은 지금까지 당신이 단 한 번도 만나본 적이 없는 사람들의 서클입니다. 당신이 지금까지 한 번도 만난 적이 없는 사람들의 숫자를 알려면 현재 지구상에 살고 있는 전 세계 인구에서 당신이 그동안 한 번이라도 만난 적이 있는 사람들의 수를 빼면 됩니다. 뿐만 아니라 앞으로 태어나는 사람들도 모두 이 서클 안에 포함됩니다.

네트워크 마케팅은 기본적으로 20세 이상(사업을 할 수 있도록 규정된 연령은 나라에 따라 다르지만)이라면 학력이나 직함, 성별, 국적 그리고 종교에 관계없이 누구나 사업자가 될 수 있기 때문에 전국은 물론이고 전 세계에 살고 있는 사람들이 프로스펙터라고 해도 결코 과언이 아닐 것입니다. 그러므로 이 세 번째 서클은 규모가 어마어마하게 큰 것입니다. 지금까지의 설명을 간단히 요약해 보면 다음과 같습니다.

① 첫 번째 서클 … 가족, 친척, 친구, 동창, 이웃이나 회사 동료와 같이 개인적인 친분이 있고 서로 신뢰관계로 맺어져 있는 사람들.
② 두 번째 서클 … 개인적인 친분은 없지만 서로 얼굴을 아는 사람들. 흔히 말하는 '안면 있는' 사람들.
③ 세 번째 서클 … 당신이 지금까지 단 한 번도 만난 적이 없는 사람들.

명단 작성에 있어서 두 번째 포인트인 '가능한 한 많은 이름을 올리기' 위해 기본적으로 첫 번째와 두 번째 서클에 속해 있는 사람들을 모두 명단에 올리는 것이 좋을 것입니다. 그리고 명단 작성의 다섯 번째 포인트인 '항상 새로운 프로스펙터를 목록에 추가하는 것' 은 세 번째 서클(모

르는 타인)에서 두 번째 서클(안면 있는 사람)로 바뀐 사람들을 목록에
추가해 나가면 됩니다.

〈그림 2〉

만남을 중요하게 여기면 명단을 계속 늘려 나갈 수 있다

우리가 아는 사람들 그리고 만나는 사람들은 우리와 뭔가 '인연'이 있
었기에 만나게 된 사람들입니다. 특히 국내에 들어온 외국인과 만나게
될 확률은 '1/60억'이라는 천문학적인 수치에 달합니다.

그런데 이것을 단순한 우연으로 치부해 버리고 그 만남을 중요하게 여
기지 않는다면, 네트워크 마케팅을 하면서 좋은 '인연'을 갖기 이려울
것입니다. 반면, 사소한 만남일지라도 그 인연을 소중히 여기면 계속해

서 명단에 이름을 늘려나갈 수 있습니다.

네트워크 마케팅을 통해 성공하고 싶다면 처음 보는 사람이든 엘리베이터나 지하철에서 만나는 사람이든 상관없이 반드시 당신이 먼저 미소를 지으며 "안녕하세요. 처음 뵙겠습니다. 저는 ㅇㅇㅇ라고 합니다."라고 인사하지 않으면 안 됩니다. 왜냐하면 기회는 언제 올지 모르는 것이고 말을 거는 사람 수에 비례해서 만남을 가질 기회가 커지기 때문입니다.

'만나는 사람의 수만큼 기회가 온다'는 말처럼 사업자인 당신은 먼저 다른 사람들에게 인사하는 습관을 들이지 않으면 안 됩니다. 설령 상대방이 당신의 인사를 받아주지 않는다 하더라도 말입니다. 이처럼 지극히 상식적인 것을 실천하는 것만으로도 명단 작성의 다섯 번째 포인트인 '항상 새로운 이름을 추가해 나가는 것'이 가능해지고 계속 명단을 늘려나갈 수 있습니다.

처음으로 명단에 올릴 사람들

그러면 '가능한 한 많은 이름을 올리는 것'을 염두에 두고 이제부터 어떻게 명단을 작성해 나갈 것인지 설명하고자 합니다.

신규 사업자는 우선 첫 번째 서클과 두 번째 서클의 사람들을 명단에 올려야 합니다. 첫 번째 서클은 기본적으로 가족, 친척, 친구, 이웃 사람들을 가리키지만 그밖에도 회사의 동료나 동호회의 멤버 그리고 매년 연하장을 보내는 사람들이 그 범주에 포함됩니다.

분명 소수이겠지만 당신이 개인적으로 알고 있는 사람들 중에는 붙임성이 없거나 혹은 항상 문제를 일으키는 사람이 있을지도 모릅니다. 그러한 사람들은 그룹에 들어오더라도 다른 사람들에게 폐를 끼치거나 당신의 사업에 방해가 될 뿐이므로 애초에 명단에 올리지 않는 것이 좋을 것입니다. 이것을 명단 작성의 세 번째 포인트인 '사업설명을 하기 전에 먼저 상대방을 판단하지 않는다' 는 원칙과 혼동해서는 안 됩니다. 그러한 사람을 명단에 올릴 것인지에 대한 최종 결정은 당신 스폰서의 판단에 맡기도록 권해드리고 싶습니다.

누구를 명단에 올릴 것인지는 다음의 직업에 종사하는 사람들을 떠올리며 작성하면 좋을 것입니다. 이때, 중요한 것은 누구를 명단에 올릴 것인지를 머리 속에서만 생각할 것이 아니라, 반드시 종이에 적어야 한다는 것입니다.

① 당신이 존경하는 사람들

② 다른 사람들을 잘 돌봐주고 그렇게 하는 것을 좋아하는 사람들

③ 어떤 단체나 조직, 협회의 리더로 활동하는 사람들

④ 의사, 변호사, 파일럿과 같은 전문직 종사자들

⑤ 모든 일에 흥미를 보이는 사람들

⑥ 학교나 학원 선생님들

⑦ 기술자들

⑧ 많은 사람들과 접촉하는 직업에 종사하고 있는 사람들

⑨ 자영업을 하고 있는 사람들

⑩ 꿈은 크지만 그 꿈을 실현시킬 방법을 모르고 있는 사람들

⑥번의 사람들은 교양도 있고 인간관계를 잘 영위하는 방법도 알고 있는 데다 알고 지내는 사람들도 많기 때문에 네트워크 마케팅 사업에는 제격입니다. 특히 정년퇴직한 선생님들은 지식과 시간이 충분히 있기 때문에 흔히 네트워크 마케팅 사업에 가장 적합하다는 말을 듣습니다.

일반적으로 ⑦번의 사람들은 '나는 뭐든지 알고 있어', '내 기술이 제일이야'라고 말하곤 합니다. 이처럼 이들은 보통 자기중심적이고 다른 사람들의 의견을 들으려 하지 않기 때문에 사업설명을 하기가 매우 어려운 타입입니다.

그렇다고 그들의 성격에 대해 이러쿵저러쿵 하려는 것은 아니지만, 그들에게 사업설명을 하려 하면 오히려 그들이 '네트워크 마케팅을 해서는 안 되는 이유를 말해 주지', '당신은 지금 속고 있는 거야'라거나 '시장은 이미 포화상태인데 무슨…' 혹은 '네트워크 마케팅이 위법인 걸 모르나?'라고 하면서 오히려 당신을 설득하려 하는 일도 종종 있습니다.

하지만 비록 그렇다고 해도 낙담하거나 도중에 그만두어서는 안 됩니다. 왜냐하면 그들은 쉽게 사업을 받아들이지는 않지만 일단 받아들이기만 하면 충실하게 사업에 임하고 자신이 갖고 있는 지식을 사업에 잘 응용할 수 있는 사람들이기 때문입니다. 또한 그들의 대다수는 복제에 능하기 때문에 기술자 출신 중에서 이 사업을 통해 커다란 성공을 거둔

사람들도 많이 있습니다.

한편, 전문직 종사자들 중에는 아집이 강하거나 다른 사람들과 잘 사귀지 못하는 타입이 많은데 반대로 그들의 부인들은 외향적이고 매력적인 사람들이 많으므로 부인들이 사업을 할 가능성이 충분히 있습니다. 그리고 부인이 사업에서 점점 성공해 나가면 나중에 남편들도 사업에 참가하게 될 것입니다.

⑧번에 해당하는 사람들은 주로 우체국 직원, 소방대원, 시청 공무원, 경찰들로 그러한 사람들 중에서 항상 뭔가를 추구하는 사람, 야망이 있는 사람, 정년퇴직을 눈앞에 두고 있는 사람을 찾는 것이 좋습니다. 국가 공무원은 비교적 직업이 안정되어 있기 때문에 새로운 영역에 손을 뻗치는 것을 주저하는 경우가 적지 않지만, 사람을 겉모습만으로 판단해서는 안 됩니다. 항상 안테나의 전원을 켜두고 주위 사람들이 무슨 이야기를 하는지에 당신의 신경을 집중하도록 하십시오.

⑨번의 자영업자들은 때로 자신이 경영하는 사업이 부진해서 다른 기회를 엿볼 수도 있습니다. 또한 그들의 대다수는 거액의 빚을 지고 있는 경우가 많기 때문에 자본금 없이 시작할 수 있는 네트워크 마케팅이 그들에게 큰 매력으로 다가설 수도 있습니다.

지금까지 살펴본 10가지 직업과 특징 이외에도 현재 하고 있는 일로부터 스트레스를 받고 있는 사람들, 학력이 부족하여 출세하지 못한 사람들, 여행을 하고 싶어도 돈과 시간이 없어서 못하는 사람들, 최근에 결혼한 사람들을 염두에 두면서 명단을 작성하십시오.

어쨌든 명단 작성과 관련된 첫 번째, 두 번째 그리고 세 번째 포인트를 계속 떠올리면서 가능한 한 많은 명단을 작성하는 것이 중요합니다. 그리고 명단 작성의 다섯 번째 포인트처럼 늘 당신의 안테나에 전원을 켜두고 주위 사람들의 말에 주의를 기울여 뭔가를 갈망하고 있고 또한 야망을 갖고 있는 사람들을 찾아내십시오. 그리고 그들을 당신의 명단에 계속 추가해 나가도록 하십시오.

네트워크 마케팅에서 스폰서 할 수 있는 확률

사업자는 각각 다른 수치를 갖고 있다

명단 작성의 네 번째 포인트는 '명단에 있는 사람들에게 반드시 한 번 이상은 사업설명을 하는 것'입니다. 따라서 명단 작성이 끝나면 그 다음에 취해야 할 단계는 명단에 들어있는 사람들에게 사업설명을 해나가는 것이 됩니다.

이때, 문제가 되는 것은 '일정 기간 동안 몇 사람을 스폰서 할 수 있는가?' 하는 것입니다. 결론부터 말하자면 '일정 기간 동안 몇 사람을 스폰서 할 수 있는가' 하는 것은 각각의 사업자에 따라 달라집니다. 왜냐하면 각각의 사업자들이 각각 다른 수치를 갖고 있기 때문입니다. 환경이 서로 다른 'A', 'B', 'C' 세 사람은 그들이 스폰서 할 수 있는 확률도 서로 다를 수밖에 없습니다.

예를 들어 A라는 사람이 네트워크 마케팅을 시작한 직후부터 친척이나 가족 그리고 친구들을 여러 명 스폰서해서 단기간에 커다란 네트워크를 만들게 되었다고 가정해 봅시다. 어쩌면 A의 가족, 친척, 친구들 중에는 비교적 교육 수준이 높은 사람들이 많이 있었을 지도 모릅니다. 혹은 본인이 자신의 사업에서 성공을 거두어 이미 사회적으로 큰 영향력을 갖고 있고 그의 친구들, 가족, 친척들로부터 깊은 신뢰를 받고 있을지도 모릅니다. 그런 A가 네트워크 마케팅을 한다는 말을 듣고 '이것은 A가 선택한 사업이니까 틀림없을 거야'라는 생각으로 누구나 A의 사업에 참가하고 싶어하는 것은 당연한 것입니다. 왜냐하면 주위 사람들 모두가 A가 하는 사업은 당연히 좋은 사업이라고 생각하고 있기 때문입니다.

마찬가지로 당신 주위에는 비교적 단기간에 꽤 많은 사람들을 스폰서한 사람들이 있을 것입니다. 그들은 A처럼 네트워크 마케팅을 하기 전부터 '사람들로부터 신뢰를 받는', 다시 말해 네트워크 마케팅에서 커다란 네트워크를 구축하는데 있어 필수 요소인 '좋은 인간관계'의 기초를 확실히 다져놓았던 것입니다.

한편, B는 다른 지역에서 이사 온지 얼마 안 되어 친척이나 친구가 주위에 없다고 가정해 봅시다. 이 경우, B는 주위 사람들과 신뢰관계가 형성될 때까지 커다란 네트워크를 만들 수 없을지도 모릅니다.

그리고 C는 소문이 자자한 트러블 메이커, 소위 '문제아'라고 가정해 보겠습니다. 이 사람에게는 첫 번째 서클에 해당되는 사람들을 스폰서해서 네트워크를 세워나가는 것이 대단히 어려운 일일 것입니다. 왜냐하면 그가 하려고 하는 사업은 그를 잘 알고 있는 주변 사람의 입장에서 볼 때, 문제나 일으키는 불법적인 사업으로밖에 보이지 않을 것이기 때문입니다. 따라서 C의 경우에는 두 번째와 세 번째 서클의 사람들을 상대로 해서 네트워크를 만들어 나가는 수밖에 없습니다.

하지만 이렇게 좋지 않은 과거를 갖고 있는 사람이라 할지라도 마음을 달리 먹는다면 그리고 정직하고 사려 깊게 행동하면서 열심히 노력한다면 사업에서 성공할 수 있습니다. 네트워크 마케팅에서 성공하기 위해서는 과거보다 미래가 훨씬 더 중요하기 때문입니다. 물론 과거에 저지른 실수를 다시 되돌릴 수는 없지만 우리의 미래는 우리가 마음먹은 대로 만들어나갈 수 있는 것입니다.

네트워크 마케팅에서 스폰서 할 수 있는 확률

지금까지 살펴본 것처럼 스폰서를 하는 것은 사업자에 따라 각각 그 속도가 다르게 나타납니다. 어떤 사람은 사업설명을 해준 처음의 20명 중에서 10명을 스폰서 하게 될지도 모릅니다. 반면, 어떤 사람은 30명에게 사업설명을 하였는데도 '노'라는 대답밖에 듣지 못할 수도 있습니다.

현재 네트워크 마케팅에서 크게 성공을 거두고 있는 어떤 사업자는 자신이 사업을 시작했을 당시, 가능성이 있다고 생각했던 프로스펙터 40여 명으로부터 연속적으로 거절을 당했다고 합니다. 또한 지금 세계적인 네트워크를 구축하여 대성공을 거둔 또 다른 사업자는 처음에 150번 이상이나 프레젠테이션(네트워크 마케팅에서는 특히 사업에 대해 소개하고 설명하는 프레젠테이션을 사업설명 혹은 쇼더플랜이라고 함)을 하였지만 단 한 번도 성공하지 못했다고 합니다. 하지만 그는 '열심히 하다보면 언젠가는 되겠지' 라는 생각으로 실망하지 않고 계속 정진해서 지금은 네트워크 마케팅 사업에서 크게 성공하고 있습니다.

네트워크 마케팅에서는 사업자에 따라 스폰서 할 수 있는 확률이 각각 다르기 때문에 '어느 정도의 기간에 몇 사람을 스폰서 했다' 는 수치를 내거나 일률적으로 다른 사람과 비교하는 것은 불가능한 일입니다. 한 가지 확실한 것은 네트워크 마케팅에서 성공한 대다수의 사람들은 겉으로 보기에 순탄하게 성공의 길을 걸어온 것처럼 보일지 모르지만, 실제로는 보통 이상의 노력을 기울였다는 점입니다.

과거에 성공한 사람들의 경험에 비추어 보면 명단에 많은 이름을 올리고 일정 기간 안에 그들 모두에게 접근했을 때, 그들의 약 $\frac{1}{3}$ 가량이 네트워크 마케팅에 대해 어떠한 형태로든 관심을 표명하고 다시 그 중의 $\frac{1}{3}$ 이 사업자가 된다고 합니다. 그리고 사업자가 된 사람의 약 $\frac{1}{3}$ 이 최종적으로 사업에서 성공한다고 합니다.

이것을 알기 쉽게 숫자로 설명하면 예를 들어 100명에게 접근했을 때, 약 33명이 이 사업에 흥미를 느끼고 11명이 사업자가 되며 그 중에서 3~4명이 성공하는 셈입니다.

이것은 어니까지나 최소한의 수치이므로 경험을 많이 쌓은 사람이 접근을 하게 되면 33명보다는 많은 사람이 흥미를 느낄 가능성이 높고 또한 11명보다는 많은 사람들이 사업자가 되며 그리고 3~4명보다 많은 사람들이 성공하게 된다는 것을 의미합니다.

이때, 중요한 것은 이러한 확률이 제대로 맞아떨어지기 위해서는 적어도 100명의 프로스펙터에게 사업설명을 해야 한다는 것이 전제된다는 점입니다. 따라서 10명에게 사업설명을 하면 세 명이 사업에 흥미를 갖고 그 가운데 한 사람이 사업자가 된다는 말은 사실과 다른 정보입니다.

어쨌든 네트워크 마케팅에서는 100명의 명단을 만들고 나서 결과에 연연하지 않고 100명 모두에게 사업설명을 하는 것이 중요합니다. 100명 모두에게 사업설명이 끝난 후, 뒤를 돌아보면 당신의 그룹에는 아마도 11명의 사업자가 존재할 것입니다.

또한 성공한 사람들의 경험에 의하면 처음에 거절한 사람도 계속 접촉을 하면 약 $\frac{1}{3}$이 나중에 사업자가 된다고 합니다. 그러므로 여러 번의 실패에 너무 상심하거나 지나치게 마음에 두어서는 안 됩니다. ‘노’라고 말했던 사람과 다시 만날 때마다, 그 사람이 ‘예스’라고 말할 확률이 점점 높아진다는 사실을 결코 잊어서는 안 될 것입니다.

명단 작성의 네 번째 포인트는 ‘명단에 있는 사람들에게 반드시 한 번 이상은 사업설명을 하는 것’입니다. 그리고 상대방이 네트워크 마케팅을 할 것인지 하지 않을 것인지의 여부는 그가 사업설명을 들은 후에 스스로 결정할 문제라는 점을 항상 기억하십시오.

맥도널드의 숫자로부터 배울 수 있는 것

맥도널드는 패스트푸드 업계에서 판매 1위의 업체입니다. 하지만 재미있는 사실은 패스트푸드점에 가는 사람 10명 중에서 8명은 맥도널드에 가지 않는다는 점입니다. 왜 80%에 해당하는 사람들이 맥도널드에 가지 않는지 그 이유는 잘 모르겠습니다. 아마도 근처에 맥도널드 가게가 없거나 맛이 자신의 취향과 맞지 않기 때문이겠지요. 그러나 10명 중에서 8명이 맥도널드에 가지 않을지라도 맥도널드는 패스트푸드 업계에서 '넘버 1' 입니다.

미국의 전체 인구는 약 2억 5,000만 명이므로 그 중의 20%면 단순 계산으로도 약 5,000만 명에 해당합니다. 다시 말해 맥도널드에 가는 사람이 비록 전체의 20%라 해도 '2억 5,000만 명이라는 숫자에서 20%'라는 것은 막대한 규모가 되는 것입니다.

네트워크 마케팅을 하고 있는 사람들 중에는 간혹 '10명에게 사업설명을 했는데 한 사람밖에 스폰서하지 못했다' 고 낙심하는 경우가 있는데, 10명이라면 접근한 프로스펙터의 수가 너무 적습니다.

다시 한 번 강조하지만 네트워크 마케팅에서 성공하려면 가능한 한 명단에 많은 사람들을 올려야 합니다. 그렇다고 어느 성공자처럼 '500명의 명단을 작성하라' 고 강조하고 싶지는 않습니다. 하지만 적어도 30~50명의 명단을 작성하여 언제나 휴대하고 다니지 않는다면 당신은 진정으로 네트워크 마케팅을 하고 있다고 말할 수 없을 것입니다.

마찬가지로 당신의 하위라인 사업자가 적어도 30명의 명단을 작성하지 않는 한, 절대로 다음 단계로 나아가서는 안 됩니다. 하려는 의욕만 있다면 누구든 30명의 명단을 쉽게 작성할 수 있습니다.

　물론 그 30명이라는 수치가 적게 느껴질지도 모르지만, 당신의 그룹에 20명의 사업자가 있고 그 중에 10명이 각각 30~50명의 명단을 작성했다면, 그룹 전체로 보았을 때 300~500명의 커다란 명단이 작성되는 셈입니다.

　네트워크 마케팅이 지니고 있는 힘을 다시 한 번 생각해 보십시오. '네트워크 내에서 한 사람의 힘은 비록 적을지라도 10명 아니 30명이 합쳐지면 그 힘은 굉장한 것이 된다' 는 것이 네트워크 마케팅의 파워입니다.

　당신이 500명의 명단을 작성하는 것은 불가능해도 50명의 명단을 작성할 수 있는 사람을 10명 스폰서하면 쉽게 500명의 명단을 만들 수 있습니다.

　명단 작성의 두 번째 포인트는 '가능한 한 많은 명단을 올리는 것' 이었습니다. 그러나 일단 네트워크가 커지면 당신 혼자 명단에 많은 사람의 이름을 올리지 않더라도 그룹의 한 사람 한 사람이 조금씩 분담하여 어려움 없이 명단을 만들 수 있습니다.

세일즈 사업을 성공으로 이끄는 세 가지 포인트

세일즈를 성공으로 이끄는 데에는 세 가지 포인트가 있다고 합니다.

> ① 매일 많은 사람들과 이야기할 것
> ② 다른 사람에게 친절하게 대할 것
> ③ 자세하고 구체적으로 서비스를 제공할 것

　미국 사업계의 유명 인사 중에 짐 로라는 사람이 있습니다. 그는 미국 각지에서 세일즈 트레이닝 세미나를 개최하여 세일즈맨들을 교육시키는 강사입니다. 특히 그는 1년에 수십 차례나 세미나를 개최해서 많은 수입을 올리고 있는데, 그가 세미나에서 하는 말은 대단히 간단하고 극히 당연한 것들뿐입니다.

　그는 세미나를 통해 '세일즈 사업에서 성공하는 세 가지 포인트'를 언급하고 있는데, 그 첫 번째 포인트는 '매일 많은 사람과 대화를 나누는 것'입니다.

　네트워크 마케팅을 비롯하여 자동차, 보험, 신문 세일즈 등 어떤 사업에서든 사람을 상대로 하는 세일즈에서 성공하고 싶다면 매일 많은 사람들과 이야기를 나누라는 것입니다. 물론 그렇게 대화를 나눈다고 해서 그들 모두가 제품을 구입하는 것은 아니지만, 누군가가 당신의 제품에 흥미를 갖고 그 제품을 구입할지도 모르기 때문입니다.

마찬가지로 네트워크 마케팅에서도 사업설명을 해준 모든 사람들이 사업자로 등록하는 것은 아니지만, 포기하지 않고 꾸준히 사업설명을 계속 해나간다면 누군가는 사업에 관심을 표할 것이고 사업자가 될 것입니다.

두 번째 포인트는 '다른 사람에게 친절하게 대하는 것' 입니다. 그리고 세 번째 포인트는 '자세하고 구체적으로 서비스를 제공하는 것' 입니다.

생각해 보면 지극히 당연한 것이라고 여겨지지 않습니까?

그런데 짐 로는 이처럼 간단한 이야기로 세미나를 하고 강연료로 1년에 수십 억 원을 받고 있습니다. 그의 말에 의하면 본래 세일즈 사업은 대단히 간단한 사업이라고 합니다. 그의 말처럼 네트워크 마케팅도 본래는 간단한 사업이지만, 일부 사업자들은 그것을 스스로 어렵게 만들고 있습니다.

이 사업을 간단하게 만드는 것도 당신이고 복잡하게 만드는 것도 당신입니다. 모든 것은 당신이 마음먹기에 달려 있는 것입니다. 어쨌든 보다 많은 사람들에게 이 사업에 관한 것들을 매일 이야기하면 그 중에서 네트워크 마케팅을 자신의 사업으로 삼는 사람이 몇 명 나올 것입니다.

· 분야별 최고의 세일즈맨을 찾아가 그들의 성공비결을 알아내라.
· 성공비결대로 실천하고, 여러번 거절당해도 성공하리라는 확신을 가지고 일을 해라.
· 시도하고 또 시도하라.
· 성공하는 사람들의 습관을 반복적으로 연습하라.

네트워크 마케팅을 좌우하는 통계

100명에게 사업설명을 하면 적어도 서너 명은 성공한다

예를 들어 100명의 명단을 만들고 6~12개월에 걸쳐 100명 모두에게 사업설명을 하면 적어도 $\frac{1}{3}$에 해당하는 33명은 사업에 대해 어떠한 형태로든 관심을 나타냅니다. 그리고 그 33명의 $\frac{1}{3}$에 해당하는 11명은 사업자가 되고 그 $\frac{1}{3}$에 해당하는 3~4명은 'A타입의 사업자'가 됩니다.

이때, 그 서 너 명의 'A타입의 사업자'가 당신의 그룹을 아래로 파 내려가는 돌파구가 됩니다. 그리고 당신이 그들을 도와 각각의 그룹을 10단계까지 파 내려가면 각각의 그룹에 커다란 네트워크를 세우는데 '열심'가 되어줄 '그룹 리더'가 적어도 한 사람은 출현하게 되고 최소한 세 개의 그룹은 최종적으로 당신의 그룹으로부터 독립하게 됩니다.

만약 1년 동안 100명에게 사업설명을 하고자 한다면, 한 달에 몇 명과 미팅을 가져야 할까요? 어림잡아 한 달에 9명에게 사업설명을 해야 합니다. 이것은 곧 일주일에 두세 명에게 사업설명을 해야 한다는 계산이 됩니다.

하지만 네트워크 마케팅의 사업개념에 대해 전혀 이해하지 못하는 사람들은 '네트워크 마케팅에서 성공하려면 한 달에 9명에게 사업설명을 하면 된다' 는 말을 아무리 설명해 주어도 믿지 않을 것입니다.

그리고 실제로 '네트워크 마케팅에서 성공하려면 한 달에 9명에게 사업설명을 하면 된다' 는 간단한 사실을 적용하는 사람들도 대단히 적습니다. 안타까운 일이지만 이것은 엄연한 사실입니다.

그러나 네트워크 마케팅의 가능성을 믿고 회사를 믿고 통계를 믿고 시스템을 믿고 스폰서를 믿고 1년 동안 결과를 생각하지 않고 사업을 계속한다면 믿을 수 없을 정도로 커다란 결과를 얻게 될 것입니다.

당신은 혹시 명단에 100명의 이름을 올리는 일이 불가능하다고 생각하는 것은 아닙니까? 6~12개월 사이에 그 100명에게 접근하는 것이 너무 힘들다고 생각하지는 않습니까?

하려는 의욕만 있다면 누구든 해낼 수 있습니다.

명단에 특정한 수의 프로스펙터의 이름을 올리고 일정 기간에 모두에게 접근해서 사업설명을 해나가면 반드시 통계와 일치하는 결과가 나오는 것입니다. 어쨌든 네트워크 마케팅을 시작하려고 결심하였다면 과거의 통계가 적용되는 수치, 즉 처음부터 적어도 100명에게 사업설명을 할 수 있을 때까지 이 사업을 계속하겠다는 각오가 필요합니다.

30명의 명단을 작성하면 적어도 한 명은 성공할 수 있다

성공한 사람들의 이야기를 들어보면 100명의 명단을 만들기는 어렵지만 누구든 적어도 30명의 명단을 만드는 것은 가능하다고 합니다. 물론 개중에는 충분히 100명의 명단을 작성할 수 있는 사람도 있을 것입니다. 무엇보다 흥미로운 점은 30명의 명단을 작성하면 그 안에서 반드시 사업에 성공하는 사람이 적어도 한 사람은 나온다는 사실입니다.

그렇다면 왜 하필 30명일까요?

그것은 지금까지 수많은 성공자를 통해 100명의 명단을 만들고 6~12개월에 걸쳐 사업설명을 하면 그룹에서 3~4명이 성공한다는 사실이 판명되었기 때문입니다. 다시 말해 100명의 명단에서 3~4명이 성공할 수 있으므로 100명의 약 $\frac{1}{3}$인 30명의 명단에서는 적어도 한 명이 성공한다는 계산이 나오는 것입니다.

좀더 정확히 말해 명단에 들어있는 30명 중에서 반드시 성공하는 사람이 한 명 존재한다는 의미가 아니라, 30명에게 사업설명을 하면 적어도 10명은 관심을 보이고 그 중에서 3명은 사업자가 되며 또한 그 3명 중에서 적어도 한 명이 'A타입의 사업자'가 된다는 의미입니다.

그리고 그 A타입의 사업자를 도와 그의 그룹을 아래로 파 내려가는 과정에서 커다란 네트워크를 세워나가는 데 '열쇠'가 되는 '그룹 리더'를 한 사람 발견할 수 있게 된다는 것입니다. 물론 네트워크 마케팅에서 성공하는 사람은 그룹 리더입니다.

150명에게 사업설명을 하면 적어도 여섯 명은 성공한다

이제 100명에게 사업설명을 하면 적어도 3~4명의 성공한 사람이 나온다는 사실을 알게 되었습니다. 그렇다면 대부분의 활동적인 사업자가 목표로 삼는 '억대'의 수입, 즉 일류 기업의 사장이 받는 것과 같은 수입을 얻기 위해서는 몇 명의 명단이 필요할까요?

네트워크 마케팅에서 성공하여 억대의 수입을 손에 넣으려면, 상식적으로 생각하더라도 10~20명 정도의 명단으로는 도저히 불가능합니다. 당신은 네트워크 마케팅에서 성공하여 일류 기업의 사장과 같은 수입을 얻으려면 몇 명 정도의 명단이 필요하다고 생각합니까? 적어도 '150명'입니다. 물론 이것은 어디까지나 과거의 데이터를 분석한 결과입니다.

다시 말해 당신이 150명의 명단을 만들고 스폰서의 힘을 빌려 150명 모두에게 전화 혹은 일대일로 접근하여 홈 미팅에 초대하면 적어도 50~60명(약 30%)은 미팅에 참석한다고 합니다. 그리고 당신이 그들에게 완전한 마케팅 플랜을 설명하면 그 중에서 적어도 16~20명(참석자의 30%)을 스폰서 할 수 있게 됩니다.

여기서는 보다 쉬운 설명을 위해 당신이 이미 1년 안에 적어도 20명을 스폰서 하게 되었다는 가정 하에 그 20명이 당신의 운명을 어떻게 바꿔

줄 것인지를 통계적 수치를 사용하여 설명하려 합니다.

물론 당신이 20명을 스폰서 했을지라도 그들 모두가 활동적으로 사업을 전개하는 것은 아닙니다. 통계에 의하면 20명 중에서 3명은 사업자가 되더라도 전혀 활동을 하지 않는다고 합니다. 그들은 제품도 구입하지 않고 사용하지도 않으며 미팅에도 참석하지 않아 도대체 왜 사업자가 되었는지 그 이유를 알 수 없는 사람들입니다. 그들 대부분은 아마도 스스로 사업자 자격을 갱신하려 하지 않을 것입니다.

당신이 스폰서 한 20명 중에서 12명은 제품을 구입하여 사용하고 미팅에 참석하며 또는 아는 사람들에게 네트워크 마케팅에 대해 이야기도 하는 사람들입니다. 그리고 그 12명 중에서 8명은 적극적으로 제품을 소매로 판매하고 본인 스스로도 자사제품을 충실히 사용하는 사람들입니다. 그들이 어느 단계까지 올라갈 지는 미지수이지만 아마도 보너스를 받을 수 있는 '보너스 그룹' 은 될 것입니다.

또한 그 8명 중에서 3명이 'A타입의 사업자' 가 되어 당신처럼 적극적으로 ①자사제품을 100% 사용한다 ②적어도 일주일에 한 번은 사업설명을 한다 ③최소한 15명의 고객을 확보한다는 세 가지 조건을 실천하면서 그룹을 크게 확장시켜 나갈 것입니다.

그들은 당신의 성공에 중요한 '열쇠' 가 되어 줄 사람들로 스스로 '그룹 리더' 로 성장하거나 아니면 당신이 '그룹 리더' 가 되는 데 커다란 역할을 해줄 것입니다. 그리고 그들의 그룹은 그들을 중심으로 성장하여 최종적으로는 세 개의 그룹이 당신의 그룹에서 독립해 나갈 것입니다.

네트워크 마케팅의 전문가들은 이러한 통계를 '20-12-8-3 룰'이라고 부릅니다. 주의해야 할 것은 당신이 당신의 라인에서 6~12개월 안에 20명의 사업자를 스폰서 했을 경우에 한해서만 이러한 통계와 일치하는 결과를 얻을 수 있다는 점입니다.

만약 20명을 스폰서 할지라도 12개월을 넘겼을 경우에는 이 통계 수치대로 되지 않습니다. 예를 들어 20명을 스폰서 하는 데 12개월 이상이 걸렸을 경우, 최종적으로 세 개의 그룹을 독립시키려면 20명보다 더 많은 사람들을 스폰서 할 필요가 있습니다.

현실적으로 볼 때, 처음부터 150명의 명단을 작성할 정도로 의욕에 넘치는 사업자는 드물기 때문에 이제 막 사업자로 등록한 사람은 누구든 어려움 없이 해낼 수 있는 30~50명의 명단을 작성할 것을 추천합니다.

비록 명단에 올린 사람이 비교적 적더라도 그 사람이 여러 명을 스폰서 하도록 도와주면 그는 분명히 사업에 대해 확신을 갖게 될 것이고 그에 따라 점점 명단에 올라가는 이름도 늘어날 것이므로 걱정하지 않아도 됩니다.

당신이 그들의 하위 라인을 지원하여 눈에 띄는 결과를 얻도록 해준다면 그들은 자신이 알고 있는 모든 사람들을 명단에 올리게 될 것입니다.

네트워크 마케팅에서 성공하려면 노력이 필요하다

어떤 성공자는 이렇게 말합니다.

"나는 그룹에 들어오는 사람들에게 '네트워크 마케팅은 아주 간단한 일이에요. 당신은 그저 신청서에 사인만 하면 됩니다. 나머지 일은 모두 내가 알아서 해줄게요' 라는 말을 한 번도 해본 적이 없습니다. 또한 '물건을 싸게 살 수 있으니까 회원으로 등록하는 것이 좋아요' 라고 말해본 적도 없습니다. 왜냐하면 나는 네트워크 마케팅이야말로 우리의 꿈을 실현할 기회를 그리고 경제적으로 자유롭게 해줄 기회를 제공한다고 확신하기 때문입니다. 더불어 네트워크 마케팅을 하는 것이야말로 우리의 인생을 바꿀 수 있는 하나의 커다란 도전이라고 생각하고 있기 때문입니다.

그러므로 나는 그룹에 들어오는 사람들에게 '네트워크 마케팅 사업이 제공하는 커다란 기회를 잡고 싶다면, 지금까지 해왔던 것 이상으로 열심히 노력하지 않으면 안 된다' 는 사실을 이해시키기 위해 노력합니다. 새롭게 사업자가 된 사람들이 아무런 대가를 지불하지 않아도 혹은 전혀 노력하지 않아도 자신의 인생을 바꿀 수 있는 커다란 기회를 얻을 수 있을 것이라 기대하지 않도록 말입니다. 왜냐하면 노력하지 않아도 되는 것 혹은 누구든 쉽게 손에 넣을 수 있는 것은 아무런 가치도 없기 때문입니다."

참으로 공감이 가는 말입니다.

그렇다면 네트워크 마케팅에서 성공하기 위해 해야 하는 일이 그토록 힘든 것입니까? 한 달에 9명에게 사업설명을 하는 것이 그렇게 대단한 일입니까? 일주일에 단지 두세 명에게 사업설명을 하면 되는 것 아닙니까!

150명의 명단을 만드는 것이 그렇게 어렵습니까? 네트워크 마케팅을 통해 성공하는 것이 꿈이라고 하면서 그 정도로 간단한 대가도 지불하지 않고 보수를 받으려고 합니까?

단언하건대, 당신이 만약 강한 열정을 지니고 있다면 분명히 이 사업으로 성공할 수 있을 것입니다. 다시 말해 어떠한 배경을 갖고 있는 사람이든 네트워크 마케팅에서 성공할 가능성이 있다는 것입니다.

이처럼 누구든 성공할 가능성이 있는데 왜 대부분의 사람들은 성공하지 못하는 것일까요? 아마도 여기에는 여러 가지 이유가 있겠지만 주된 것은 다음의 두 가지일 것입니다.

첫째, 대부분의 사람들이 네트워크 마케팅에서 성공하기 위해 어떻게 해야 하는지를 모르기 때문에 성공하지 못하는 것입니다. 당신이 현재 상태에 머물러 있는 이유는 성공을 위한 필요조건을 충분히 갖추고 있지 못하기 때문입니다.

둘째, 성공하지 못하는 사람들의 대다수가 어떠한 성공이든 대가가 필요하다는 사실을 이해하지 못하고 있기 때문입니다. 어떤 일이든 정당한 대가를 지불하지 않고는 성공을 쟁취할 수 없습니다. 마찬가지로 네트워크 마케팅에서 성공하고 싶다면 그 성공에 걸 맞는 대가를 지불하고 그에 합당한 노력을 기울이지 않으면 안 됩니다.

최대의 문제점을 극복하는 방법

명단을 작성할 때 최대의 문제점을 극복하려면?

앞에서도 말했지만, 명단을 작성할 때 발생하는 가장 큰 문제점은 사업 설명을 하기도 전에 먼저 상대방에 대해 판단을 내리는 것입니다. 사업 설명을 하기도 전에 '저 사람은 너무 바쁘니까 이 사업을 할 수 없을 거야' 혹은 '돈도 많은 사람이 과연 이 사업에 관심을 가질까?' 라고 나름 대로 생각하는 것은 스스로 상대방이 거절할 이유를 찾아내는 것과 같습니다.

이러한 문제점을 극복하기 위해 다음과 같은 질문에 진지하게 대답하면서 당신 자신을 검토해 보기 바랍니다.

질문1 → 당신은 누군가로부터 사업설명을 듣기 전에, 스스로 이 사업에 대해 관심을 갖고 있었습니까?

질문2 → 어떤 사람이 당신의 이름을 명단에 올렸을 경우, 그 사람은 당신을 몇 번째의 프로스펙터(예비사업자)로 선택할 것이라고 생각합니까?

질문3 → 명단에 당신의 이름을 올린다고 가정했을 때, 당신으로 하여금 네트워크 마케팅을 하지 못하도록 만드는 이유는 무엇입니까?

먼저, 첫 번째 질문부터 고려해 봅시다. 대부분의 사람들은 사업자가 되기 전에는 스스로 네트워크 마케팅에 대해 전혀 관심이 없었다고 말합니다.

이제 두 번째 질문으로 넘어가 봅시다. 그 사람은 당신을 가장 가능성이 있는 프로스펙터라고 생각할 지도 모릅니다. 혹은 당신이 네트워크 마케팅을 할 만한 사람이 아니라고 생각해서 가장 가능성이 없는 프로스펙터로 여길지도 모릅니다. 그러나 상대방이 어떻게 생각하든 당신은 스스로의 판단 하에 네트워크 마케팅을 시작한 것입니다. 다시 말해 상대방의 판단은 네트워크 마케팅에 대한 당신의 선택과 전혀 관계가 없는 것입니다.

세 번째 질문과 관련하여 당신은 아마도 여러 가지 이유를 떠올릴 수 있을 것입니다. 예를 들어 '너무 바쁘다', '아이들 때문에 지금은 안 된다', '지금의 수입으로도 충분하므로 별로 관심이 없다', '너무 나이가 들었다', '살이 많이 쪄서 안 되겠다', '돈이 없어서 못한다' 등 다양한 이유가 있을 수 있습니다.

어떤 사람이든 네트워크 마케팅을 하지 못하는 이유를 적어도 한두 가지는 갖고 있게 마련입니다. 아마 당신에게도 그러한 이유가 있었을 것입니다. 하지만 당신은 현재 네트워크 마케팅 사업을 하고 있지 않습니까? 사업을 할 것인지 말 것인지의 여부는 그 사람과 실제로 이야기를 해보기 전에는 알 수 없습니다.

이처럼 자기 자신의 경험을 떠올리며 상대방을 바라보면 생각이 바뀔 것입니다. 사람은 겉모습만으로는 그가 무엇을 생각하고 있으며 무엇에 관심을 갖고 있는지 판단할 수가 없습니다. 그러므로 사업설명을 하기 전에 상대방을 나름대로 판단하지 않도록 합시다.

기대했던 사람일수록 네트워크 마케팅 사업을 하지 않는다

성공한 사람의 경험에 의하면, '이 사람은 분명 네트워크 마케팅을 할 것' 이라고 기대했던 사람일수록 네트워크 마케팅을 하지 않는 경우가 많다고 합니다. 오히려 전혀 기대하지 않았던 사람이 사업을 하는 경우가 예상외로 많다고 합니다. 정말로 사람은 겉모습만으로 판단해서는 안 됩니다.

현재 네트워크 마케팅에서 성공적으로 활약하는 모든 사람들이 처음부터 그들의 스폰서로부터 기대를 한 몸에 받았던 프로스펙터는 아닙니다.

지금 네트워크 마케팅에서 대성공을 거두고 있는 사람들을 조사해 본 결과, 그들 중 대다수가 사업을 시작하기 전에는 네트워크 마케팅에 전혀 관심조차 없었다는 사실을 알게 되었습니다. 더구나 그들 대부분은 그들의 스폰서가 만든 명단에서 가장 가능성이 없는 프로스펙터로 분류되어 있었다고 합니다. 그들의 스폰서는 '이 사람은 네트워크 마케팅에 대해 거의 관심이 없을 거야' 라고 생각해서 명단의 제일 밑에 그들의 이름을 적어 넣었던 것입니다.

그러나 스폰서의 예상과 달리 그들은 네트워크 마케팅에 커다란 관심을 보였고 사업자가 되었습니다. 그리고 지금은 사업에서 크게 성공하고 있습니다.

사람들을 결코 겉모습만으로 판단하지 마십시오.

사업설명을 하기 전에 프로스펙터를 자기 마음대로 판단하면 예상치 못했던 기회를 스스로 차 버리는 결과를 얻게 됩니다.

네트워크 마케팅을 할 것인지의 여부는 상대방이 결정한다

명단을 만들 때에는 '사업설명을 하기 전에 자기 마음대로 판단하면 예상치 못했던 기회를 스스로 차 버리게 된다' 는 것을 항상 염두에 두고 가능한 한 많은 사람들을 명단에 올려야 합니다. 왜냐하면 이 사업에서 누가 성공할지는 아무도 모르기 때문입니다.

네트워크 마케팅 사업자의 사명은 '가능한 한 많은 사람들에게 네트워크 마케팅이 제공하는 기회를 알려주는 것' 입니다. 그리고 사업을 할 것인지의 여부는 상대방의 판단에 맡겨야 합니다.

네트워크 마케팅에서 커다란 성공을 거두고 있는 데이브 캔들(Dave Kendall)이 전에 여러 번 들려준 유명한 이야기가 있습니다. 그 이야기는 겉모습만으로 상대방을 판단하는 것이 왜 위험한지를 잘 보여주고 있습니다.

예전에 데이브는 자신의 집에 정기적으로 오는 정원사에게 네트워크 마케팅 사업에 대해 이야기를 할 것인지 말 것인지 무척 망설였다고 합니다. 그러다가 그는 '정원사에게 네트워크 마케팅 이야기를 해도 이해할 리가 없고 설령 이해한다 하더라도 결코 성공할 수 없을 것' 이라는 판단을 내리고 결국 사업이야기를 하지 않았습니다.

그런데 이 이야기는 여기서 끝나는 것이 아닙니다. 공교롭게도 그 정원사는 데이브의 하위 라인에 해당하는 사업자와 같은 교회에 다니고 있었는데, 그 하위 라인 사업자는 그 정원사에게 네트워크 마케팅에 대해 단 한 번 사업설명을 했다고 합니다. 그런데 그 정원사는 신청서에 사인을 했고 사업자가 되었습니다. 하지만 그는 사업에서 그다지 성공하지는 못했습니다. 데이브의 눈이 보다 정확했던 것입니다.

그러나 그 정원사는 사업을 그만두기 전에 여러 명의 친구들을 스폰서하고 있었습니다. 그리고 그 정원사로부터 스폰서를 받은 사람이 지금은 사업에서 대성공을 거두었다고 합니다. 물론 사업에서 성공한 그 사람이 데이브의 직계 라인은 아니지만, 그의 하위 라인 그룹임에는 틀림없습니다. 그리고 그로 인해 데이브는 본사로부터 권리수입의 하나인 '오버라이드 보너스'를 받고 있습니다.

성공하는 사람을 찾는 것이 아니라
그룹을 성공으로 이끌어 줄 사람을 찾는다

데이브는 정원사에 대해 '교양도 없고 큰 야망을 갖고 있을 리가 없다'고 스스로 단언했습니다. 그리고 정원사는 데이브의 판단대로 네트워크 마케팅에서 커다란 결과를 산출하기 전에 그만두었습니다. 하지만 정원사가 자신이 알고 있는 누군가에게 단지 며칠 동안이라도 사업설명을 할 가능성이 있다는 점을 전혀 고려치 않은 것은 데이브의 커다란 실수였습니다. '자신이 알고 있는 모든 사람들에게 사업설명을 하라' 는 철칙을 지키지 않은 결과, 그는 한 사람의 성공 케이스를 놓칠 뻔했던 것입니다.

이 이야기는 우리에게 두 가지의 교훈을 주고 있습니다.

첫째, 겉모습이나 직업으로 상대방을 판단하지 말고 명단에 들어 있는 모든 사람에게 사업설명을 할 것.

둘째, 처음부터 '성공하는 사람' 을 찾을 것이 아니라, '그룹을 성공으로 이끌어 줄 사람' 을 찾을 것.

그 정원사는 확실히 네트워크 마케팅에서 성공할 도량은 없었습니다. 하지만 그가 아는 사람들 중에는 '사업으로 성공할 도량이 있는 사람들'이 있었던 것입니다. 어떤 사람이든 그러한 사람들을 적어도 몇 사람은 알고 있기 때문입니다.

직계 라인이 사업에서 성공하는 사례는 드물다

　대부분의 사업자들은 자신이 스폰서 한 직계라인을 위해 지나치게 많은 시간을 들이는 경향이 있습니다. 그것은 직계라인에 가족이나 친구가 많기 때문에 그들과 함께 성공했으면 하는 열정 때문일 것입니다.

　하지만 성공한 사람들의 과거 경험에 의하면 자신이 스폰서 한 직계 라인 사업자가 사업에서 성공하는 경우는 드물다고 합니다. 그 이유는 무엇일까요?

　첫째, 당신의 가족이나 친구들은 사업을 하고 싶어 사인했다기보다는 의리나 당신과의 관계 혹은 거절하지 못하는 성격 때문에 사업자가 된 경우가 많기 때문입니다.

　둘째, 당신의 과거를 알고 있는 사람들에게는 당신이 리더십을 발휘하기가 어렵습니다. 예를 들어 과거에 함께 학교에 다녔던 동창 중에는 비록 당신 그룹의 사업자가 되기는 했지만 '학교 다닐 때에는 나보다 공부도 못했으면서 감히 나에게 이러쿵저러쿵 충고하려 하다니…' 라거나 '학창시절에도 새로운 일에 열을 올리다가 금방 식어버리는 타입이었으니까, 이번에도 오래 가지는 않을 거야' 라는 생각을 갖고 있는 사람이 있을 수도 있기 때문입니다.

　이처럼 당신의 과거를 잘 알고 있는 사람에게는 당신이 아무리 스폰서를 했을지라도 리더십을 발휘하기가 힘든 것입니다.

　특히 당신의 어린 시절을 알고 있는 가족이나 친척들은 '아기 때에는 내가 기저귀도 갈아주었는데' 라거나 '울보였던 녀석이 나한테 사업을 가르치려 하다니, 참!' 이라고 하면서 당신의 말을 진지하게 들으려 하지 않는 경향이 있습니다.

이처럼 가족이나 친척, 친구들을 스폰서 하더라도 그들은 당신을 리더로 바라보지 않는 것입니다. 만약 당신이 리더십을 발휘할 수 없다면 그들을 리드할 수 없게 되고, 결국 그 사람을 성공으로 이끄는 일이 불가능해집니다. 따라서 자신이 스폰서 한 직계 라인 사업자가 사업에서 성공하는 경우가 드문 것도 이상한 일이 아닙니다.

그렇다고 직계 라인이 절대로 성공할 수 없다는 것은 아닙니다. 하지만 네트워크 마케팅은 상위 스폰서가 하는 대로 따라서 하는, 이른바 '복제 사업' 입니다. 그러므로 당신이 스폰서한 사람들이 당신이 하는 대로 따라 하지 않는다면 네트워크는 성장할 수가 없습니다.

또한 네트워크 마케팅은 '그룹 리더' 를 찾아내는 사업이기도 합니다. 즉, 그룹을 파 내려가는 과정에서 그 그룹을 성공으로 이끌어 줄 '열쇠' 가 되어줄 사람 혹은 '그룹 리더' 를 찾아내는 사업인 것입니다. 만약 당신이 직계 라인의 가족이나 친구들이 성공하기를 바란다면, 그들에게 명단을 작성하게 하여 당신 자신이 그룹을 파 내려가야 합니다. 그리고 그 명단에서 당신이 몇 사람의 그룹 리더를 찾아내도록 하십시오. 가족과 친구들에게 몇 사람을 스폰서 해 주면 그들도 본격적으로 사업을 하게 될 것이기 때문입니다.

어쨌든 무엇보다 중요한 문제는 리더십을 발휘할 수 없다면 직계 라인은 명단을 작성하지 않게 되고, 명단이 없으면 그룹을 파 내려가 그룹 리더를 찾아낼 수 없다는 것입니다.

왜 네트워크 마케팅을 하는가?

네트워크 마케팅을 시작하는 이유

사람들은 왜 네트워크 마케팅을 시작하는 걸까요? 네트워크 마케팅을 하는 이유는 개인에 따라 각각 다릅니다.

어떤 사람은 더 많은 수입을 원하기 때문에 혹은 자유시간을 갖고 싶어 시작할 지도 모릅니다. 또 다른 사람은 미래를 위해 일종의 보장의 의미에서 시작할 수도 있습니다. 노후생활 대책이나 지금 하고 있는 일이 불안정하기 때문에 '만일'을 대비하는 것이 이 범주에 속할 것입니다. 그리고 어떤 사람은 자신의 인생이 다른 사람에 의해 컨트롤 당하는 것이 싫어 자신의 장래를 스스로 결정하고자 시작했는지도 모릅니다.

일반적인 회사에서 일을 하게 되면 개인이 아무리 일을 잘할지라도 그저 회사의 공적이 될 뿐, 개인적으로 인정을 받거나 공개적으로 감사하다는 말을 들을 기회는 거의 없습니다. 그래서 네트워크 마케팅을 통해 누군가에게 인정도 받고 칭찬이나 고맙다는 말을 듣고 싶어 시작하게 된 사람이 있을지도 모릅니다.

모두가 선뜻 인정하려고 하지는 않지만, 열심히 일한 것에 대해 다른 사람들로부터 인정받지 못할 때만큼 실망스러운 경우도 없습니다. 그것이 바로 사람의 심리입니다. '열심히 했으니까 나를 좀 인정해 주었으면…' 하는 기분은 돈으로도 바꿀 수 없는 것입니다.

어떤 사람은 '인정받기보다는 돈을 더 받았으면 좋겠다' 고 말할 지도 모르지만 사실은 그렇지 않습니다. 비록 돈을 좀더 받더라도 사람들이 자신의 노력을 알아주지 않는다면 어느 누구든 일할 마음이 사라지고 심지어는 회사를 그만두기까지 합니다.

군인들은 특별한 공을 세우면 반드시 돈이 아닌 훈장을 받습니다. 마찬가지로 자신이 열심히 한 일에 대해 누군가로부터 인정받고 칭찬 받는 것은 돈보다도 훨씬 값진 것입니다.

네트워크 마케팅 사업을 하는 진정한 이유를 솔직하게 말하는 사람은 별로 없지만, 어떤 사람들은 네트워크 마케팅을 단순한 돈벌이가 아닌 뭔가 새로운 일을 추구하는 데서 오는 즐거움으로 받아들입니다. 예를 들어 새로운 친구들을 사귀고 싶어서 사업을 시작하는 사람, 아무 할 일이 없고 따분해서 사업을 시작한 사람, 새로운 만남을 갖고 싶어 사업에 참가한 사람도 있습니다.

어떤 사람은 자신의 용돈을 벌기 위해 시작하기도 합니다. 어떤 부인은 남편이 의사라 재산은 많지만 자신이 자유롭게 쓸 돈이 별로 없기 때문에 이 사업을 통해 용돈을 벌어 친구들과 해외여행을 다녀올 꿈에 젖어 있다고 합니다.

노인들 중에는 자녀들을 돕기 위해 참가하는 경우도 있습니다. 어떤 노인은 자녀가 사업을 하고 있기 때문에 그 사업을 돕고 격려해 주기 위해 이 사업에 참가했다고 하는데, 지금은 사업의 가능성에 눈을 떠서 대성공을 거두고 있습니다.

또 다른 사람은 여행을 가기 위해 이 사업에 참가하기도 합니다. 대부분의 네트워크 마케팅 회사는 리더십 세미나 같은 미팅을 괌, 캐나다, 싱가포르, 카리브 해, 하와이, 샌프란시스코, 라스베가스 등 미국이나 그 밖의 나라에서 개최하는 경우가 많습니다. 그런 관광지에 친구들과 함께 가기 위해 이 사업을 시작하는 사람들도 있습니다.

어떤 사람은 아는 사람의 권유로 그냥 등록만 해둘 생각이었지만, 우연히 컨벤션에서 들은 초청강사의 연설에 감명을 받아 네트워크 마케팅을 본격적으로 시작하여 크게 성공한 경우도 있습니다.

또한 샐러리맨 생활에서 느끼는 염증, 예를 들어 일에서 오는 스트레스, 계속되는 잔업, 성가신 인간관계, 불안하고 장래성 없는 회사, M&A에 의한 정리 해고, 가기 싫은 출장, 먼 지역으로의 전근과 같은 이유 때문에 네트워크 마케팅 사업에 참가하는 사람들도 많이 있는 듯합니다. 물론 어떤 사람들은 단지 당신을 돕고 싶다는 마음에서 이 사업에 참가할 지도 모릅니다.

이처럼 사람들은 ①부수입을 얻고 싶어서 ②자유롭게 되고 싶어서 ③자녀들의 사업을 도와주고 싶어서 ④여행을 가고 싶어서 ⑤생활보장을 위해 네트워크 마케팅을 시작합니다. 사람에 따라 참으로 다양한 이유를 갖고 있는 셈입니다. 따라서 사업설명을 하기도 전에 '이 사람은 절대로 네트워크 마케팅을 할 위인이 아니야' 라거나 '저 사람은 사업을 할 리가 없어' 라고 당신 스스로 상대방에 대해 판단해서는 안 됩니다.

전국적으로 유명한 어느 경영 컨설턴트가 네트워크 마케팅 사업을 시작해서 성공한 이야기를 하나 해볼까 합니다.

단골손님으로부터 네트워크 마케팅에 관한 이야기를 처음 들었을 때, 그는 '저런 사업에는 뭔가 다른 꿍꿍이 속셈이 있을 것' 이라는 생각에 그 단골손님을 위해 그 속셈이 무엇인지를 입증해 보이겠다고 마음먹고 이 사업에 관한 자료를 많이 모았다고 합니다. 뿐만 아니라 네트워크 마케팅이 위법이라는 것을 실제 자신의 눈으로 확인하겠다고 여러 가지 미팅에도 적극적으로 참석해서 연구하였습니다.

그 결과, 그는 사업의 합법성과 사업이 갖고 있는 커다란 가능성을 깨닫고 현재 사업자로서 왕성하게 활동하고 있습니다. 그는 처음 만나는 사람들로부터 가끔 "직업이 무엇입니까?"라는 질문을 받는다고 하는데, 그 때마다 주저하지 않고 "네트워크 마케팅을 하면서 경영컨설팅을 하고 있습니다!"라고 대답한다고 합니다. 그만큼 그는 네트워크 마케팅의 가능성을 확신하게 된 것입니다.

그 사람처럼 처음에는 네트워크 마케팅을 의심해서 위법임을 증명하려고 하다가 사업의 가능성을 깨닫고 오히려 더욱더 열심히 이 사업에 뛰어드는 경우가 결코 적지 않습니다.

미국의 어느 유명한 미식축구 선수는 은퇴하기 전부터 네트워크 마케팅을 시작했습니다. 그런데 그가 사업을 하기 시작한 이유가 대단히 흥미롭습니다.

 "내가 젊고 건강하여 미식축구를 활발하게 할 수 있을 동안에는 나에게 억대의 수입이 들어옵니다. 하지만 만일 부상이나 질병으로 그라운드에서 뛸 수 없게 되면 수입이 억 단위에서 제로로 곤두박질치고 맙니다. 게다가 은퇴하고 나면 은퇴한 선수 전원이 TV 해설가나 감독 내지는 코치가 될 수밖에 없다는 사실은 어린애들도 잘 알고 있습니다. 그래서 은퇴하기 전에 권리수입을 받을 수 있는 네트워크 마케팅을 시작하려고 결심했던 것입니다."

 '은퇴하기 전에 나의 생활을 보장해 줄 사업을 찾아놓지 않으면 큰일이다' 라는 사실을 알아챈 그 선수는 네트워크 마케팅을 시작하여 지금 커다란 성공을 거두고 있습니다.

 누구나 아는 사실이지만, 스포츠 계에서 활약하는 대부분의 프로선수들은 보통 30대의 나이에 접어들면 선수생명이 끝나고 맙니다. 그러면 그 후에는 현역시절과 비교가 되지 않을 정도로 수입이 줄어들게 됩니다.

 이처럼 겉으로는 자신의 일에서 커다란 성공을 거두고 있는 사람일지라도 당신이 그 사람에게 사업설명을 하기 전까지는 누가 네트워크 마케팅을 시작할지 아무도 알 수가 없습니다. 그러므로 어떤 사람이든 당신이 알고 있는 사람들은 반드시 명단에 올리고 약속을 잡아 적어도 한 번은 사업설명을 하도록 하십시오.

명단 작성의 핵심 포인트

(1) 네트워크 마케팅의 최대의 사업 자산은 명단입니다.

(2) 모든 사업은 명단 작성으로부터 시작됩니다.

(3) 네트워크 마케팅의 기본은 명단 작성에 있습니다.

(4) 명단 작성의 포인트

　　ⓐ 명단을 종이 위에 적는다.

　　ⓑ 가능한 한 많은 이름을 명단에 올린다.

　　ⓒ 사업설명을 하기 전에 먼저 상대방을 판단하지 않는다.

　　ⓓ 명단에 들어있는 사람들에게 반드시 한 번은 사업설명을 한다.

　　ⓔ 항상 새로운 이름을 명단에 추가한다.

약속은 이렇게 한다

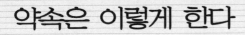

제2장 약속은 이렇게 한다

약속을 하는 단계

명단 작성과 미팅 사이의 중요한 과정

제1장에서는 네트워크 마케팅에서 가장 중요한 '사업 자산'인 명단 작성 방법을 설명했습니다. 하지만 아무리 많은 사람을 명단에 올려도 그들에게 접근하여 미팅에 초대하고 사업설명을 하지 않으면 아무런 의미가 없습니다. 그러므로 명단을 작성하였다면 그 다음으로 프로스펙터에게 접근하여 미팅에 참석하도록 약속을 잡아야 합니다. 이처럼 약속을 하는 것은 명단의 작성과 미팅 사이에 위치하는 중요한 과정인 것입니다.

약속을 하는 첫 번째 단계는 프로스펙터에게 '사업기회'에 관한 말을 꺼내는 '접근(어프로치)'으로부터 시작됩니다. 그리고 프로스펙터에게 접근할 때에는 폰 스크립트(미리 준비해 놓은 회화 대본)를 사용하는 것이 일반적인 원칙입니다.

약속 단계를 순서대로 열거해 보면, 첫 번째는 각각의 프로스펙터에게 가장 적합한 접근법을 배우는 것 두 번째는 '폰 스크립트'를 외우는 것 그리고 세 번째는 프로스펙터로부터 미팅에 참석하겠다는 '약속'을 받아내는 것입니다.

과거의 통계에 의하면 '그룹 리더의 조건'을 배우고 난 후, 하고자 하는 의욕이 있는 대부분의 사업자들은 자사제품을 사용하고 미팅에 정기적으로 참석하고 책을 읽고 테이프를 듣고 팀웍을 잘 이루면서 사업을 하고 정기적으로 카운셀링을 받는 것은 문제없이 해낸다고 합니다.

그러나 '적어도 일주일에 한 번은 사업설명을 하라'는 '그룹 리더의 조건'에서 두 번째 조건은 실천하고 있지 않다고 합니다. 네트워크 마케팅을 하면서 자기 자신을 위해 제품을 사용하는 것도 물론 중요하지만 정기적으로 사업설명을 하지 않는다면, 그 네트워크는 절대로 커질 수 없고 그러면 세 번째 조건인 '최소한 15명의 고객을 확보한다'는 조건을 충족시키는 것이 어려워집니다. 그리하여 이 사업에서 작게 성공할 수는 있을지언정 결코 큰 성공을 거두지는 못할 것입니다.

그렇다면 왜 많은 사람들이 정기적으로 사업설명을 하지 않는 것일까요? 그것은 대부분의 사람들이 프로스펙터에게 전화로 접근을 하고 미팅에 참가하도록 약속하는 과정을 행하지 않기 때문입니다.

왜 약속을 하지 않습니까?

그 주된 원인은 '전화로 프로스펙터에게 접근하여 어떻게 대화를 이끌어나가야 하는지를 모르기 때문'에 그리고 '상대방으로부터 질문을 받았을 때, 어떻게 대처해야 할지를 모르기 때문'입니다.

그러한 문제를 해결하기 위해 프로스펙터에게 전화로 접근하여 미팅에 참석하도록 약속을 잡는 방법에 관하여 도움이 될만한 기초지식을 정리해 보았습니다.

명단에 들어있는 프로스펙터가 미팅에 참가하도록 약속을 하는 단계

첫째, 접근 방법을 배운다.

　　(각각의 프로스펙터에게 가장 적합한 접근법을 배운다)

　1) 직접 접근법(주로 가족, 친척, 친구나 이웃에게 사용한다)

　　　① 직접 만나서 접근하는 방법

　　　② 전화로 접근하는 방법

　2) 완충 접근법(주로 신뢰관계가 없는 프로스펙터에게 사용한다)

　　　① 비디오테이프를 사용한 접근법

　　　② 카세트테이프를 사용한 접근법

　　　③ 인터뷰 접근법

둘째, '폰 스크립트'를 외운다.

　　(각각의 접근에 가장 적합한 전화 회화의 사례를 외운다)

셋째, 미팅에 참석하도록 '약속을 잡는다'

　　(폰 스크립트를 사용하여 접근하고 각각의 프로스펙터에게 적합

　　한 미팅에 초대하겠다는 약속을 잡는 방법을 배운다)

　　① 홈 미팅

　　② 오픈미팅

프로스펙터에게 접근하는 방법에는 직접적으로 접근하여 미팅에 초대하는 '직접 접근법'과 일단 상대방이 당신이 찾고 있는 조건에 부합하는지를 판단한 후에 그 조건을 충족시키는 프로스펙터에게만 접근하여 미팅에 초대하는 '완충 접근법'이 있습니다.

물론 어떤 접근법을 사용하여 프로스펙터를 미팅에 초대할 것인지는 당신과 프로스펙터와의 신뢰관계 및 당신의 사업경험과 자신감에 의해 결정됩니다.

'직접 접근법'은 주로 당신과 신뢰관계가 있는 가족, 친척, 친구, 이웃들에게 사용하는 접근법으로 프로스펙터를 직접 만날 것인지 아니면 전화를 사용할 것인지에 의해 다시 두 가지로 나뉘어 집니다. 하나는 직접 만나서 접근을 하는 방법이고 다른 하나는 전화로 접근하는 방법입니다.

한편, '완충 접근법'은 주로 당신과 신뢰관계가 없는 프로스펙터에게

사용하는 접근법으로 이것 역시 세 가지로 세분화할 수 있습니다. 하나는 접근 도구로써 비디오테이프를 사용하는 것이고 또 하나는 카세트테이프를 사용하는 것이며 나머지 하나는 최근 미국에서 가장 효과적인 방법이라고 인정받는 인터뷰 접근법입니다.

인터뷰 접근법은 프로스펙터를 홈 미팅에 초대하는 것이 아니라 오픈미팅에 초대할 때 사용하는 접근법으로, '인터뷰 접근법' 과 '오픈미팅' 은 미국에서 커다란 성과를 거둔 새로운 사업 아이디어입니다.

지금까지는 프로스펙터에게 사업설명을 하기 위해 홈 미팅에 초대하여 적어도 한 시간 반 동안 설명하는 방법밖에 없었는데, 오픈미팅이라는 새로운 방법이 고안되어 15~20분이라는 짧은 시간 안에 마케팅 플랜의 요점을 설명하는 일이 가능해진 것입니다.

약속을 잡는 두 번째 단계는 각각의 접근법에 적합한 '스크립트를 외우는 것' 입니다. 그리고 세 번째 단계는 각각의 프로스펙터에게 알맞은 미팅에 참석하도록 '약속을 잡는 것' 입니다.

이제 프로스펙터로부터 약속을 받아내는 단계에 관하여 하나하나 설명해 나가도록 하겠습니다.

제1단계 - 접근 (어프로치)하는 방법

접근이란 무엇인가?

프로스펙터로부터 미팅에 참석하겠다는 약속을 받아내는 첫 번째 단계는 미리 준비된 폰 스크립트를 사용해서 프로스펙터에게 '접근' 하는 것으로 시작됩니다. 접근(Approach)이라는 말에는 '~와 교섭하다', '~에게 접촉하다', '~에게 이야기를 건네다' 라는 의미가 포함되어 있는데, 네트워크 마케팅 사업에서 프로스펙터에게 하는 '접근' 은 명단 작성과 약속 사이에 놓여있는 중요한 단계입니다.

그 단계를 차례대로 열거해 보면 다음과 같습니다.

"명단 작성 → 접근 → 약속 → 미팅"

더 나아가 네트워크 마케팅에서 '접근' 이라는 말의 의미는 미리 준비된 '폰 스크립트' 를 사용해서 전화로 혹은 프로스펙터를 직접 만나 두세 가지의 질문을 하고 그 프로스펙터가 당신이 '찾고 있는 조건' 에 부합하는 지를 체크하는 과정을 가리키기도 합니다. 만약 프로스펙터에게 접근한 결과, 프로스펙터가 당신이 '찾고 있는 조건' 에 부합된다면, 홈미팅이나 오픈미팅에 초대하는 다음 단계로 발전시켜 나가야 합니다. 물론 조건에 맞지 않는 프로스펙터라면 아쉽기는 하지만 다음 기회 때까지 대기상태로 놓아둡니다.

어떤 사업자는 네트워크 마케팅을 가리켜 이렇게 말합니다.

"네트워크 마케팅은 같은 가치관과 같은 인생관을 갖고 있는 사람들을 찾아내는 사업이다."

아마도 당신은 네트워크 마케팅 사업을 통해 성공하고 싶을 것입니다. 그리고 '접근' 이라는 과정은 당신과 마찬가지로 네트워크 마케팅을 통해 성공하고 싶어하는 사람들을 찾아나가는 과정 그 자체입니다.

접근하는 목적

네트워크 마케팅 업계에서 급성장하고 있는 회사의 기업이념은 한결같이 '스스로의 힘으로 성공하기를 원하는 모든 사람들에게 기회를 제공하는 것' 입니다. 즉, 많은 네트워크 마케팅 회사는 성공을 원하는 사람들에게 기회를 제공하려는 목적으로 창립된 것입니다. 그리고 프로스펙터에게 접근하는 최대의 목적은 프로스펙터가 당신이 '찾고 있는 조건' 을 충족시키고 있는지의 여부를 판단해 내는데 있습니다.

그러면 당신이 찾고 있는 프로스펙터의 조건이란 과연 무엇입니까? 여기에 몇 가지 조건을 열거해 보도록 하겠습니다.

① 프로스펙터가 현재 생활에 불만을 갖고 있고 '반드시 성공하고 말겠다' 는 야망을 갖고 있는가? 또는 '어떻게든 부수입을 얻고 싶다' 는 생각을 갖고

있는가?

② 프로스펙터에게 다른 사람의 의견을 잘 듣는 겸허함이 있는가?

③ 부업을 통해 부수입을 얻는 일에 관심이 있고 그에 대해 자세한 사업정보를 얻으려는 마음이 있는가?

한 마디로 말해 접근의 목적은 명단에 들어있는 프로스펙터 중에서 '누가 성공하고 싶다는 야망을 갖고 있는지' 를 찾아내는 과정인 것입니다. 이처럼 프로스펙터에게 접근하는 목적은 사업내용을 설명하거나 프로스펙터의 질문 및 의도에 대답하기 위한 것이 아닙니다. 그러므로 접근을 할 때에는 사업설명을 하거나 회사의 이름을 말하거나 프로스펙터에게 어떤 결단을 요구해서는 안 됩니다.

프로스펙터가 조건을 잘 이행하고 있는지의 여부를 알아내기 위해 스크립트에 적힌 대로 질문한다

프로스펙터가 당신이 찾고 있는 조건을 충족시키고 있는지의 여부를 알아내기 위해 스크립트에 적힌 대로 "만일 시간적인 면에서나 수입 면에서 만족할 만한 조건이라면 당신은 부수입을 얻고 싶지 않습니까?"라고 질문하십시오.

만약 이 질문에 대해 프로스펙터가 확실하게 '네' 라고 대답하지 않는다면 그는 ①번의 조건에 맞지 않는 사람입니다.

전세계 어느 나라에서든 '스스로 사업의 오너가 되어 자신이 마음먹은 대로 사업을 전개하고 싶다' 는 생각을 갖고 있는 사람들은 많이 있습니다. 반면, '그렇게 귀찮은 일은 딱 질색이다. 그냥 회사에 취직해서 샐러리맨이나 사무직으로 일하는 것이 훨씬 더 편하다' 라는 생각을 갖고 있는 사람도 결코 적지 않습니다.

자기 스스로 생각을 하고 결단을 내려 행동하는 것보다 다른 사람이 하라는 대로 하기만 하면 되는 것을 더 편하게 여긴다면 할 수 없는 일입니다. 자기 자신을 믿고 자신의 길을 개척해 나갈 것인지 아니면 다른 사람에게 기대어 살 것인지는 전적으로 본인의 자유인 것입니다.

어떤 프로스펙터는 당신의 질문에 대답하지 않고 오히려 "회사 이름이 무엇입니까?", "사업 내용이 뭐죠?"라는 식으로 질문을 해오기도 합니다.

아니면 당신이 스크립트에 적힌 대로 "사실대로 말하자면 당신이 이 사업을 할 수 있을지 없을지 혹은 우리가 함께 일할 수 있을지 없을지에 관한 보증은 전혀 없습니다. 다만, 당신에게 꼭 보여주고 싶은 자료가 있습니다. 한 번 만나서 설명을 꼭 들어보셨으면 좋겠습니다."라고 말했는데도 끈질기게 "사업내용을 가르쳐주지 않으면 만나지 않을 거예요"라든가 "전화로 더 자세히 설명해주지 않으면 만날 생각이 없네요." 혹은 "회사 이름을 가르쳐주지 않는데 더 이상 이야기를 들을 이유가 없군요."라고 말하는 프로스펙터는 당신이 찾고 있는 조건의 ②번에 부합되지 않기 때문에 미팅에 초대하는 것은 좀더 고려해볼 필요가 있습니다.

하지만 폰 스크립트를 사용하여 프로스펙터에게 올바로 접근한다면 상대방으로부터 이러한 질문을 받는 일은 그다지 많지 않습니다.

 어쨌든 현재 생활에 만족하고 있으며 자신은 무엇을 하든 성공할 수 없다고 미리 포기하고 뭔가 해보려는 의욕이 전혀 없는 프로스펙터 혹은 다른 사람의 이야기를 전혀 들으려고 하지 않는 프로스펙터에게서 미팅에 참석하겠다는 약속을 받아내는 것은 아무래도 무리일 것입니다. 설령 이미 네트워크 마케팅에서 크게 성공을 거두고 있는 당신의 업 라인이 당신을 대신하여 그 사람에게 접근한다고 할지라도 말입니다. 의욕이 전혀 없는 사람에게 뭔가 해보려는 마음을 심어주거나 그런 마음이 생기게 하는 것은 엄청난 노력을 요하는 일입니다.

조건에 부합되지 않는 프로스펙터는 일시적으로 명단에서 삭제한다

 접근은 프로스펙터가 '당신이 찾고 있는 조건'을 충족시키는지를 알아내기 위한 테스트입니다. 물론 그 테스트의 시험관은 당신 자신이지만, 누가 그 테스트를 통과할 것인지는 하고자 하는 프로스펙터의 의욕과 야망의 크기에 의해 결정됩니다.

 따라서 당신이 프로스펙터를 당신 나름대로 판단하여 '이 사람은 통과' 혹은 '이 사람은 불합격'이라고 미리 판정을 내려서는 안 됩니다. 그리고 설사 테스트를 통과하지 못한 사람들일지라도 그들은 자유라는 열차의 티켓을 획득할 절호의 기회를 놓친 사람 즉, 좋은 기회를 잡지 못한 불쌍한 사람들이므로 그들이 당신의 제의를 거절하더라도 혹은 미팅에 참석하지 않더라도 절대로 부정적인 감정을 품어서는 안 됩니다.

어쨌든 명단이 없다면 아무리 접근하는 방법을 설명하더라도 의미가 없기 때문에 일단, 당신은 스폰서나 업 라인의 도움을 받아 30~50명 정도의 명단을 작성해야 합니다.

지금까지의 통계에 의하면 150명을 명단에 올릴지라도 미팅에 참석하는 사람은 50~60명(약 30%)이고 그 중에서 당신이 스폰서 할 수 있는 사람은 10~20명(참석자의 30%)이라고 합니다. 다시 말해 명단에 들어 있는 모든 사람들을 미팅에 참석시키는 것은 거의 불가능한 일이고 또한 미팅에 참석한 모든 사람들을 스폰서 하는 것 역시 불가능한 것입니다.

그리고 처음부터 명단에 150명을 올릴 수 있는 사람은 그리 많지 않으므로 명단에 30~50명의 이름을 올린 시점에서 프로스펙터에게 접근하기 시작할 것을 권합니다. 왜냐하면 비록 처음에는 명단에 올라간 이름이 적더라도 점점 성공해 나가면서 명단이 늘어날 것이기 때문입니다.

만약 당신이 30명 정도를 명단에 올렸다면 가능한 한 빨리 프로스펙터 모두에게 접근하여 누가 당신이 찾고 있는 조건에 부합되는지를 점검해 보아야 합니다.

조건에 부합되지 않는 프로스펙터는 명단에서 일시적으로 삭제하십시오. 하지만 기회를 봐서 다른 미팅에 다시 한 번 초대하도록 하십시오. 이번에는 시기적으로 별로 좋지 않았지만, 후에 그 사람의 상황이 바뀌어 사업에 관심을 갖게 될 수도 있기 때문입니다.

한편, 조건에 부합되는 사람들은 미팅에 초대하여 사업설명을 하고 당신이 갖고 있는 정보를 함께 나누도록 하십시오. 그리고 최종적으로 네트워크 마케팅 사업을 받아들일 것인지의 여부는 참석자 본인이 결정하도록 하면 됩니다. 이때, 받아들이지 않는 사람은 명단에서 일시적으로 삭제하고 다음 기회에 다시 한 번 미팅에 초대하면 됩니다.

따라서 접근의 목적을 반대로 생각해 보면, 명단에 들어있는 프로스펙터 중에서 누가 조건에 부합되지 않는지를 판단하고 그 이름을 삭제해 나가는 과정이라고 할 수 있습니다. 그렇다고 명단에서 이름을 완전히 지워버리라는 의미는 아닙니다.

접근한 결과, 그 사람이 당신이 찾고 있는 프로스펙터의 조건에 부합되지 않을 경우에는 그 사람의 이름 위에 붉은 볼펜으로 선을 긋고 이름 옆에 "…이유로 조건에 부합하지 않음. 11/23/99"와 같이 그 이유를 가능한 한 자세히 기록하십시오. 그리고 그 사람과의 관계가 완전히 끊어지지 않도록 계속 연락을 하다가(적어도 1년에 여러 차례 엽서나 전화로 안부를 물으면서) 기회를 봐서 다시 한 번 접근하십시오. 가능하면 당신이 이 사업에서 크게 성공했을 때가 좋을 것입니다.

이번에는 시기가 별로 좋지 않았을 수도 있으므로 상대방이 받아들일 만하다고 판단될 때, 다시 한 번 접근하면 좋은 결과를 거둘 수도 있습니다.

접근에는 몇 가지 종류가 있다

다시 한 번 말하지만 '접근'의 목적은 미리 준비된 '폰 스크립트'를 사용하여 프로스펙터에게 '접근'해서 프로스펙터가 당신이 찾고 있는 '조건'에 부합되는가를 알아내는 것입니다.

이때, 프로스펙트에게 접근하는 방법은 기본적으로 다음과 같이 두 가지로 나눌 수 있습니다. 하나는 직접 접근법이고 다른 하나는 완충 접근법입니다.

'직접 접근법'은 말 그대로 당신과 신뢰관계에 있는 프로스펙터를 홈 미팅에 직접 초대할 때 사용하는 접근법입니다. 그리고 이 접근법은 다시 프로스펙터를 직접 만나 접근할 것인지 아니면 전화를 사용할 것인지에 따라 '직접 만나서 접근하는 방법'과 '전화를 이용해서 접근하는 방법'으로 나뉘어 집니다.

'완충 접근법'은 프로스펙터를 홈 미팅에 직접 초대하는 것이 아니라, 한 단계를 더 두어 그와 신뢰관계를 키워나가다가 기회를 보아 홈 미팅에 초대할 때 사용하는 접근법입니다. 그리고 완충 접근법은 접근할 때 어떤 사업도구를 사용하는가에 따라 다시 세 가지로 나뉘어 집니다. 그것은 '카세트테이프 접근법'과 '비디오테이프를 사용한 접근법' 그리고 프로스펙터를 홈 미팅 대신 마케팅 플랜을 짧게 설명하는 오픈미팅에 초대하는 '인터뷰 접근법'입니다.

접근의 종류

(1) 직접 접근법 (당신과 신뢰관계가 있는 사람들을 직접 홈 미팅에
　　　　　　　초대하는 접근법)
　① 직접 만나서 접근한다
　② 전화를 이용해서 접근한다

(2) 완충 접근법 (당신과 신뢰관계가 없는 사람들을 한 단계를 더 두
　　　　　　　어 신뢰관계를 키운 후, 홈 미팅에 초대할 때 사용
　　　　　　　하는 접근법)
　① 비디오테이프를 이용한 접근법
　　ⓐ 직접 만나서 접근한다
　　ⓑ 전화로 접근한다
　② 카세트테이프를 이용한 접근법
　　ⓐ 직접 만나서 접근한다
　　ⓑ 전화로 접근한다
　③ 인터뷰 접근법
　　ⓐ 직접 만나서 접근한다
　　ⓑ 전화로 접근한다

어떤 접근법을 사용할 것인지는 당신과 프로스펙터와의 신뢰관계, 당

신의 사업경험의 수준, 스폰서의 조언에 의해 결정됩니다. 물론 처음에는 명단에 들어있는 사람들의 배경(당신과의 관계, 직업, 학력, 성별 등)에 대해 스폰서와 함께 이야기를 나누고 나서 그 사람에게 가장 적합한 접근방법을 선택하는 것이 좋습니다.

이제 각각의 접근방법을 자세히 설명하도록 하겠습니다.

직접 접근법 (Direct Approaches)

'직접 접근법'은 주로 당신과 신뢰관계가 있는 사람들, 다시 말해 명단의 '첫 번째 서클'에 속하는 사람들을 홈 미팅에 직접 초대할 경우에 사용하는 접근법입니다. 아마도 먼 친척, 서로 안면이 있는 회사 동료, 깊은 대화를 별로 나눈 적이 없는 동호회 멤버, 그다지 잘 아는 사이가 아닌 이웃, 학창시절 같은 반 친구와 같은 사람들이 이 첫 번째 서클에 해당될 것입니다.

그리고 직접 접근법은 직접 프로스펙터를 만날 것인지 아니면 전화를 이용해서 접근할 것인지에 의해 다시 둘로 나뉩니다.

명단의 '첫 번째 서클'에 속해 있는 사람들 중에서 당신과 혈연관계가 있는 친척, 형제나 자매, 삼촌이나 숙모, 가까운 친척, 마음속까지 터놓고 말할 수 있는 가까운 친구, 오랫동안 근처에 살면서 신뢰관계를 쌓아온 이웃과 같은 사람들은 '폰 스크립트'를 사용히는 것이 부자연스럽기 때문에 본인을 직접 만나든지 아니면 전화를 이용하여 접근하는 것이 좋습니다. 그리고 난 뒤, 다음과 같이 홈 미팅에 초대합니다.

예를 들면, "이번 주 토요일 밤에 무슨 계획 있어요?"라고 말하면서 처음에는 상대방의 계획을 물어봅니다. 그 후 만약 상대방이 아무런 계획도 없다고 하면 "이번 주 토요일 7시부터 우리 집에서 지금 다니고 있는 직장을 그만두지 않고 추가적인 수입을 얻을 수 있는 방법에 대한 이야기를 할 계획인데 한 번 참석해 보세요."라고 말을 꺼내는 것입니다. 혹은 좀더 스스럼없이 접근해도 괜찮습니다. 예를 들어 "이번 주 토요일 7시에 저희 집에서 재미있게 돈을 벌 수 있는 방법에 대한 이야기를 할 계획인데 참석해 보세요."라든가 "이번 주 토요일 7시부터 저희 집에서 ㅇㅇ엄마한테 딱 어울리는 일에 관하여 설명회를 할 계획인데 한 번 참석해 보지 않을래요?"라고 말하면 되는 것입니다.

만약 상대방이 이번 주 토요일 밤에 다른 계획이 잡혀 있다면, 다음 번 미팅에 초대하면 됩니다. 그렇게 하기 위해 프로스펙터에게 접근할 때에는 항상 두 개의 미팅 스케줄을 생각해 두었다가 만약 프로스펙터가 처음에 말한 시간에 참석하지 못하겠다고 하면, 즉시 두 번째 미팅에 초대해야 합니다.

프로스펙터에게 접근할 때, 회사명을 알려주며 접근할 것인지의 여부는 그 회사의 지명도에 의해 좌우됩니다. 하지만 "ㅇㅇ회사에 관한 설명회를 할 계획인데 참석하세요."라는 식으로 그들을 초대해서는 안 됩니다. 당신과 아무리 깊은 신뢰관계가 있을지라도 회사 이름을 알리는 데에는 그에 어울리는 시기와 적합한 장소가 있기 때문입니다. 물론 당신과 깊은 신뢰관계가 있는 사람들이라면 어떤 회사든 당신을 믿고 적어도 한 번은 미팅에 참석할지도 모릅니다.

특히 '지명도'라고 하는 것은 그 회사가 국내에서 활동한지 얼마나 지났는지에 따라 달라집니다. 예를 들어 국내에서 활동한지 수개월밖에 지나지 않은 경우나 아직 국내에서 활동하지 않은 기업이라면 처음부터 기업의 이름을 말하면서 접근할 수도 있겠지만, 국내에 들어온 지 10~20년이나 지난 회사는 처음부터 기업 이름을 말하면서 접근하는 것이 반드시 좋은 결과로 연결된다고 말할 수는 없습니다.

그러므로 접근을 할 때, 기업의 이름을 알릴 것인지 말 것인지는 업 라인의 지시에 따르기 바랍니다. 중요한 것은 모든 프로스펙터로 하여금 아무런 선입견 없이 홈 미팅에 참석하여 직접 눈으로 보고 듣고 머리로 생각하여 사업을 할 것인지의 여부를 결정하도록 하는 것입니다. 다시 말해 근거 없는 헛소문이나 선입견으로 인해 좋은 기회를 날려버리는 사람이 단 한 명도 나오지 않도록 해야 하는 것입니다. 왜냐하면 소문은 어디까지나 올바른 정보가 아닌 근거 없는 정보이기 때문입니다.

우리의 주변에서는 매일 소문이 홍수처럼 넘쳐나고 있습니다. 그리고 그 중의 상당수는 사실처럼 들릴 지도 모릅니다. 물론 어떤 것은 진짜 정보이기 때문에 우리에게 도움을 주기도 합니다. 하지만 대부분의 소문은 전혀 근거가 없기 때문에 그것을 그대로 믿어버리면 피해를 당하거나 좋은 기회를 놓쳐버리는 결과를 얻게 됩니다. 특히 커다란 기회를 얻고 싶다면 사실과 소문을 혼동하지 않아야 합니다.

컵에 물이 가득 들어있다면 아무리 물을 붓는다 해도 그 물은 그저 넘쳐날 뿐입니다. 마찬가지로 프로스펙터의 머리 속이 전혀 근거 없는 소문으로 가득 차 있다면, 아무리 올바른 사업설명을 듣는다 해도 그것을 좋은 기회로 받아들일 여유가 없게 됩니다.

어쨌든 프로스펙터를 직접 만날 것인지 아니면 전화로 접근할 것인지의 여부는 프로스펙터가 살고 있는 장소에 따라 달라집니다. 근처에 살고 있는 사람이라면 직접 본인을 만나는 것이 좋겠지만, 먼 곳에 사는 사람에게는 전화로 접근하는 것이 좋을 것입니다. 어떤 방법을 사용할 것인지는 당신의 스폰서와 상의해서 결정하도록 하십시오.

이제 막 사업자가 된 사람은 두 개의 홈 미팅 계획을 잡도록 하십시오. 물론 처음에는 스폰서에게 도움을 요청하는 것이 좋을 것입니다. 그리고 폰 스크립트를 이용해서 프로스펙터에게 접근하여 그들을 홈 미팅에 초대하십시오. 홈 미팅에 프로스펙터를 초대할 때, 처음의 두 세 번은 업라인으로부터 접근하는 방법에 대한 조언을 들으며 실제로 함께 전화로 접근하여 요령이나 비결을 배우는 것이 중요합니다. 또한 스폰서나 파트너를 잘 활용해서 미리 충분히 연습하도록 하십시오. 절대로 혼자서 프로스펙터에게 접근하는 일이 있어서는 안 됩니다. 또한 스폰서도 새롭게 사업자가 된 사람이 혼자서 프로스펙터에게 접근하여 처음부터 실패를 경험하는 일이 없도록 주의하지 않으면 안 됩니다. 처음부터 실패를 경험하도록 하는 것은 대단히 좋지 않은 결과를 초래할 수도 있으므로 절대로 피해야 합니다.

물론 접근하는 방법을 스폰서로부터 배웠다 하더라도 처음에는 생각했던 것만큼 잘 되지 않을 것입니다. 하지만 중요한 것은 '얼마나 능숙하게 접근하느냐' 가 아니라, 비록 서툴더라도 포기하지 않고 계속 해나가는 것입니다. 그렇게 하다보면 어느 새 폰 스크립트 내용을 완전히 습득하여 자연스럽게 표현하게 될 때가 온다는 사실을 잊지 마십시오.

미팅에 참석하는 프로스펙터의 수는 '얼마나 훌륭하게 접근하였는가' 가 아니라, '얼마나 많은 프로스펙터에게 접근하였는가' 에 비례합니다. 비록 서툴더라도 접근의 횟수가 많으면 그에 비례하여 미팅에 참석하는 프로스펙터의 수도 많아지는 것입니다. 그리고 미팅에 참석한 프로스펙터의 수가 많으면 많을수록, 보다 많은 사람들을 스폰서 할 가능성이 높아집니다.

완충 접근법 (Buffer Approaches)

완충 접근법은 일반적으로 당신과 별로 신뢰관계가 없는 사람들, 개인적인 사정은 전혀 모르고 그저 얼굴만 알고 지내는 사람들, 짧은 대화를 여러 번 나눈 사람들, 태어나서 처음 만나는 사람들과 시간을 두고 신뢰관계를 쌓다가 기회를 봐서 홈 미팅에 초대하기 위해 고안된 접근법입니다.

서로에 대해 잘 알지 못하는 관계일 때, 갑자기 홈 미팅에 초대를 하면 참석하지 않을 가능성이 매우 높습니다. 왜냐하면 일반적으로 사람들은 자세히 알지 못하는 사람이나 물건, 이야기에는 경계심을 갖게 마련이기 때문입니다.

우선 네트워크 마케팅의 기본 사업 개요를 설명해 놓은 비디오테이프를 보여주고 카세트테이프를 들려주면서 상대방의 반응을 보고 그가 만약 사업에 관심이 있는 것 같다면 그 후 홈 미팅에 초대한다는 것이 완충 접근법의 기본 바탕입니다. 한 마디로 말해 '급할수록 돌아가라' 는 말과 일맥상통하는 것입니다.

이러한 완충 접근법은 어떤 사업도구를 사용하는가에 따라 다시 세 가지로 나뉩니다. 그것은 비디오테이프를 이용한 접근법과 카세트테이프를 사용한 접근법 그리고 프로스펙터를 오픈미팅에 초대하겠다고 약속을 하는 '인터뷰 접근법' 입니다.

무엇보다 완충 접근법의 특징은 프로스펙터에게 필요 이상의 정보를 주지 않고도 프로스펙터가 본업 이외의 방법으로 부수입을 얻고 싶어하는지, 현재의 생활에 만족하거나 안주하지 않고 생활의 질을 향상시키려 하는지, 다른 사람의 이야기를 잘 듣는 겸허함을 지니고 있는지의 세 가지 조건을 충족시키고 있는지를 알 수 있다는 점입니다.

그밖에도 질문을 통해 프로스펙터의 호기심을 이끌어내고 그로 하여금 이야기를 더 듣고 싶다는 호기심을 갖도록 할 수 있다는 특징도 있습니다.

이 방법으로 접근할 때, 주의해야 할 점은 가능한 한 상대방에게 정보를 적게 주는 것입니다. 왜냐하면 필요 이상으로 정보를 주게 되면 프로스펙터는 그 정보를 자기 마음대로 각색하여 판단하기 때문입니다. 또한 필요 이상의 정보를 주면 그것을 기초로 여러 가지 질문을 해올 가능성이 있기 때문입니다. 예를 들어 "회사 이름이 뭐죠?"라든가 "사업내용이 뭔가요?"라고 전화로 설명하기 힘든 질문을 해올지도 모릅니다.

그러므로 접근할 때의 포인트는 짧고 간단하게 요점만을 말하며 전화로 사업에 대한 설명을 일절 하지 않고 상대방이 묻지도 않았는데 자신이 먼저 적극적으로 회사의 이름을 말하지 않는 것입니다. 회사의 이름을 말하는 것은 그에 어울리는 시기와 장소가 있고 사업에 대한 자세한 설명은 홈 미팅에서 해야 하기 때문입니다.

접근할 때, 폰 스크립트를 이용하면 이러한 포인트를 모두 충족시키는 데 도움이 될 것입니다.

이제부터 비디오테이프를 이용한 접근법과 카세트테이프를 이용한 접근법에 대해 자세히 설명하도록 하겠습니다. 이러한 사업도구는 어디까지나 네트워크 마케팅의 사업 개요를 간단하게 설명한 것이어야 하고 더불어 네트워크 마케팅이 왜 커다란 사업기회를 제공하는지를 누구든 이해할 수 있도록 쉽고 간단하게 설명된 것이어야 합니다.

그리고 회사 이름이 중간에 나오거나 어떤 제품을 취급하고 있는지를 설명한 것이어서는 안 됩니다. 왜냐하면 완충 접근법은 프로스펙터가 당신이 찾고 있는 조건에 부합되는지를 알아내기 위해 고안된 방법이기 때문입니다. 그러므로 완충 접근법에 이용되는 카세트테이프와 비디오테이프는 그 목적을 위해 제작된 것을 사용해야 합니다.

그런데 완충 접근법은 최근에 미국에서 들어온 새로운 방식이기 때문에 기업에 따라서는 대부분의 카세트테이프나 비디오테이프가 제품 안내나 회사 안내를 중심으로 제작되었을 지도 모릅니다. 그럴 경우, 그러한 비디오테이프를 완충 접근법에 이용할 수는 없으므로 스스로 비디오테이프를 만들지 않으면 안 될 것입니다.

비디오테이프를 이용한 완충 접근법

비디오테이프를 이용한 완충 접근법에는 두 가지 방법이 있습니다. 하나는 직접 프로스펙터를 만나 '폰 스크립트'를 이용하여 간단히 질문하는 것이고 나머지 하나는 전화로 '폰 스크립트'를 사용해서 간단한 질문을 하는 방법입니다.

그러나 어떤 방법을 사용하든 기본적으로는 같은 폰 스크립트를 사용하여 프로스펙터에게 접근하는 것입니다. 만약 프로스펙터가 조건에 부합된다면, 그 다음 단계로 비디오테이프를 보여 줍니다. 이때, 비디오테이프의 내용은 네트워크 마케팅의 사업구상이 간결하게 설명된 것이어야 합니다.

지금부터 비디오테이프를 이용한 완충 접근법 중에서 전화로 프로스펙터에게 접근하는 방법에 대해 자세히 설명하고자 합니다.

얼굴은 알고 지내지만 당신과 별로 신뢰관계가 없는 프로스펙터들, 예를 들어 단골 주유소의 주유원, 식당의 종업원, 백화점 직원을 곧바로 홈 미팅에 초대하는 것은 대단히 어려운 일입니다. 아무리 얼굴을 알고 있더라도 신뢰관계가 없을 경우, 보통 사람이라면 당신의 집에 거리낌 없이 올 리도 없고 잘 모르는 미팅에 참석할 리는 더더욱 없습니다. 그런데 문제는 이러한 사람들과 신뢰관계를 쌓으려면 오랜 시간과 돈이 든다는 점입니다.

따라서 다음과 같이 완충 접근법을 이용하는 것이 좋습니다.

우선 첫 단계는 항상 적극적이고 밝은 성격의 소유자를 찾아내 이름을 기억해 두었다가 나중에 그 사람이 일하고 있는 회사나 식당에 전화를 걸어서 '폰 스크립트'에 있는 간단한 질문을 하는 것으로부터 시작됩니다. 물론 프로스펙터에게 전화를 거는 것은 당신의 기분이 최고조에 달했을 때 해야 합니다.

전화를 한 결과 프로스펙터가 부수입을 얻는 일에 관심이 있는 것 같다면, 네트워크 마케팅의 사업 내용을 간단하게 설명한 비디오를 보여주고 사업 내용을 함께 검토하는 것입니다. 그리고 비디오테이프를 보여준 결과, 프로스펙터가 네트워크 마케팅에 관심을 보이면서 더 많은 정보를 원한다면, 다시 시간을 정해서 홈 미팅에 초대합니다. 이것이 비디오테이프를 이용한 완충 접근법의 커다란 흐름입니다.

지금까지는 상대방이 당신과 신뢰관계가 있든 없든 그리고 상대빙이 부수입을 얻는 일에 관심이 있든 없든 백에 하나 걸릴까 말까하는 기회를 보아 프로스펙터를 홈 미팅에 초대하는 방법밖에 없었습니다. 아니면 당신과 신뢰관계가 없었던 프로스펙터와 신뢰관계가 쌓일 때까지 홈 미팅에 초대하는 것을 보류하는 방법밖에 없었습니다. 하지만 완충 접근법이 고안됨으로써 당신과 신뢰관계가 없는 프로스펙터를 별다른 무리 없이 홈 미팅에 초대할 수 있게 된 것입니다.

예를 들어 식당에 갔을 때, 활발하고 밝게 손님을 맞아들이는 종업원을 만났다면 그 사람의 이름을 기억해 둡니다. 그리고 가능하다면 그 종업원도 당신의 이름과 얼굴을 기억하도록 하는 것이 좋을 것입니다. 그리고 며칠 후에 그 사람이 일하는 식당에 전화를 해서 다음과 같은 질문을 합니다.

"저는 △△△라고 합니다. ○○○씨 계십니까? 괜찮으시다면 바꿔주실 수 있겠습니까?"

그리고 그 사람이 전화를 받으면 다음과 같이 질문하면 됩니다. 물론 바쁘지 않은 시간을 미리 생각해 두었다가 전화를 걸어야 할 것입니다.

"안녕하세요. ○○○씨인가요? 한 1~2분 정도 통화를 해도 괜찮으십니까? 저를 기억하실지 모르겠네요. 며칠 전에 그 식당에서 식사를 했던 △△△라고 합니다. 그때 ○○○씨가 손님을 대하는 태도를 보고 느낀 바가 많았습니다. 저는 네트워크 마케팅 회사를 경영하고 있습니다. 오늘 ○○○씨께 전화를 드린 이유를 말씀드리자면, 현재 사업을 확장시키기 위해 그룹 리더가 되어주실 분들을 찾고 있는 중입니다. 그런데 ○○○씨 생각이 나서 이렇게 전화를 드리게 된 것입니다. 하나만 질문을 드리고자 합니다. 혹시 지금의 수입 이외에 다른 수입을 더 얻고 싶은 생각이 없으십니까?"

네트워크 마케팅에서 사업자가 되었다는 것은 곧 그 회사의 직원이나 대리인이 된 것이 아니라, 독립 사업자가 되었다는 것을 의미합니다. 따라서 '저는 네트워크 마케팅 회사를 경영하고 있습니다' 라고 말할 수 있는 것입니다.

이때, 상대방이 '네' 라고 대답하든 아니면 '아니오' 라고 하든 혹은 질문을 해오든 상관없이 당신은 폰 스크립트대로 다음과 같이 계속 질문을 해야 합니다.

"솔직히 말해 저는 ○○○씨가 이 사업을 할 수 있을지 어떨지도 모르고 저희가 함께 일할 수 있다는 보증도 없습니다. 하지만 ○○○씨께 저희가 하고 있는 네트워크 마케팅 사업을 자세히 설명해 주는 비디오테이프를 꼭 보여드리고 싶어서 이렇게 전화한 것입니다. 만약 그 비디오테이프를 보시고 관심이 있다면, 나중에 다시 자세하게 설명해 드리겠습니다. 이번 주 □요일이나 □요일에 ○○○씨의 식당에 가서 그 비디오테이프를 건네 드리고 싶은데 어느 요일이 편하십니까?"

그리고 날짜를 정한 뒤, 그 프로스펙터를 만나 비디오테이프를 건네주면 되는 것입니다. 비디오테이프를 건네줄 때에는 반드시 그것을 되돌려 받을 날짜를 정하도록 하십시오. 만약 프로스펙터가 비디오테이프를 본 후에 더 많은 정보를 얻고자 한다면 그 다음 단계는 홈 미팅에 초대하기 위해 약속을 잡는 것입니다.

이처럼 비디오테이프를 이용한 완충 접근법은 안면은 있지만 당신과 별로 신뢰관계가 없는 프로스펙터들 중에서 누가 당신이 찾고 있는 조건을 충족시키고 있으며 또한 누가 더 많은 정보를 원하는지를 알아내는 데 가장 적절한 방법의 하나로 현재 미국에서 널리 사용되고 있습니다. 또한 비디오테이프를 이용한 완충 접근법은 프로스펙터와의 신뢰관계를 쌓아 나가는 데에도 중요한 역할을 수행하기도 합니다.

비디오테이프를 이용한 접근법은 전화를 사용할 것인지 아니면 전화를 사용하지 않고 프로스펙터를 직접 만날 것인지에 의해 두 가지 방법으로 나뉩니다.

이름을 기억해 두었다가 나중에 전화로 접근하는 방법보다 더 편리한 것은 항상 비디오테이프를 휴대하고 있다가 기회가 있을 때마다 프로스펙터에게 그 자리에서 비디오테이프를 건네주는 방법입니다. 이 방법을 사용하면 나중에 전화할 필요가 없어지기 때문에 대단히 편리합니다. 이러한 방법으로 접근할 때, 사용하는 문구는 전화로 접근할 때와 기본적으로 동일합니다.

당신에게 이름을 외워둔 후에 전화로 접근하는 방법이 더 적합한지 아니면 비디오테이프를 휴대하고 있다가 기회가 있을 때마다 그 자리에서 프로스펙터에게 건네주는 것이 더 알맞은지 각각의 방법을 적어도 한 번은 시험해 보고 자신에게 맞는 방법을 찾도록 하십시오.

비디오테이프를 이용한 방법은 단기간에 불특정 다수의 프로스펙터와 접근하는 수단으로서 대단히 유용하다는 것이 많은 성공자에 의해 이미 증명되었습니다.

사실, 지금까지 해왔던 방법으로는 누가 이 사업에 관심을 갖고 있는지를 알아내는데 몇 주일 혹은 몇 달이라는 시간이 걸렸습니다. 하지만 이제 막 알게 된 10명의 프로스펙터 모두에게 네트워크 마케팅의 사업내용이 설명되어 있는 비디오테이프를 보여주면, 며칠 내에 누가 사업에 관심을 갖고 있는지를 알 수 있습니다.

미국에서는 수많은 성공자들로 구성된 비즈니스 지원그룹이 이러한 목적을 위해 많은 종류의 비디오를 준비해 놓았고, 프로스펙터의 배경에 따라 그에 맞는 비디오테이프를 사용할 수 있도록 시스템이 잘 확립되어 있습니다. 물론 어떤 비디오테이프든 회사 이름을 밝힌 것은 없습니다. 다만, 네트워크 마케팅을 알기 쉽게 설명해 놓았을 뿐입니다. 따라서 당신은 이러한 비디오테이프를 프로스펙터의 배경(성별, 연령, 직업 등)에 맞추어 사용하기만 하면 됩니다.

카세트테이프를 이용한 완충 접근법

카세트테이프를 이용한 접근법 역시 비디오테이프를 이용한 접근법과 마찬가지로 처음에는 다음과 같은 요령으로 전화로 접근하여 프로스펙터가 당신이 찾고 있는 조건에 부합되는지를 체크합니다. 만약 조건에 부합되는 것 같다면 네트워크 마케팅의 사업 개요를 설명해 놓은 '카세트테이프'를 들려주어 사업 내용을 검토하게 하는 것입니다. 그리고 프로스펙터가 테이프에서 설명하는 사업 내용에 관심을 보이면 홈 미팅에 초대합니다.

예를 들어 백화점에 갔을 때 생기발랄하고 손님을 대하는 태도가 뛰어난 직원을 만났을 경우, 이름표를 보고 그 사람의 이름을 기억해 놓습니다. 그리고 며칠 후에 백화점에 전화를 걸어 다음과 같이 질문합니다.

"저는 △△△라고 합니다. ×××씨 계십니까? 괜찮으시다면 바꿔주실 수 있겠습니까?"

그리고 그 사람이 전화를 받으면 다음과 같이 말하도록 하십시오.

"안녕하세요. ×××씨인가요? 한 1~2분 정도 통화해도 괜찮겠습니까? 저를 기억하실 런지 모르겠네요. 며칠 전에 ×××씨가 일하고 있는 백화점에 가서 구두를 구입했던 △△△라고 합니다. 그때 ×××씨가 손님을 대하는 태도를 보고 느낀 바가 많았습니다. 저는 네트워크 마케팅 회사를 경영하고 있습니다. 지금은 사업을 확장시키기 위해 그룹 리더가 되어줄 분들을 찾고 있는 중입니다. 그런데 ×××씨 생각이 나서 이렇게 전화를 드리게 된 것입니다. 하나만 질문을 드리고자 합니다. 수입 면으로나 시간적으로 만족할 만한 조건이라면, 지금의 수입 이외에 다른 수입을 더 얻고 싶은 생각이 없으십니까?"

이때, 상대방이 '네' 라고 대답하든 아니면 '아니오' 라고 하든 혹은 '어떤 내용의 사업입니까?' 라고 질문을 해오든 관계없이 당신은 스크립트대로 다음과 같이 계속 말해야 합니다.

"솔직히 말해 저는 ×××씨가 이 사업을 할 수 있을지 어떨지도 모르고 저희가 함께 일할 수 있다는 보증도 없습니다. 하지만 ×××씨께 제가 추천하고 싶은 카세트테이프를 꼭 들려드리고 싶어서 이렇게 전화를 한 것입니다. 그 테이프에는 저희가 하고 있는 네트워크 마케팅에 대해 쉽게 이해할 수 있도록 자세히 설명되어 있습니다. 만일 그 테이프를 들어보시고 관심이 있다면, 나중에 다시 자세하게 설명해 드리겠습니다. 이번 주 ㅁ요일이나 ㅁ요일에 ×××씨의 백화점으로 가서 그 테이프를 건네 드리고 싶은데 어느 요일이 편하십니까?"

그리고 날짜를 정하고 그 프로스펙터를 만나 카세트테이프를 건네주면 되는 깃입니다. 그때, 빈드시 테이프를 회수할 날짜를 정하는 것을 잊지 않도록 하십시오. 만일 프로스펙터가 테이프에서 설명하는 사업에 관심을 보인다면, 그 다음 단계로 프로스펙터를 홈 미팅에 초대하기 위해 약속을 잡으십시오.

이렇게 카세트테이프를 이용한 완충 접근법은 비디오테이프를 이용한 완충 접근법과 마찬가지로 당신과 안면이 있거나 처음 만나는 사람들 중에서 누가 당신이 찾고 있는 조건에 부합되는지를 알아내는 데 가장 적절한 방법입니다.

그리고 날짜를 정하고 그 프로스펙터를 만나 카세트테이프를 건네주면 되는 것입니다. 그때, 반드시 테이프를 회수할 날짜를 정하는 것을 잊지 않도록 하십시오. 만일 프로스펙터가 테이프에서 설명하는 사업에 관심을 보인다면, 그 다음 단계로 프로스펙터를 홈 미팅에 초대하기 위해 약속을 잡으십시오.

이렇게 카세트테이프를 이용한 완충 접근법은 비디오테이프를 이용한 완충 접근법과 마찬가지로 당신과 안면이 있거나 처음 만나는 사람들 중에서 누가 당신이 찾고 있는 조건에 부합되는지를 알아내는 데 가장 적절한 방법입니다.

테이프를 이용한 완충 접근법의 또 다른 목적은 프로스펙터와의 관계를 '안면이 있는 사람'에서 '잘 아는 사이'로 서서히 발전시켜 나가는 것, 즉 서로의 신뢰관계를 쌓아나가는 데 있습니다.

또한 이름을 기억해 두었다가 후에 전화로 접근하는 대신, 당신이 항상 카세트테이프를 휴대하고 다니면서 기회가 있을 때마다 프로스펙터에게 그 자리에서 테이프를 건네주는 것도 대단히 편리합니다. 특히 카세트테이프는 비디오테이프보다 크기가 작기 때문에 안주머니나 핸드백 속에 여러 개를 넣어 가지고 다닐 수 있다는 이점이 있습니다.

카세트테이프를 갖고 다니면서 기회가 있을 때마다 프로스펙터에게 접근할 때, 사용하는 스크립트는 전화로 접근할 때 사용하는 스크립트와 기본적으로 동일합니다. 그러므로 테이프를 갖고 다니면서 건네주는 방법이 자신에게 맞는지 아니면 이름을 기억해 두었다가 전화하는 것이 자신에게 맞는지 두 가지 방법을 한 번씩 시험해 보고 어느 쪽이 자신에게 잘 맞는지 확인하도록 하십시오.

비디오테이프와 카세트테이프를 갖고 다니면서 직접 프로스펙터에게 건네줄 때의 대화 사례

지금부터 비디오테이프나 카세트테이프를 갖고 다니면서 기회 가 있을 때마다 프로스펙터에게 그 자리에서 건네줄 때 사용하는 대화 사례를 설명하도록 하겠습니다.

대화 예

"실례지만 ○○○씨께서는 이 가게의 매니저(지점장)이십니까? ○○○씨께서 손님을 대하는 태도를 보고 개인석으로 느낀 바가 참 많았습니다. 저는 네트워크 마케팅 회사를 경영하고 있는 △△△라고 합니다. 지금 이 지역에서 사업을 확장시킬 계획이기 때문에 그룹 리더가 되어주실 분들을 찾고 있습니다. 이 일에 ○○○씨가 아주 적격이라는 생각이 들어서 실례인 줄 알면서도 이렇게 말씀드리게 된 것입니다. 하나만 질문을 드리고자 합니다. 혹시 수입 면으로나 시간적으로 만족할 만한 조건이라면, 지금의 수입 이외에 더 많은 수입을 얻고 싶지 않으십니까?"

상대방이 '네' 라고 대답하든 '아니오' 라고 대답하든 혹은 질문을 해오든 관계없이 다음과 같이 말하도록 하십시오.

"솔직히 말해 저는 ○○○씨께서 이 사업을 할 수 있을지 어떨지도 모르고 저희가 함께 일할 수 있다는 보증도 없습니다. 하지만 ○○○씨께 제가 지금 갖고 있는 이 비디오테이프를 꼭 보여드리고 싶습니다.(카세트테이프를 꼭 들려드리고 싶습니다.) 이 비디오테이프(카세트테이프)에는 제가 하고 있는 네트워크 마케팅 사업의 내용이 대단히 알기 쉽게 설명되어 있습니다. 만일 ○○○씨께서 저희가 하고 있는 이 사업에 관심이 있다면, 나중에 다시 자세하게 설명해 드리고자 합니다."

그리고 만약 프로스펙터가 '네!' 라고 말한다면, 비디오테이프(카세트테이프)를 그 자리에서 건네주면 되는 것입니다. 그때, 반드시 비디오테이프(카세트테이프)를 회수할 날짜를 정하는 것을 잊어서는 안 됩니다. 만일 프로스펙터가 비디오테이프를 본 결과(카세트테이프를 들은 결과), 테이프에서 설명하는 사업에 관심이 있는 것 같다면, 그 다음 단계는 프로스펙터를 홈 미팅에 초대하는 약속을 잡는 것입니다.

반면, 그 사람이 "부수입을 얻는 것에 흥미가 없습니다. 그리고 비디오테이프를 보고 싶은(카세트테이프 듣고 싶은) 마음이 별로 없네요."라고 말했을 경우에는 다음과 같이 대답합니다.

"그렇습니까? ○○○씨에게 딱 어울리는 사업을 소개해 드리려고 했는데 너무 아쉽네요. 하지만 지금의 일에 만족하신다는 것을 알게 되어 안심이 됩니다. 이건 제 명함입니다. 혹시 생각이 바뀌시면 언제든 전화 주십시오. 그 때에는 좀더 시간을 내서 자세히 설명해 드리도록 하겠습니다. 오늘 이렇게 시간 내주셔서 정말 고맙습니다."

이렇게 말하면서 명함을 건네주고 대화를 마무리 지으면 되는 것입니다. 즉, 상대방이 테이프를 듣는 것에(비디오를 보는 것에) 관심이 없으므로 테이프를 건네줄 것이 아니라 명함을 주는 것으로 대화를 끝내면 되는 것입니다. 이처럼 상대방이 당신이 찾고 있는 조건에 부합되지 않을 경우, 당신이 먼저 정중하고 예의 바르게 대화를 끝내는 가장 좋은 방법은 명함을 건네주는 것입니다. 하지만 상대방에게 명함을 주더라도 나중에 전화가 걸려올 확률은 거의 없습니다.

그렇다면 왜 명함을 건네주는 것일까요? 명함을 건네주는 데에는 두 가지 이유가 있습니다.

첫째, 어떤 사람이든 상대방으로부터 거절당하거나 거부당하면 자신도 모르는 사이에 크든 적든 심리적인 상처를 받습니다. 하지만 명함을 꺼내 당신이 먼저 대화를 끝낸다면 당신은 상대방으로부터 거절당한 것이 아니기 때문에 심리적으로 상처받는 일은 없을 것입니다.

둘째, 명함을 건네주고 대화를 마무리 지으면 상대방도 당신으로부터 거절당한 것이 아니기 때문에 심리적인 상처도 없을뿐더러 당신에 대한 좋지 않은 감정도 남지 않게 됩니다. 상대방이 당신에 대한 나쁜 감정이 없다면 기회를 보아 다시 한 번 그 사람에게 접근할 수 있을 것입니다. 물론 프로스펙터에게 건네주는 명함에는 절대로 회사 이름이 적혀 있어서는 안 됩니다.

그러면 사업자들은 어떤 종류의 명함을 사용해야 할까요?

미국에서 네트워크 마케팅 사업자들은 사업자 ID카드 이외에도 스폰서 활동용으로 개인명함을 만들어 소지하고 다닙니다. 예를 들어 명함에 'ㅇㅇ회사의 사업자'라는 문구를 넣는 것이 아니라, 다음과 같이 사업자 각자가 생각한 회사명이나 조직명을 사용합니다.

1) International Business Associates
2) Brooks Network Marketing
3) MHI International

다시 말해 명함을 받은 사람이 그 명함을 보고 '이게 뭐지?'라는 생각을 가질만한 이름을 지어 개인 명함을 만드는 것입니다. 왜냐하면 네트워크 마케팅에서 사업자가 된다는 것은 그 회사의 직원이나 대리인이 되는 것도 아니고 그 회사에서 일하는 것도 아니기 때문입니다. 네트워크 마케팅의 사업자가 되는 것은 곧 사업자 한 사람 한 사람이 독립된 '사업주' 가 된다는 것을 의미합니다.

미국에서 네트워크 마케팅 사업자들은 스스로 회사의 윤리지침과 행동기준을 존중하여 행동하는 한, 사업주로서 독자적인 회사명이나 조직명을 갖는 것이 지극히 당연하다는 생각을 갖고 있습니다.

한편, 완충 접근법을 사용할 때 이용하는 비디오테이프나 카세트테이프는 앞으로 설명할 오픈미팅 후에 사업에 관심을 가진 사람들을 홈 미팅에 초대하는 '디딤돌' 로도 사용할 수 있습니다.

예를 들어, 오픈미팅 후에 프로스펙터가 사업에 관심을 갖고 더 자세한 사업설명을 듣고자 한다면 그 다음 단계로서 프로스펙터를 홈 미팅에 초대해야 합니다. 이때, 프로스펙터에게 아무 것도 주지 않고 헤어질 것이 아니라 완충 접근을 할 때에 사용한 비디오테이프나 카세트테이프를 건네주는 것입니다. 그렇게 상대방이 홈 미팅에 참석하기 전에 비디오테이프를 보게 하여(카세트테이프를 듣게 하여), 네트워크 마케팅의 기초적인 지식을 배울 수 있도록 하는 것입니다.

이때, 프로스펙터에게 건네주는 비디오테이프나 카세트테이프는 홈 미딩 후에 건네주는 '정보자료집' 과 같은 역할을 수행합니다. 다시 말해 비디오테이프나 카세트테이프는 반드시 회수할 것이기 때문에 그것을 건네주면 다시 한 번 프로스펙터를 만날 수 있는 구실이 되는 셈입니다.

인터뷰 접근법 (오픈미팅에 초대할 때 사용하는 접근법)

인터뷰 접근에서는 프로스펙터의 반응에 따라 다음과 같이 네 가지 경우로 나눌 수 있습니다.

1) 인터뷰 접근 → 프로스펙터가 조건에 부합된다 → 오픈미팅에 초대한다 → 프로스펙터가 관심을 표명해서 오픈미팅에 참석한다 → 프로스펙터가 더 자세한 정보를 요구한다 → 홈 미팅에 초대한다 → 프로스펙터가 홈 미팅에 참석한다 → 후속조치를 취한다 → 프로스펙터를 A, B, C 타입 중 하나로 분류한다

2) 인터뷰 접근 → 프로스펙터가 조건에 부합된다 → 오픈미팅에 초대한다 → 프로스펙터가 관심을 표명해서 오픈미팅에 참석한다 → 관심이 없다 → 기회를 보아 다시 한 번 접근한다

3) 인터뷰 접근 → 프로스펙터가 조건에 부합된다 → 오픈미팅에 초대한다 → 관심이 없다 → 기회를 보아 다시 한 번 접근한다

4) 인터뷰 접근 → 프로스펙터가 조건에 부합되지 않는다 → 기회를 보아 다

시 한 번 접근한다

오픈미팅은 안면은 있지만 당신과 그다지 신뢰관계가 없는 프로스펙터를 두 단계를 더 두고 최종적으로 홈 미팅에 초대하는 데 있어서 가장 적절한 수단입니다. 만약 당신이 첫 번째 서클에 해당되는 모든 사람들을 이미 홈 미팅에 초대했기 때문에 다음의 홈 미팅에 충분한 인원이 모이지 않을 것 같다면 일주일 동안 여러 차례 오픈미팅을 가져 홈 미팅에 참석할 프로스펙터를 찾아보십시오.

분명 당신이 생각하는 것 이상으로 참석하려는 사람을 많이 발견할 수 있을 것입니다.

제2단계 – 폰 스크립트

폰 스크립트란 무엇인가?

폰 스크립트란 '전화를 이용하여 프로스펙터에게 접근할 때 사용하는 전화 대화의 예문을 적은 대본'을 말합니다. 그리고 프로스펙터로부터 미팅에 참석하겠다는 약속을 받아내기 위해 전화로 접근할 때에는 미리 준비된 '폰 스크립트'를 활용하는 것이 기본입니다. 그러므로 약속을 하는 두 번째 단계는 '폰 스크립트'를 외우고 충분히 연습하는 것입니다.

그러면 폰 스크립트는 전화로 약속할 때 이외에는 사용할 수 없는 것일까요? 그 대답은 '아니오' 입니다. 대화 예문이 들어있는 폰 스크립트는 전화로 접근할 때에 한정된 것이 아니라, 내용을 조금만 바꾸면 프로스펙터를 직접 만나서 접근할 때에도 활용할 수 있습니다.

폰 스크립트는 프로스펙터에게 필요 이상의 정보를 주지 않고 요점만 질문하여 어떤 프로스펙터가 당신이 찾고 있는 조건에 부합되는지를 알아냄과 동시에 상대방의 호기심을 이끌어낼 목적으로 만들어진 것입니다. 그리고 두 번째 목적은 조건에 부합된 사람들을 가능한 한 선입견 없는 상태로 미팅에 초대하여 최대한 많은 사람들에게 이 사업기회를 부여하기 위한 것입니다. 따라서 폰 스크립트에는 사업내용이나 마케팅 플랜에 대한 설명도 없고 회사의 이름을 상대방에게 말해 주는 부분도 없습니다.

물론 처음에는 폰 스크립트를 사용하는 것이 매우 부자연스럽고 또한 '왜 그것을 사용해야 하는지' 이해하지 못할 수도 있습니다. 하지만 그 당시에는 왜 폰 스크립트를 사용해야 하는지 이해되지 않더라도 당신은 회사의 시스템을 100% 신뢰하고 폰 스크립트를 사용하여 접근해야만 합니다.

폰 스크립트를 사용한 경우와 사용하지 않은 경우

아무리 프로스펙터가 현재의 생활에 불만이 있고 '반드시 성공하겠다' 는 야망을 갖고 있더라도 혹은 아무리 프로스펙터가 다른 사람의 의견을 잘 듣는 겸허함을 갖고 있더라도 그리고 아무리 프로스펙터가 부수입을 얻는 일에 관심을 갖고 있더라도 그가 사람인 이상, 그를 미팅에 초대했을 때 '노'라는 대답밖에 할 수 없는 나쁜 타이밍이라는 것이 있습니다.

예를 들어 당신이 그 사람에게 전화를 건 시점이 한창 부부싸움을 하고 있는 중이라거나 아파서 누워있을 때 혹은 일에 지쳐 아무 것도 하고 싶지 않을 때나 자녀들의 공부를 봐 주느라 바쁠 때처럼 프로스펙터에게는 여러 가지 좋지 않은 시기와 상황이 있는 것입니다.

만약 당신이 이러한 상황을 무시하고 명단에 올려 있는 프로스펙터에게 닥치는 대로 전화를 걸어(전화로 접근하여) 다짜고짜 "ㅇㅇ의 설명회(미팅)를 할 계획인데 참석하세요."라고 회사 이름을 말하면서 접근하거나 전화로 사업설명을 해 버린다면, 당신은 분명 미팅에 참석하는 프로스펙터의 숫자를 보고 크게 실망할 것입니다.

또한 접근할 때 회사 이름을 말했거나 사업설명을 했을 경우, 시기가 좋지 않아 첫 번째 미팅에 참석하지 못했던 프로스펙터들을 두 번째 미팅에 초대하는 것이 결코 간단하지 않을 것입니다. 왜냐하면 처음 접근할 때 당신으로부터 얻은 정보를 근거로 프로스펙터가 자기 나름대로 사업을 판단해 버릴 수 있기 때문입니다. 또는 전에 들었던 소문이나 주변 사람들로부터 그 사업에 관해 전해들은 이야기를 자기 마음대로 판단할 수도 있습니다.

반면, 폰 스크립트를 이용하여 프로스펙터에게 접근하면 시기가 좋지 않아 첫 번째 미팅에 참석하지 못했던 프로스펙터라도 기회를 보아 다른 미팅에 초대할 수 있습니다. 따라서 폰 스크립트를 이용하면 미팅에 참석하는 프로스펙터의 수를 최대로 늘릴 수 있습니다.

왜 폰 스크립트에서 회사 이름을 말하지 않는가?

폰 스크립트의 예문에서 볼 수 있듯이 그 속에는 회사 이름을 언급하는 부분이 없습니다. 그 이유는 만약 당신이 당신의 친구들에게 전화로 접근해서 미팅에 참석하도록 약속을 할 때, "이번 주 일요일에 ○○의 설명회(미팅)를 할 계획인데 참석해 보지 않을래?"라고 말한다면, 대부분의 친구들은 "아! ○○ 말이지? 근데 그거 시대에 뒤떨어진 거 아냐?"라든가 "비타민제를 말하는구나? 우리 옆집에 살던 사람도 그거 했었거든. 그래서 내가 많이 팔아줬었지"라고 말할 것입니다.

특히 사업을 시작한 지 10년이 넘은 회사일 경우에는 대부분의 사람들이 그 회사의 이름을 소문으로라도 들어본 적이 있을 것이고 전에 그 사업을 했던 사람 혹은 지금 그 사업을 하고 있는 사람을 적어도 한 사람쯤은 알고 있을 것입니다.

사람들은 보통 네트워크 마케팅을 하나의 사업으로 보는 것이 아니라, 전에 그 사업을 했던 사람이나 지금 그 사업을 하는 사람으로부터 받는 이미지로 평가합니다. 그리고 회사 이름을 처음 듣는 사람에게 있어서는 바로 자기 자신 앞에서 미팅에 참석하도록 약속을 잡으려는 사람이 그 사업 자체로 보이게 마련입니다.

따라서 만약 약속을 잡으려는 사람이 별로 신용이 없는 사람이라면 그 사업에 대해 소극적인 이미지를 갖게 될 것이고, 설명해 주는 사람이 신뢰할 수 있는 사람이라면 그 사업에 대해 적극적인 이미지를 갖게 되는 것입니다. 이처럼 사람들이 사업에 대해 갖고 있는 이미지는 그들과 가장 가까운 사업자를 보는 것에 의해 그리고 그 사람이 소문으로 들은 것에 의해 형성되는 경우가 많습니다.

예를 들어 당신이 접근한 A의 주변에서 동일한 사업을 하고 있는 가정주부가 한 명 있다고 가정해 봅시다.

그녀가 일주일에 한 번씩 이웃에 사는 주부들을 모아 놓고 피부클리닉을 한다면, 사업에 대한 A의 이미지는 '가정주부가 다른 주부들을 모아 놓고 피부클리닉을 하는 사업'이 될 가능성이 높습니다.(이것은 어디까지나 화장품을 취급하는 네트워크 마케팅 회사를 상정해 놓고 한 이야기입니다)

혹은 A와 가깝게 지내는 사람 중에 네트워크 마케팅을 하고 있는 사람이 크게 성공하여 전 세계에 그룹을 갖고 있고 사업차 외국에 자주 나간다면 그는 이 사업에 대해 '국제적인 사업'이라는 이미지를 갖게 될 가능성이 높습니다.

이처럼 네트워크 마케팅에 대한 사람들의 이미지는 그 사업을 하고 있는 사업자를 지켜본 결과에 의해 혹은 그 사람에 대한 소문에 의해 형성

됩니다. 하지만 문제는 일반 사람들이 이 사업을 처음 접하거나 소문으로 들은 사업자가 그 사업에서 아직 성공하지 못한 사람들일 가능성이 압도적으로 높다는 사실입니다.

아쉽게도 일반 사람들은 그러한 사업자를 몇 명 보고 난 후, 그것이 네트워크 마케팅의 전부라고 생각해 버립니다. 그러므로 프로스펙터에게 접근할 때, 상대방이 묻지도 않았는데 자신이 먼저 적극적으로 회사 이름을 말하는 것은 좋은 결과를 산출할 수 없습니다.

물론 국내에 들어온 지 얼마 되지 않아 아직 지명도가 낮은 기업이라면 "○○ 해보지 않을래?"라든가 "○○라고 들어 봤어?"라고 처음부터 회사 이름을 말하면서 접근할 수 있을 것입니다.

그것은 아직 들어오기 전이거나 이제 막 들어온 기업이 갖는 최대의 특권이므로 그 특권을 최대한으로 활용해야 할 것입니다. 하지만 시간이 지나면 좋은 의미로든 나쁜 의미로든 지명도가 높아지게 되고 그렇게 되면 그 방법은 더 이상 통용되지 않는다는 것을 반드시 기억해야 합니다.

당신이 적극적으로 회사 이름을 말하지 않는 이유는 사람들을 속여 미팅에 초대하고 또한 정체도 없는 사업을 시키기 위함이 아닙니다. 다만, 프로스펙터가 아무런 선입견이 없는 상태로 미팅에 참석하여 적어도 한 번쯤은 완전한 사업설명을 듣고 사업을 할 것인지의 여부를 스스로 판단하도록 하기 위해서입니다.

물론 어떤 사업자는 '우리 회사는 신뢰할 수 있고 내 친구들은 다른 사람들과 다르니까 처음부터 회사 이름을 말해도 괜찮을 거야'라고 생각할지도 모릅니다.

하지만 당신의 친구들 중에서 몇 사람이나 그 회사의 규모에 대해 알고 있습니까? 아마 한 사람도 없을 것입니다. 몇 명의 친구들이 당신 회사의 기업이념을 이해하고 있습니까? 아마 거의 없을 것입니다. 몇 명이 당신 회사가 전 세계에 자회사를 갖고 있고 전 세계적으로 사업을 전개하고 있는 글로벌 기업이라는 사실을 알고 있습니까? 아마 그다지 많지는 않을 것입니다.

당신은 당신의 회사가 대단히 훌륭한 회사라는 사실을 알고 있지만, 보통 사람들은 당신의 회사에 대해 전혀 모르고 있습니다. 따라서 폰 스크립트의 대화 예문에는 회사 이름을 말하는 부분이 전혀 없는 것입니다.

약속을 잡는 것은 상대방에게 달려 있다

폰 스크립트를 이용하여 프로스펙터에게 접근하기 전에 당신이 선택한 폰 스크립트의 대사를 자연스럽게 표현할 정도로 충분히 연습하십시오. 하지만 무엇보다 중요한 것은 폰 스크립트를 능숙하게 사용하기 위해 열심히 연습하는 것보다 비록 서툴더라도 실제로 실전에서 사용해 보는 것입니다.

네트워크 마케팅 사업은 접근을 하든 사업설명을 하든 그리고 그 무엇을 하든 능숙하게 할 수 있게 된 후에 실천하는 것이 아니라 실천하면서 능숙해지는 것이 기본이라는 사실을 잊어서는 안 됩니다.

그리고 프로스펙터로부터 약속을 받아낼 수 있을지 없을지의 여부는 당신이 폰 스크립트를 잘 사용할 수 있는지 없는지에 달린 것이 아니라, 상대방이 성공하고 싶다는 야망을 갖고 있는지 또한 조금이라도 부수입을 얻고 싶어하는지에 달려 있습니다. 다시 말해 당신이 프로스펙터와 약속을 잡을 수 있을지의 여부는 프로스펙터의 야망과 하고자 하는 의욕에 달린 것입니다.

그러면 전화로 약속을 잡기 위해 사용하는 폰 스크립트의 종류에 대하여 자세히 알아보기로 합시다.

전화로 접근할 때의 여섯 가지 포인트

'직접 접근법'과 '완충 접근법'에 사용되는 폰 스크립트는 그 표현에 있어서 약간 다릅니다. 여기에서는 프로스펙터를 직접 홈 미팅에 초대할 때 이용되는 '직접 접근법'의 폰 스크립트와 '완충 접근법'의 하나인 인터뷰 접근법에 초점을 맞춰 설명할 것입니다.

비디오테이프나 카세트테이프를 이용한 완충 접근법의 폰 스크립트는 이미 앞에서 살펴보았으므로 그것을 참조하기 바랍니다.

전화를 통해 프로스펙터에게 접근해서 좋은 결과를 얻으려면 폰 스크립트를 사용해서 대화를 전개해 나가는 것이 대단히 중요합니다. 지금부터 '폰 스크립트를 이용한 전화접근 방법'을 자세히 설명해 나갈 것입니다.

프로스펙터에게 전화로 접근할 때, 이용하는 폰 스크립트는 다음의 '여섯 가지 포인트'를 고려하며 대화를 전개해 나가도록 만들어져 있습니다.

첫째, 처음부터 시간제한을 둔다.
둘째, 상대방을 칭찬하고 인사말을 건넨다.
셋째, 전화를 건 이유를 설명한다.
넷째, 상대방이 당신이 찾고 있는 조건에 부합되는지를 판단한다.
다섯째, 상대방이 갖고 있는 불안과 염려를 제거한다.
여섯째, 마무리하는 것을 잊지 않는다. 즉, 끝으로 미팅에 참석하겠다는 혹은 만나겠다는 약속을 한다.

첫 번째 포인트 → 전화로 프로스펙터에게 접근할 때의 '첫 번째 포인트'는 처음부터 시간제한을 두는 것입니다. 다시 말해 폰 스크립트대로 "안녕하세요? 그런데 오늘은 이야기할 시간이 별로 없거든요. 그러니까 제가 왜 ㅇㅇㅇ씨께 전화를 드렸는지 그 이유만 좀 들어보세요."라고 말하는 것입니다. 처음부터 이야기할 시간이 조금밖에 없다는 사실을 상대방에게 전달하는 것은 대단히 중요합니다. 만일 그렇게 하지 않는다면 대화가 길어질 가능성이 높기 때문입니다. 20~30분이나 이런저런 잡담을 늘어놓다가 "그러면 이제 왜 전화를 했는지 말할게요."라고 한다면, 상대방은 "뭐예요. 다른 일로 전화했단 말예요? 그러면 처음부터 그렇다고 말할 일이지…"라고 하면서 불쾌하게 여길 지도 모릅니다.

또한 처음부터 "오늘은 이야기할 시간이 별로 없긴 하지만…"이라고 말하지 않는다면, 프로스펙터로부터 답변하기 어려운 질문을 받았을 때 곤경에서 벗어날 구실이 없어지게 됩니다. 미리 시간이 없다는 말을 하지 않은 상태에서 예를 들어 프로스펙터가 "어떤 사업인지 설명해 주세요."라든가 "좀더 자세히 설명해주었으면 하는데요."라고 했을 때, "죄송해요. 오늘은 설명해 드릴 시간이 별로 없네요."라고 말한다면 상대방은 당신이 뭔가를 숨기고 있다고 오해할 지도 모릅니다.

이처럼 처음부터 대화할 시간에 제한을 두지 않는다면, 설명하기 곤란한 질문을 받았을 때, 상대방으로부터 오해를 사는 일 없이 대화를 끝내기가 어렵게 됩니다. 하지만 폰 스크립트대로 처음부터 시간제한을 해놓으면, "ㅇㅇㅇ씨에게 꼭 보여드리고 싶은 자료도 있고 해서 전화로는 도저히 설명해 드릴 수가 없네요. 그리고 더 늦기 전에 다른 사람들에게도 전화를 할 예정이었거든요"와 같은 식으로 시간이 없어서 오늘은 전화로 자세히 설명할 수 없다고 말할 수가 있습니다.

두 번째 포인트 → 전화로 접근할 때의 '두 번째 포인트'는 반드시 상대방을 칭찬해 주고 인사말을 건네는 것입니다. 특히 그다지 안면이 있지 않은 사람이나 단지 몇 번밖에 만난 적이 없는 프로스펙터에게 접근할 때에는, 먼저 시간제한을 둔 다음 '상대방을 칭찬하는 것'을 잊어서는 안 됩니다.

예를 들어 백화점에서 일하는 사람에게 접근할 때, "며칠 전에 ㅇㅇㅇ 씨가 근무하는 백화점에 갔었는데요, ㅇㅇㅇ씨가 손님을 대하는 방식을 보고 느낀 바가 많았어요"라든가 "정말 멋진 백화점이네요"와 같은 식으로 본론으로 들어가기 전에 상대방을 칭찬하는 것이 정말로 중요합니다. 왜냐하면 칭찬을 듣고 기분 나빠할 사람은 아무도 없기 때문입니다.

세 번째 포인트 → 전화로 접근할 때의 '세 번째 포인트'는 서서히 "지금 마케팅 사업을 하고 있는데, 사업확장을 위해 리더가 되어주실 분들을 찾고 있습니다"라고 전화한 이유를 설명하는 것입니다.

네 번째 포인트 → 전화로 접근할 때의 '네 번째 포인트'는 상대방이 당신이 찾고 있는 프로스펙터의 조건에 부합되는지를 판단하는 것입니다. 폰 스크립트대로 다음과 같은 질문을 한다면 쉽게 확인할 수 있습니다.

"시간적으로나 수입 면으로 볼 때, 만족할 만한 조건이라면 지금 얻고 있는 수입 외에 더 많은 수입을 얻고 싶지 않습니까?"

그리고 프로스펙터가 어떤 대답을 하든 다섯 번째 단계로 나아갑니다. 절대로 여기에서 멈춰서는 안 됩니다.

다섯 번째 포인트 → '다섯 번째 포인트'는 '상대방이 갖고 있는 불안과 염려를 제거하는 것'입니다. 이것이 왜 중요한 것일까요? 왜냐하면 처음부터 프로스펙터에게 너무 많은 기대를 걸면 많은 프로스펙터들은 '한 번이라도 미팅에 참석하면 나중에는 거절하지 못해서 별로 하고 싶지도 않은 일을 강제로 하게 되는 것은 아닐까?' 하는 염려를 하게 되기 때문입니다. 또는 '미팅 장소에서 뭔가 비싼 물건을 구입하게 하는 것은 아닐까' 하는 걱정이 생길지도 모릅니다. 따라서 애초에 미팅에 참석하지 않는 것이 안전하다고 여기는 프로스펙터들도 적지 않습니다.

그러므로 "○○○씨가 이 사업을 할 수 있을지 어떨지도 모르고 우리가 함께 일을 할 수 있을지도 보증할 수 없습니다"라고 '간접적으로' 당신이 상대방에게 큰 기대를 걸고 있지 않다는 것을 알게 하는 것은 중요한 일입니다. 그러면 상대방도 마음 편하게 미팅에 참석할 수 있을 것입니다.

예를 들어 학교 선생님이나 부모님이 "너라면 분명히 잘할 수 있을 거야"라는 기대를 갖고 있다고 가정해 봅시다. 물론 보통 학생이라면 자신에게 기대를 갖는 것이 기쁘고 또 한편으로는 선생님이나 부모님의 뜻을 저버려서는 안 되겠다는 의무감을 갖게 될 것입니다. 그것은 상대방의 기대를 본인이 잘 알고 있고 더불어 자신이 무엇을 해야 하는지도 알고 있기 때문입니다.

하지만 사업내용에 대해 제대로 알지도 못하는데 많은 기대를 받게 되면 그 부담감 때문에 미팅에 참석하는 것을 꺼리게 됩니다. 그리고 만약 참석한다 할지라도 마음속으로 '뭐가 뭔지도 모르는 일을 하게 되는 것은 아닐까?', '뭔가 이상한 물건을 사라고 하는 것은 아닐까?' 라는 생각을 갖게 될지도 모릅니다.

그러한 상태에서는 아무리 훌륭하게 사업설명을 할지라도 상대방에게 그것을 커다란 기회로 받아들일 수 있는 마음의 여유가 전혀 없을 것입니다.

그러므로 다음과 같이 스크립트대로 말함으로써 상대방이 갖고 있는 불안이나 염려를 제거해 주어야 합니다. 그래야만 상대방이 마음 편하게 미팅에 참석할 수 있을 것입니다.

"○○○씨. 솔직히 말해 저는 ○○○씨께서 이 사업을 할 자격이 있는지 어떤지도 모르고 저희가 함께 일할 수 있다는 보증도 없습니다. 하지만 ○○○씨께 꼭 보여드리고 싶은 자료가 있습니다. 한 번 만나서 저희가 어떠한 사업을 하고 있는지 수치를 사용해서 자세히 설명해 드리고자 합니다. 그러면 이 사업이 갖고 있는 커다란 가능성을 알게 되리라 확신합니다."

이처럼 미팅에 참석하거나 사업설명을 듣더라도 어떠한 의무나 강제성이 없다는 것을 그리고 마음에 들지 않으면 거절해도 상관없다는 것을 간접적으로 상대방에게 이해시켜야 합니다. 그런데 많은 사람들이 이러한 사실을 잊거나 간과하는 경향이 있습니다. 하지만 이것은 대단히 중요한 사항입니다.

제3단계 - 약속을 한다

약속을 하는 과정

이제 프로스펙터로부터 미팅에 참석하겠다는 약속을 받아내는 과정을, 기업에서 신입사원을 채용할 때 취하는 과정과 연관지어 설명하겠습니다.

약속을 하는 과정의 첫 번째 단계는 '접근'입니다. 이것을 일반기업이 신입사원을 채용하는 과정에 비유하면 응모자의 이력서를 보고 누가 제1차 면접시험에 응시할 수 있는지를 정하는 '서류심사'에 해당합니다. 응모자가 기업이 원하는 조건에 부합된다면 다음 단계인 면접시험을 볼 수 있는 것이고, 부합되지 않는다면 아쉽게도 다음 기회로 미뤄지게 되는 것입니다.

네트워크 마케팅에서의 서류심사는 전화로 간단한 구두질문을 해서 프로스펙터가 질문에 어떻게 대답하는가에 따라 조건에 부합되는지 아닌지를 판단합니다. 이때, 구두질문의 역할을 하는 것이 바로 '폰 스크립트'입니다. 그리고 약속을 하는 과정은 서류심사를 통과한 응모자 중에서 누가 '면접시험'을 볼 수 있을지를 정하는 역할을 합니다.

흔히 면접시험에서는 기업의 특징이나 기업이 수익을 올리고 있는 방법, 취급하는 제품, 앞으로 해야 할 일의 내용에 대한 간단한 설명이 포함됩니다.

물론 네트워크 마케팅에서는 이것이 프로스펙터를 미팅에 초대하여 사업설명을 하는 것에 해당됩니다.

기업에서 신입사원을 채용하는 모든 과정은 기업이 주체가 되어 이루어지며, 누구를 채용하고 채용하지 않을 것인지에 대한 최종 결정권은 기업 측에 있습니다. 하지만 네트워크 마케팅에서 누가 사업자가 될 수 있을 것인지에 관한 최종 결정권은 프로스펙터 자신에게 있으며 그 사람의 야망과 하고자 하는 의욕에 의해 좌우됩니다. 물론 프로스펙터의 야망과 하고자 하는 의욕을 당신이 마음대로 조절할 수는 없습니다.

약속을 할 때, 피해야 할 점과 그 이유

약속을 할 때, 주의해야 할 것은 자신이 먼저 적극적으로 회사의 이름을 말하지 않아야 한다는 것과 절대로 전화상으로 사업설명을 하려고 해서는 안 된다는 점입니다.

물론 어떤 사람은 '내 친구들은 다른 사람들과 차원이 달라. 그리고 친구들을 속이고 싶지는 않아. 처음부터 회사 이름을 말해도 괜찮을 거야' 라거나 '내 친구들은 나에게 아주 특별한 사람들이고 다른 사람과 다르니까 전화로 사업에 대해 설명해 줘야지' 라고 생각할지도 모릅니다.

그렇다면 당신의 친구들은 그들의 또 다른 친구들에 대해 어떻게 생각할까요? 또한 당신의 친구들의 친구들은 그들의 또 다른 친구들에 대해 어떻게 여기고 있을까요? 그리고 당신의 친구들의 친구들의 친구들은 그들의 또 다른 친구들에 대해 어떠한 생각을 갖고 있을까요? 당신의 친구들의 친구들의 친구들의 친구들도 또 다른 친구들에 대해 '내 친구들은 다른 사람과 달라' 라고 생각하고 있을까요? 당신이 '내 친구들은 특별해' 라고 생각하여 폰 스크립트를 이용하지 않고 접근한다면 당신이 스폰서 한 사람들도 '내 친구들은 특별하니까' 라고 생각하여 당신과 마찬가지로 폰 스크립트를 이용하지 않을 것입니다.

그런 일이 계속 반복된다면, 아마도 당신의 그룹에서는 단 한 사람도 폰 스크립트를 이용해서 접근하지 않을 것입니다.

당신이 하고 있는 모든 일은 크고 작음의 차이나 빠르고 늦음의 차이만 있을 뿐, 당신의 하위 라인에서도 그대로 똑같이 반복됩니다. 따라서 당신이 예외를 만들어 폰 스크립트를 이용하지 않고 프로스펙터에게 접근한다면 당신의 하위 라인 역시 폰 스크립트를 이용하지 않고 마음 내키는 대로 말하면서 접근할 것입니다.

감자를 심어놓고 거기에서 토마토를 수확할 수 있는 사람은 아무도 없습니다.

당연한 일이지만, 전화로 접근할 때 폰 스크립트를 사용하는 것은 가족이나 친구들을 속여 미팅에 참석하게 하고 억지로 사업자로 등록하도록 만들려는 것이 아닙니다.

그러면 왜 폰 스크립트를 이용해서 접근해야만 하는 것일까요?

그것은 바로 주변 사람들로부터 좋지 않은 소문을 들어 네트워크 마케팅에 대한 오해를 품은 결과, 평생에 한 번 올까 말까한 이 사업기회를 놓쳐버리는 사람이 단 한 명도 나오지 않도록 하려는 것이 네트워크 마케팅 사업자의 사명이기 때문입니다.

또한 네트워크 마케팅 사업에서는 프로스펙터에게 대량의 정보를 한 번에 다 주는 것이 아니라, 시기를 잘 선택하여 상대방의 수준에 맞춰 단계적으로 정보를 주는 것이 좋은 결과를 산출하게 된다는 사실이 증명되었기 때문입니다. 그리고 회사의 이름은 적절한 장소에서 사업이야기를 꺼낼 만한 분위기가 형성되었을 때, 알려주는 것이 적절하기 때문에 전화상으로 알리지 말라고 하는 것입니다.

약속을 하는 최종적인 목표를 인식한다

당신이 폰 스크립트를 이용하여 아무리 완벽하게 접근하더라도 명단에 들어있는 모든 사람들이 미팅에 참석하는 것은 아닙니다. 그리고 미팅에 참석한 모든 사람들을 스폰서 할 수 있는 것도 아닙니다. 사업자 중에는 명단에 10명을 올려놓고 그들에게 전화한 결과 6명이 미팅에 참석했고 결국 2명밖에 스폰서하지 못했다고 울상을 짓는 사람도 있는데, 평균적인 스폰서 비율은 대개 그 정도입니다. 프로스펙터들은 흔히 미팅에 참석함으로써 야구중계 방송을 못 보게 되는 것을 원치 않습니다.

그러므로 가능한 한 많은 사람들을 명단에 올려야 합니다. 예를 들어 150명 정도의 명단을 만들고 빠른 시일 내에 그들 모두에게 접근한다면

50~60명은 미팅에 참석할 것입니다. 그리고 그 중에서 적어도 10~20명을 스폰서 할 수 있을 것입니다.

약속을 잡는 목적은 가능한 한, 6개월 이내에 10~20명의 사람들을 스폰서하기 위해서입니다. 왜냐하면 '최종목표는 최대한 빠른 시일 안에 세 명의 그룹 리더를 찾아내는 것' 이기 때문입니다.

미팅 날짜는 두 개를 준비해 둔다

명단을 만들더라도 직접 만나거나 전화로 접근해서 프로스펙터가 미팅에 참석하도록 하지 않는다면, 아무런 결과도 얻을 수 없습니다. 따라서 대화의 마지막에 해당하는 단계는 프로스펙터로부터 미팅에 참석하겠다는 약속을 받아내는 것입니다. 그리고 프로스펙터로부터 약속을 받아낼 때에는 공손한 태도로 아래와 같이 질문해야 합니다. 하지만 그와 동시에 프로스펙터가 미팅에 참석하더라도 아무런 강제성이 없고 관심이 없으면 언제든 거절할 수 있다는 점을 명확히 해놓지 않으면 안 됩니다. 그렇게 하지 않는다면 많은 사람들이 '미팅에 참석하게 되면 결국 하고 싶지 않은 일을 억지로 하게 될 것' 이라는 생각을 갖게 되기 때문입니다.

"솔직히 말해 저는 ○○○씨께서 이 사업을 할 자격이 있는지의 여부도 모르고 있고 우리가 함께 사업을 할 수 있을지도 보증할 수 없습니다. 하지만 한 번 만나서 제가 갖고 있는 자료를 보신다면 이 사업이 ○○○

씨에게 제공하는 커다란 기회를 이해할 수 있을 거라 생각합니다. 저는 이번 주 ㅁ요일이나 ㅁ요일 오후 △시가 비어 있는데, ㅇㅇㅇ씨께서는 언제가 편하시겠습니까?"

초대하려는 미팅 날짜는 반드시 두 개를 준비하도록 하십시오. 미팅 날짜가 하나밖에 없으면 대부분의 사람들은 일 때문에 바쁘거나 다른 여러 가지 이유를 대면서 거절할 수도 있지만, 두 개 중에서 하나를 선택하라고 하면 둘 다 거절할 수는 없을 것이기 때문입니다.

전화로 해서는 안 되는 것

전화로 프로스펙터에게 접근하여 미팅에 초대하는 약속을 잡을 때, 절대로 해서는 안 되는 것들을 다시 한 번 정리해 보았습니다.

① 상대방이 묻지도 않았는데 자신이 먼저 적극적으로 회사 이름을 말하지 않을 것. 회사명을 말할 시기와 분위기를 고려할 것.
② 절대로 전화로는 사업내용을 설명하지 않을 것.
③ 프로스펙터를 설득하려고 하지 않을 것.
④ 프로스펙터를 속이거나 강요하거나 억지로 미팅에 데려가려 하지 않을 것. 정보를 제공하고 상대방이 판단하게 할 것.
⑤ 이 커다란 기회를 싸구려로 만들지 않을 것.

① 상대방이 묻지도 않았는데 자신이 먼저 적극적으로 회사 이름을 말할 필요는 없습니다. 회사 이름을 말하는 데에는 그에 어울리는 장소와 시기가 있는 것입니다. 즉, 회사 이름을 공개하는 것은 미팅 장소에서 참석자가 어느 정도 네트워크 마케팅을 이해한 시점에서 말해야 할 것입니다.

물론 아직 국내에 들어오지 않았거나 들어온 지 불과 수년밖에 지나지 않은 회사인 경우에는 처음부터 회사 이름을 알려줄 필요가 있습니다. 이것은 새롭게 국내에 들어올 혹은 이제 막 들어온 회사만이 갖고 있는 특권이므로 충분히 활용하도록 하십시오. 하지만 해가 거듭될수록 지명도가 점점 높아지면 방법을 달리 해야 할 것입니다.

만약 당신이 아직 국내에 들어오지 않은 회사나 들어온 지 불과 여러 해밖에 지나지 않은 회사의 사업자가 된 경우, 앞으로 당신이 접근을 시도할 때 자랑스럽게 회사 이름을 말할 수 있을지의 여부는 당신을 포함하여 사업에 관여하고 있는 사업자 한 사람 한 사람이 취하는 행동에 따라 달라집니다. 다시 말해 당신 회사의 윤리규정과 행동기준을 잘 지키면서 사업을 전개하여 올바른 이미지를 심어주어야 하는 것입니다.

② 절대로 전화로 사업에 대해 설명해서는 안 됩니다. 그리고 전화로는 사업을 설명할 수도 없습니다. 만약 설명을 하더라도 어중간한 설명이 되어 버리고 결국에는 오해의 근원이 됩니다. 사업에 대한 설명은 홈 미팅에 참석해서 비디오, 자료, 차트 등을 보여 주면서 해야 합니다. 이것

은 국내에 들어온 지 오래 되어 지명도가 높은 회사이든 이제 막 들어온 회사이든 아니면 아직 국내에 들어오지 않은 회사이든 관계없이 동일하게 적용됩니다.

③ 프로스펙터를 설득하려고 해서는 안 됩니다. 상대방은 어떤 것이든 자신의 생각이 옳다고 생각합니다. 설령 당신이 볼 때, 상대방이 확실히 틀린 생각을 갖고 있다 하더라도 절대로 잘못을 지적하거나 설득하려 해서는 안 됩니다.

④ 프로스펙터를 속이거나 강요하거나 억지로 미팅에 데려가려고 하지 않아야 합니다. 이를테면 '미팅에 참석하지 않으면 다시는 거래하지 않을 거예요', '미팅에 참석하지 않으면 그땐 결별이에요' 라고 하면서 강요하거나 '함께 술 한 잔 할까요?' 혹은 '이번 주 일요일에 파티를 열 계획인데 참석하지 않을래요?' 라고 다른 이유를 대면서 프로스펙터를 미팅에 초대해서는 안 됩니다.

프로스펙터를 속이거나 강요해서 억지로 참석시킨다 하더라도 나중에 그것이 사업설명회라는 사실을 알게 되면 상대방은 당신에게 속은 느낌을 받을 것이고 평생에 한 번 있을까 말까한 이 소중한 기회를 있는 그대로 받아들일 수 없게 되는 것입니다.

어떤 사람은 처음부터 회사 이름을 말하지 않고 프로스펙터를 미팅에 초대하는 것을 두고 프로스펙터를 속이는 것이 아니냐는 의문을 가질 수도 있습니다.

　물론 예를 들어 프로스펙터로부터 "혹시 ㅇㅇ회사에 관한 이야기입니까?"라는 질문을 받았을 때 "아니요. ㅇㅇ회사에 대한 이야기가 아닙니다."라고 말한다면 프로스펙터를 속이는 것이 될 것입니다. 하지만 상대방이 "혹시 ㅇㅇ회사에 관한 이야기입니까?"라고 질문하지도 않았는데 당신 스스로 회사의 이름을 꺼낼 필요는 없다는 것입니다.

　⑤ 이 커다란 기회를 싸구려로 취급해서는 안 됩니다. 프로스펙터에게 '무슨 일이 있어도 꼭 와주십시오. 제 평생의 소원입니다' 라거나 '서울에서 강사가 오셔서 사업에 대해 설명해 주실 예정인데 참석할 사람이 없어서 애를 먹고 있거든요. 이번 한 번만 참석해 주십시오. 부탁 좀 드리겠습니다' 와 같이 애걸복걸하면서 미팅에 참석해 달라고 해서는 안 됩니다.

　지금까지 전화로 접근해서 프로스펙터를 미팅에 초대할 때, 해서는 안 될 것들을 적어 보았습니다. 위에서 지적한 것들은 폰 스크립트를 이용해서 프로스펙터에게 접근하면 미연에 방지할 수 있는 것들입니다. 그리고 바로 그러한 목적으로 폰 스크립트가 만들어진 것입니다.

폰 스크립트 (전화 대화의 사례 – 실용편)

전화로 약속할 때의 여섯 가지 포인트

실전에서 사용하는 폰 스크립트는 당신과 프로스펙터와의 신뢰관계 그리고 프로스펙터를 홈 미팅에 초대할 것인지 아니면 오픈미팅에 초대할 것인지에 따라 조금씩 달라집니다. 하지만 어떠한 폰 스크립트이든 다음의 여섯 가지 포인트를 기본으로 하여 만들어진다는 것은 앞에서 설명한 그대로입니다.

지금부터 여섯 가지 포인트를 대화의 실제 사례를 들면서 하나하나 설명해 나가도록 하겠습니다.

⑴ 처음부터 시간제한을 두고 필요 이상으로 긴 통화를 하지 않도록 한다.

"오늘은 이야기할 시간이 별로 없긴 하지만, ○○○씨께 꼭 들려드리고 싶은 (알려드리고 싶은) 것이 있어서 이렇게 전화를 드렸습니다."

⑵ 상대방을 칭찬한다. 그리고 상대방이 당신에게 뭔가를 해주었다면 그에 대한 인사말을 건넨다.

"지난번에 ㅁㅁ에서 만났을 때는 참 고마웠습니다.", "며칠 전에 일부러 초대해 주셔서 감사했습니다."라고 반드시 인사말을 한다. 또한 식사에 초대를 받았다면, 그에 대한 인사로서 식사가 매우 맛있있다는 말을 한다. 자녀가 있을 때에는 자녀들의 행실이 훌륭하다고 칭찬한다. 만약 집에 초대를 받았다면 집이 대단히 좋다고 말한다. 어쨌든 아무리 사소한 것일지라도 상대방을 칭찬하고 인사말을 건네는 것이 중요하다.

(3) 전화를 건 이유를 설명한다.

"지난번에 만났을 때 말씀드렸는지 모르겠지만(알고 계시는지 모르겠지만), 저는 네트워크 마케팅 회사를 경영하고 있습니다. 지금 그 사업이 이 지역에서 급성장하고 있는데 저희는 사업을 확장시키기 위해 리더가 되어 줄 분들을 몇 사람 찾고 있습니다."

(4) 다음과 같이 질문해서 상대방이 당신이 찾고 있는 조건에 부합되는지(무엇을 갈망하고 있는지, 당신의 이야기를 들으려는 자세가 되어 있는지)를 판단한다.

"하나만 질문을 드리겠습니다. 만일 시간적으로나 수입 면으로 볼 때, 만족할 만한 조건이라면 지금 하고 있는 일 외에 더 많은 수입을 얻고 싶지 않습니까?"
상대방이 '네'라고 대답하든 '아니오'라고 대답하든 혹은 질문을 해 오든 다음 단계로 나아간다.

(5) 상대방의 걱정이나 불안을 제거한다. 계속 질문을 해서 대화의 주도권을 쥔다.

"사실대로 말씀드리면(솔직히 말씀드리자면), 저는 ○○○씨께서 이 사업을 할 수 있을지 어떤지도 모르고 저희가 함께 일할 수 있다는 보증도 전혀 없습니다. 하지만 ○○○씨께 꼭 보여드리고 싶은 자료가 있습니다. 한 번 만나서 설명을 들어보셨으면 합니다. 그렇게 하신다면 저희가 어떤 사업을 하고 있는지를 이해하실 수 있을 거라 생각합니다." 또는 "사실대로 말씀드리자면, ○○○씨에게 이 사업을 할 자격이 있는지 어떤지도 모르고 있고 아무런 보증도 없습니다. 하지만 한 번 만나서 제가 갖고 있는 자료를 보신다면 이 사업이 제공하고 있는 커다란 기회를 이해하실 수 있을 것입니다." 혹은 "솔직히 말씀드리자면, ○○○씨에게 이 사업을 할 자격이 있는지 어떤지도 모르고 있고 아무런 보증도 없습니다. 하지만 한 번 만나서 제가 갖고 있는 자료를 보신다면, 이 사업이 ○○○씨에게 맞는지 안 맞는지를 알 수 있을 것입니다."

(6) 끝으로 미팅에 참석할 날짜를 정한다(약속을 한다).
"이번 주 무슨 요일이 가장 좋으십니까? 저는 □요일과 □요일 오후 △시에 스케줄이 비어 있는데 어느 쪽이 더 편하시겠습니까?"
이때 반드시 두 개의 다른 날짜를 말하도록 하십시오. 사람들은 일반적으로 하나의 미팅을 거절할 수는 있어도 두 개의 미팅을 한 번에 거절할 수는 없기 때문입니다.

이제 홈 미팅에 직접 초대하는 '직접 접근법'에 사용되는 폰 스크립트와 '완충 접근법'의 하나인 인터뷰 접근법에 사용되는 폰 스크립트의 실례를 들어보도록 하겠습니다.

홈 미팅에 초대할 때 사용하는 폰 스크립트
('직접 접근법'에 사용하는 폰 스크립트)

'직접 접근법'은 주로 당신과 신뢰관계가 있는 사람들, 명단의 '첫 번째 사이클'에 속하는 사람들 중에서 형제, 자매, 가까운 친척과 같이 당신과 혈연관계가 있는 사람들 그리고 마음 속 얘기까지 할 수 있는 친구나 오랫동안 알고 지낸 이웃 등을 제외한 나머지 사람들을 직접 홈 미팅에 초대할 경우에 사용하는 접근법입니다. 이를테면 먼 친척, 얼굴 정도만 알고 지내는 회사 동료, 대화를 나눈 적이 없는 동호회 멤버, 그다지 왕래가 많지 않은 이웃 그리고 옛날의 학교 동창 등이 이 범주에 포함될 것입니다.

'직접 접근법'은 프로스펙터를 자신이 직접 만날 것인지 아니면 전화를 이용해서 접근할 것인지에 의해 다시 둘로 나뉩니다. 어떤 경우이든 원칙적으로 미리 정해진 폰 스크립트(예문을 적어 놓은 대본)를 사용해서 프로스펙터에게 접근합니다.

하지만 당신을 개인적으로 잘 알고 있는 사람들, 예를 들어 여러분과 혈연관계가 있는 부모, 형제, 자매, 삼촌, 숙모, 그밖에 가까운 친척들, 마음 속 얘기까지 터놓고 할 수 있는 친한 친구 그리고 오랫동안 알고 지낸 이웃 사람들에게 폰 스크립트를 사용해서 접근하는 것은 부자연스럽기 때문에 다음과 같은 요령으로 접근합니다.

우선 "이번 주 토요일 밤에 다른 계획 있어요?"라고 상대방의 계획을 물어보고 만일 그 사람에게 다른 계획이 없다면, "이번 주 토요일 7시에 저희 집에서 네트워크 마케팅 설명회를 할 건데 참석해 보세요."라거나 "재미있는 방법으로 부수입을 얻을 수 있는 방법을 친구들에게 알려주고 있는 중이야. 그 방법을 이번 주 토요일 7시부터 우리 집에서 설명할 건데, 한 번 와서 들어보지 않을래?"라고 말하는 것입니다.

하지만 당신이 아무리 그들과 친한 사이라 해도 "ㅇㅇ회사의 설명회를 할 건데 참석해 보세요."라는 식으로 그들을 홈 미팅에 초대해서는 안 됩니다. 당신과 친한 사이이든 그렇지 않든 회사 이름을 공개하는 데에는 그에 적절한 시기와 장소가 있기 때문입니다. 그리고 당신이 진정으로 위하는 사람들이 네트워크 마케팅의 커다란 사업기회를 꼭 잡기를 원한다면, 아무런 선입견 없는 상태에서 미팅에 참석하게 하지 않으면 안 됩니다.

그러면 당신과 어느 정도 신뢰관계는 있지만 마음 속 이야기까지는 할 수 없는 관계인 사람들, 즉 명단의 첫 번째 사이클에 속하는 먼 친척, 옛날 학교 동창, 그다지 많은 이야기를 나눈 적이 없는 동호회 멤버나 회사 동료와 같은 사람들을 직접 홈 미팅에 초대할 때 전화로 할 수 있는 폰 스크립트의 두 가지 예를 들어보도록 하겠습니다.

여기에서 제시하는 폰 스크립트는 자신의 성별, 연령 그리고 당신이 살고 있는 지방의 사투리에 맞춰 바꿔도 좋습니다. 하지만 절대로 잊지 말이야 할 것은 폰 스크립트를 사용할 때의 '여섯 가지 포인트'입니다.

(1) 대화 예 #1

> 대상 … 먼 친척, 옛날 학교 동창, 그다지 많은 이야기를 나눈 적이
> 없는 동호회 멤버나 회사 동료 등

→ 당신

"안녕하세요? 영희씨. 지난번에는 참으로 고마웠습니다. 그런데 오늘은 그다지 길게 통화할 수가 없네요. 그래서 우선 왜 전화를 드렸는지 그 이유부터 말씀드릴게요. 얼마 전에 저는 대단히 흥미 있는 방법으로 수입을 올릴 수 있는 사업기회에 대해 알게 되었답니다. 그래서 영희씨에게도 꼭 이 방법을 알려드리고 싶어 이렇게 전화를 드리게 된 거지요. 한 가지만 여쭤볼게요. 만일 시간적으로나 금전적으로 만족할 만한 조건이라면, 지금보다 더 많은 수입을 얻고 싶지 않으세요?"

→ 영희

어떤 내용의 사업인지 좀더 자세히 설명해 주셨으면 좋겠는데요.

→ 당신

"그러세요? 참 잘 되었네요. 마침 저희는 리더가 되어주실 분들을 서 너 분 정도 찾고 있었거든요. 이번 주 □요일에 여러 명의 후보자들을 저희 집에 초

대해서, 그 건에 관해 자세히 설명할 예정이에요. 솔직히 말해 영희씨가 이 사업을 할 수 있을지 어떨지도 모르고, 저희가 함께 일할 수 있다는 보증도 없어요. 하지만 영희씨도 꼭 참석하셔서 어떤 내용의 사업인지 한 번 보셨으면 해요. 이번 주 ㅁ요일 7시 30분에 저희 집에 오실 수 있나요?"

(→ 상대방이 참석하겠다고 동의한다)

"좋아요. 집이 협소하긴 하지만 영희씨가 앉을 자리는 제가 확보해 놓을 테니까 꼭 오세요. 그럼 이번 주 ㅁ요일 7시 30분에 만나도록 하지요. 기대하고 있을게요. 설명회는 정시에 시작할 거니까 10분전까지 오시면 됩니다. 오늘 정말 고마워요. 안녕히 계세요."

(2) 대화 예 #2

→ 당신

"안녕하세요? 영희씨. 지난번에는 여러 가지로 정말 고마웠습니다. 그런데 오늘은 그다지 길게 통화할 수가 없네요. 그래서 왜 전화를 드렸는지 그 이유만 좀 들어보셨으면 해요. 얼마 전에 저는 대단히 획기적인 방법으로 수입을 얻을 수 있는 사업이야기를 제 친구를 통해 듣게 되었어요. 그런데 그게 참 대단하더라고요. 그래서 영희씨에게도 꼭 이 방법을 일려드리고 싶어 이렇게 전화를 하게 되었어요. 제 친구는 전 세계 15개국에 자회사를 갖고 있는 국제적인 사업을 하고 있더군요. 작년도 총 매상이 1조원이었는데, 외국기업을 대상으로 한 소득 랭킹에서 IBM, 코카콜라에 이어 3위였다고 하네요. 그 친구 말에 의하면 지금 이 지역에서도 그 사업이 급성장하고 있다고 합니다. 그래서 한 가지만 여쭤보려고요. 만일 시간적으로나 금전적으로 만족할 만한 조건이라면, 지금 하시는 일에서 얻는 수입 이외에 더 많은 부수입을 올리고 싶지 않으세요?"

→ 영희

재미있을 것 같은데요. 좀더 자세히 설명해 주시지 않을래요?

→ 당신

"물론이죠. 마침 이번 주 ㅁ요일 △시에 저희 집에서 여러 명의 리더가 되어 주실 분들을 초대해서, 이 건에 대해 좀더 이야기를 나눌 예정이었어요. 그 미팅에 참석하신다면 영희씨가 갖고 있는 의문이나 질문에 대해 자료를 보면서 설명해 드리도록 하지요. 영희씨가 관심이 있는지 어떤지는 잘 모르겠지만, 한 번 오셔서 제가 말하는 것이 얼마나 큰 기회를 제공해 주는지 직접 확인해 보도록 하세요."

→ 영희

그런데 회사 이름이 뭐죠?

→ 당신

"저희가 하고 있는 주된 사업은 일상 생활용품의 유통과 관련된 사업입니다.

그런데 저희는 한 사람 한 사람이 독립된 사업주로서 누구에게 고용되어 있는 것이 아닙니다. 이번 주 □요일 7시 30분에 오실 때, 영희씨 친구들도 함께 데려오도록 하세요."

이 시점에서 당신이 결코 잊어서는 안 되는 것은, 당신이 당신을 신뢰하고 있는 사람들에게 전화로 접근하는 목적이 그들을 미팅에 초대하여 네트워크 마케팅의 진실을 알게 하려는 것이라는 점입니다. 그들을 뭔가 꺼림칙하고 정체 모를 사업에 끌어들여 당신이 돈을 벌려고 하는 것이 절대 아닙니다. 만약 그들이 여러 가지 질문을 해 올 경우에는 다음과 같이 대답하도록 하십시오.

→ 당신

"영희씨. 이 건에 대해서는 저를 한 번 믿어보세요. 저는 단지 영희씨에게 저희가 하는 사업이 어떤 것인지를 알려드리고 싶을 뿐입니다."

그리고 프로스펙터에게 전화하기 전에 항상 두 가지의 미팅 일정을 생각해 두십시오. 그렇게 한다면 만일 프로스펙터가 첫 번째로 말한 미팅에 참석할 수 없을 때, 곧바로 다음 미팅에 그 사람을 초대할 수 있기 때문입니다. 하나의 미팅에 초대하는 것보다 두 가지 미팅에 초대하면 프로스펙터가 미팅에 참석할 확률이 두 배로 많아집니다. 만약 프로스펙터가 어느 쪽 미팅에도 참석할 수 없을 때에는 기회를 보아 다른 미팅에 다시 한 번 초대하든지 아니면 업 라인에게 부탁해서 '일대일 미팅'을 해달라고 하십시오.

당신이 프로스펙터에게 전화를 걸 때, 중요한 것은 상대방에게 사업에 대한 당신의 열정이 전달될 수 있도록 대화하지 않으면 안 된다는 것입니다. 그렇게 하기 위해 말하는 템포도 평소보다 좀더 빨리 하고 목소리도 한 옥타브 정도 올리는 것이 좋습니다.

네트워크 마케팅에서 크게 성공한 어떤 사업자는 프로스펙터에게 전화를 하기 전에 반드시 사업에 대한 열정이 활활 타오르게 해주는 카세트테이프를 듣거나 비디오테이프를 본다고 합니다. 그리고 기분이 최고조에 달한 상태에서 전화를 건다고 합니다.

당신의 기분이 가라앉아 있을 때에는 프로스펙터에게 전화하지 않는 것이 좋습니다. 가장 좋은 것은 대회나 컨벤션에 참석한 직후, 즉 당신이 흥분해 있을 때 프로스펙터에게 전화하는 것입니다.

아무리 컨벤션 장소에서 흥분하더라도 집에 돌아올 무렵에는 그 흥분이 절반으로 줄어들게 됩니다. 그리고 며칠이 지나버리면 그 흥분은 사라지고 원래 상태로 돌아오게 됩니다. 그러므로 대회나 컨벤션에 참석할 때에는 반드시 명단을 휴대하는 것을 습관으로 삼도록 하십시오. 그리고 집에 돌아오기 전에 가능한 한 많은 프로스펙터에게 전화해서 홈미팅에 참석하도록 약속을 잡으려 노력해 보십시오.

오픈미팅에 초대할 때 사용하는 폰 스크립트
(인터뷰 접근법에 사용하는 폰 스크립트)

명단에 들어있는 프로스펙터들을 오픈미팅에 초대하기 위해 전화로 프로스펙터에게 접근하는 것을 '인터뷰 접근' 이라고 부릅니다. 인터뷰 접근법은 프로스펙터에게 두세 가지의 질문(인터뷰)을 하고 프로스펙터가 당신이 찾고 있는 조건에 부합되는지를 체크하는 즉 '인터뷰를 하는 식' 으로 접근하는 완충 접근법의 하나입니다.

인터뷰 접근법은 다른 완충 접근법과 마찬가지로 명단의 두 번째와 세 번째 서클에 속하는 사람들, 다시 말해 당신과 그다지 신뢰관계가 없는 사람, 두 세 번 정도 만난 사이로 당신의 얼굴을 보면 서로 알아볼 수는 있지만 상대방의 개인적인 점에 관해서는 잘 모르는 사람 혹은 처음 만나는 사람들에게 접근해서 그들을 홈 미팅에 초대하는 대신, 오픈미팅에 초대할 목적으로 사용하는 접근법입니다.

그렇다면 왜 오픈미팅이라는 방법이 고안되었을까요?

그것은 처음 만나는 사람을 갑자기 홈 미팅에 초대하는 것은 지나치게 성급한 것이므로 홈 미팅에 초대하는 대신 한 단계를 더 둔 오픈미팅이 고안된 것입니다.

오픈미팅에서는 네트워크 마케팅의 사업 내용을 15~20분 정도의 짧은 시간 안에 요점만 설명하고 프로스펙터가 관심을 보인다면 그 후에 홈 미팅에 초대합니다.

그리고 인터뷰 접근을 할 때에도 직접 접근법과 마찬가지로 반드시 폰 스크립트를 이용해서 프로스펙터에게 접근하고 오픈미팅에 초대합니다. 물론 폰 스크립트의 표현은 자신의 성별, 연령, 프로스펙터와의 신뢰도 그리고 당신이 살고 있는 지방 사투리에 맞게 바꾸어도 좋습니다. 하지만 스크립트를 사용할 때, '여섯 가지 포인트'를 절대로 잊어서는 안 됩니다.

(1) 대화 예 #1

→ 당신

"김영희씨, 안녕하세요? 이은영입니다. 지난번에는 여러 가지로 참 고마웠습니다. 그런데 오늘은 그다지 길게 통화할 수가 없네요. 그래서 왜 전화를 드렸는지 그 이유만 좀 들어보셨으면 합니다. 얼마 전에 만났을 때 말씀드렸는지 모르겠는데 저는 이 지역에서 활약하고 있는 분들과 함께 사업을 하고 있지요. 현재 저희 사업은 이 지역에서 급성장하고 있고 사업 확장을 위해 리더가 되어 주실 분들을 찾고 있는 중입니다. 한 가지만 여쭤보고 싶은 게 있는데요. 만일 시간적으로나 수입 면으로 볼 때, 만족할 만한 조건이라면 지금 얻고 계신 수입 외에 다른 부수입이 될 만한 것을 해보고 싶지 않으세요?"

→ 영희

"조건이 맞기만 한다면 꼭 부수입을 얻고 싶네요. 그런데 어떤 내용의 사업이죠?" 혹은 "좀더 자세히 설명해 주셨으면 좋겠는데요."

→ 당신

"물론이죠. 저는 이번 주 □요일과 □요일 오후(오전) △시에 스케줄이 비어 있거든요. 영희씨가 원하시는 장소에서 어떤 내용의 사업인지 그리고 어떻게 수입을 얻을 수 있는지를 수치를 이용해서 설명해 드리고자 합니다. 그러면 영희씨가 갖고 있는 의문이나 질문에도 대답해 드릴 수 있을 것 같네요.

영희씨는 □요일과 □요일 중에서 어느 쪽이 더 편하죠? 참, 저는 20분 정도밖에 시간이 없어서 그렇게 오래 말씀드리지는 못 하겠네요. 미리 알고 계시는 것이 좋을 것 같아서요."

(- 프로스펙터로부터 약속을 받는다 -)

"그럼 □요일 △시에 뵙기로 하지요. 영희씨와의 만남을 기대하고 있겠습니다."

(2) 대화 예 #2

→ 당신

"여보세요. 김영희씨이신가요? 저 이은영이에요. 요즘 어떻게 지내세요?"

→ 당신

"여보세요. 김영희씨이신가요? 저 이은영이에요. 요즘 어떻게 지내세요? 몇 분밖에 시간이 없어서 길게 말할 수는 없지만 꼭 들어주셨으면 하는 이야기가 있어서 전화 드리게 되었어요. 지난번에 서울(당신의 업 라인이 살고 있는 도시의 이름)의 박윤미씨로부터 전화가 걸려왔었어요. 영희씨는 윤미씨를 잘 모르겠지만, 윤미씨는 국내뿐 아니라 미국, 캐나다, 유럽 각국에서 현재 사업을 전개하고 있고 크게 성공을 거두고 있는 비즈니스우먼이에요. 오늘 그녀가 하고 있는 사업에 대해 자세한 설명을 들었는데, 그녀의 말에 의하면 그 사업은 누구든 쉽게 할 수 있는 일이라고 하네요. 그리고 그 사업이야말로 많은 수입을 얻을 수 있는 기회라는 것을 알게 되었지요. 그래서 영희씨에게도 이 좋은 기회를 알려드리고 싶어 이렇게 전화 드린 거예요. 한 가지만 여쭤볼게요. 만일 시간적으로나 수입 면으로 만족할 만한 조건이라면, 지금 하시는 일을 희생하는 일 없이 부수입을 올릴 수 있는 일을 해보고 싶은 생각 없으세요?"

→ 영희

"정말이에요? 그런데 어떤 사업인가요? 좀더 자세히 설명해 주시지 않을래요?"

→ 당신

"물론이죠. 영희씨에게 꼭 보여드리고 싶은 자료가 있거든요. 이번 주 ▢요일이나 ▢요일 오후 △시에 영희씨 댁에 들러 그 자료를 보면서 자세히 설명해 드리고 싶네요."

(→ 영희는 만나는 것에 동의한다)

"영희씨 댁을 방문할 때, 이 사업에 관한 것을 자세히 알고 있는 제 친구도 함께 가려고 하거든요. 20분 정도만 시간을 내주세요. 그럼 □요일 오후 △시에 뵙기로 하지요."

(3) 전화 대화 예 #3

→ 당신

"여보세요. 김영희씨이신가요? 안녕하세요. 지난번에 ＿＿ (만난 장소)에서 이야기를 나눌 수 있어서 대단히 기뻤습니다. 오늘은 시간이 별로 없어서 그다지 길게 통화는 못 하겠지만, 영희씨가 들어주셨으면 하는 얘기가 있어서 전화 드렸습니다. 얼마 전에 만났을 때 말씀드렸는지 모르겠지만, 저는 네트워크 마케팅이라는 사업을 하고 있어요. 지금 사업 확장을 위해 리더가 되어주실 분들을 찾고 있는 중인데 영희씨 생각이 나더군요.

한 가지 질문을 드리고 싶은데요, 만일 시간과 수입 면에서 만족할 만한 조건이라면 부수입을 얻고 싶다는 생각을 해보지 않으셨는지요?"

(→ 영희가 뭐라고 대답을 하든 아니면 질문을 해오든 관계없이 계속 말을 이어간다)

"솔직히 영희씨가 저희 사업을 할 수 있을지 어떨지도 모르고, 저희가 함께 일한다는 보장도 전혀 없긴 해요. 하지만 저에게 20분 정도 시간을 내주시면 수입을 올릴 기회에 대해 설명해 드릴 수 있거든요. 혹시 이번 주 스케줄이 어떠세요? 저는 이번 주 ◻요일과 ◻요일 오후 △시에 스케줄이 비어 있는데 영희씨는 어떠세요?"

(4) 전화 대화 예 #4 (은영의 업 라인과 함께 전화하는 경우)

→ 당신

"여보세요. 안녕하세요? 김영희씨, 저 이은영이에요. 잘 지내시죠? 오늘은 시간이 별로 없어서 그다지 길게 통화는 못 하겠네요. 그래서 용건만 간단히 말할게요. 지금 저희 집에 네트워크 마케팅 사업을 하고 있는 친구가 찾아왔는데, 그 친구가 어떤 사업을 하고 있는지 자세한 설명을 들었거든요. 근데 그게 정말 대단하더라고요. 그래서 영희씨에게도 이 커다란 기회를 알려주고 싶어 그 친구에게 말을 했더니 영희씨와 좀 통화를 하고 싶다고 하기에 이렇게 전화 드렸어요. 잠깐만 기다려 보세요."

(→ 업 라인(스폰서)에게 전화를 건네준다)

→ 업 라인

"영희씨. 처음 뵙겠습니다. 저는 박윤미라고 합니다. 앞으로 잘 부탁드릴게요. 저는 은영씨와 친한 친구인데요, 지금 은영씨 집에서 전화를 하는 겁니다. 은영씨가 말한 것처럼 저는 네트워크 마케팅이라는 유통사업을 하고 있어요. 지금 그 사업이 이 지역에서 급성장하고 있지요. 그런데 저희는 사업의 확장을 위해 리더가 되어주실 분들을 여러 분 찾고 있는 중입니다. 그래서 오늘 이렇게 은영씨 집을 찾아왔더니 은영씨가 영희씨를 추천해 주더군요.

 영희씨, 한 가지만 질문을 드리고 싶은데요, 시간과 수입 면에서 만족할 만한 조건이라면 지금 하고 계시는 일을 희생하는 일 없이 더 많은 수입을 얻고 싶다고 생각해 보지 않으셨는지요? 아니면 지금 생활에 만족하고 계신가요?”

 (→ 상대방이 뭐라고 대답하든 혹은 질문을 해오든 관계없이 폰 스크립트대로 다음과 같이 말한다.)

“영희씨, 솔직히 말해 영희씨가 이 사업을 할 수 있을지 어떨지도 모르고 저희가 함께 사업을 해나갈 수 있다는 보장도 전혀 없어요. 하지만 영희씨와 만나서 20분 정도만 수입을 얻을 수 있는 기회에 대해 구체적으로 수치를 사용해서 설명해 드리고 싶네요. 그렇게 한다면 저희가 어떤 사업 기회를 영희씨에게 제공하려고 하는지 이해하실 수 있으실 거예요. 저는 이번 주 □요일이나 □요일 △시에 시간이 있는데, 영희씨는 어떠세요?”

(→ 만날 약속을 하고 전화를 당신에게 넘긴다)

→ 당신

"뭔가 엄청난 일이 일어날 것 같지 않아요? 저도 ㅁ요일에는 윤미씨와 함께 찾아뵐 예정인데 20분 정도만 내주면 되니까 너무 부담스럽게 생각하진 마세요. 저희가 영희씨에게 어떤 약속을 해줄 수 있는 것은 아니지만, ㅁ요일 △시에 함께 만났을 때 이 좋은 사업기회에 대해 영희씨도 들을 수 있다고 생각하니 정말 기뻐요."

아무리 명단에 150명의 이름을 올리고 그들 모두에게 시스템대로 접근하더라도 150명 전원이 미팅에 참석하는 일은 불가능합니다. 왜냐하면 사람은 누구나 나름대로 사정이 있고 각양각색이기 때문입니다. 따라서 당신이 찾고 있는 조건에 부합되지 않는 사람들이나 여러 가지 질문을 해오는 사람들이 나올 것입니다.

예를 들어 "재미있을 것 같은데 더 자세히 설명해 주지 않을래요?"라든가 "어떤 사업입니까?"라는 질문을 할지도 모릅니다. 이 경우, 당신은 폰 스크립트대로

"영희씨의 기분은 충분히 이해가 되네요. 오늘 전화를 드린 이유는 영희씨가 뭔가를 해보려는 마음이 있는지를 알기 위함이었어요. 지금 들어본 바로는 영희씨도 뭔가를 찾고 계신 것 같은데, 한번 만나서 자세한 설명을 들어보지 않을래요? 그렇게 하면 영희씨가 갖고 있는 모든 의문

에 대답해 드릴 수가 있을 테니까요. 저는 이번 주 ㅁ요일과 ㅁ요일 오후 △시에 스케줄이 비어 있는데 영희씨는 언제가 괜찮겠어요?"

라고 말하도록 하십시오. 그래도 상대방이 "만나기 전에 구체적으로 어떤 사업인지 전화로 설명해 주지 않겠습니까?"라고 끈질기게 말한다면 역시 스크립트대로

"영희씨, 아무래도 만나기 힘드신 것 같으니까 그 대신 사업에 관한 자료를 보내드리도록 하지요. 그것을 읽어보고 관심이 생기면 저에게 연락을 주세요. 그러면 나중에 시간을 정해서 자세한 설명을 드리도록 하지요"

라고 말하는 것입니다.

이때에는 반드시 사업의 개요만 설명해 놓은 비디오테이프나 자료만 보내야 합니다. 즉, 그 자료에서는 기본적인 사업 개요만 설명되어 있어야 하고 회사명이나 제품안내가 들어있으면 안 되는 것입니다.

그러면 왜 이런 식으로 대화를 끝내는 것이 중요한지 그 이유를 생각해 봅시다.

만약 처음부터 프로스펙터가 '부수입을 얻는 일에 관심이 없어요' 라거나 '부수입을 얻는 것에는 관심이 있지만, 지금 일이 바빠서 도저히 시간이 나지 않아요' 라고 말했을 경우 혹은 '어떤 사업인지 전화로 설명해 주십시오' 라고 여러 차례에 걸쳐 질문해 올 경우에는 프로스펙터에게 실례가 되지 않는 방법으로 당신이 먼저 대화를 마무리 지어야 합니다.

물론 프로스펙터를 직접 만나서 접근하고 있는 경우에는 '명함' 을 꺼

내어 대화를 끝내는 것이 좋지만, 전화로는 이 방법을 사용할 수 없습니다. 그러면 어떤 방법으로 전화 대화를 마무리 짓는 것이 좋을까요? 대화를 마무리 짓는 가장 좋은 방법은 다음과 같이 말하는 것입니다.

"그래요? 영희씨에게 딱 어울리는 일을 소개해 주려고 했었는데 정말 아쉽군요. 하지만 영희씨가 지금 하는 일에 만족하고 있다는 것을 알게 되어 안심이 되네요. 대신 사업에 관한 자료를 좀 보내드리도록 할게요. 그 자료를 읽어보고 관심이 생기면 연락 주세요. 그러면 나중에 시간을 내서 자세한 설명을 해 드리도록 하지요. 정말 고마워요."

이처럼 상대방이 부수입을 얻는 것에 관심이 없으므로 억지로 미팅에 초대하려고 하는 것이 아니라 대화를 그 자리에서 마무리 짓는 것입니다. 상대방이 당신이 찾고 있는 조건에 부합되지 않을 경우, 당신이 먼저 사업에 관한 자료를 우편으로 보내든지 아니면 비디오테이프를 상대방에게 갖다 주겠다고 말하면서 대화를 끝내는 것이 가장 예의바른 방법입니다. 물론 그 사람에게 자료나 비디오테이프를 주더라도 나중에 상대방으로부터 '사업에 관심이 생겼어요' 라는 전화가 걸려올 확률은 거의 없습니다.

그러면 왜 자료를 보내는 것일까요?

여기에는 두 가지 이유가 있습니다. 첫째, 어떤 사람이든 상대방으로부터 거절을 당하거나 거부당하면 크든 적든 심리적인 상처를 받습니다. 하지만 자료나 비디오테이프를 상대방에게 보낸다고 말하면서 먼저 대화를 끝낸다면 당신은 상대방으로부터 거절당한 것이 아니기 때문에 심리적으로 상처받는 일은 없을 것입니다.

둘째, 이러한 방법으로 대화를 마무리 지으면 상대방도 당신으로부터 거절당한 것이 아니기 때문에 그 사람도 심리적인 상처를 입지 않을 뿐더러 감정이 상하는 일도 없습니다. 상대방이 당신에 대한 나쁜 감정이 없다면 때를 봐서 후에 그 사람에게 다시 한 번 접근할 수 있을 것입니다.

물론 우송하는 자료나 가지고 가는 비디오테이프의 내용은 '왜 부수입이 필요한지' 와 네트워크 마케팅의 사업 내용이 알기 쉽게 설명되어 있을 뿐, 절대로 회사 이름이나 취급하고 있는 제품에 대한 설명이 들어있어서는 안 됩니다. 왜냐하면 네트워크 마케팅 회사가 어디냐에 상관없이 현재 생활에 만족하며 하고자 하는 의욕이 전혀 없는 사람이나 야망이 없는 사람에게 '그래, 한 번 해보는 거야!' 라는 의욕을 심어줄 수는 없기 때문입니다.

따라서 일부러 회사 이름을 밝힐 필요는 전혀 없습니다. 그리고 그 상태에서 회사 이름을 공개해 버리면 그 사람에게 두 번 다시 접근할 수 없게 됩니다.

비디오테이프나 카세트테이프를 이용한 접근에서 사용하는 폰 스크립트 (비디오테이프나 카세트테이프를 이용한 완충 접근법에서 사용하는 폰 스크립트)

비디오테이프나 카세트테이프를 이용할 경우에는 기본적으로 인터뷰 접근을 할 때와 마찬가지로 폰 스크립트를 사용하지만, 15~20분 동안 네트워크 마케팅의 개요를 프로스펙터에게 설명하는 대신 테이프를 우송함으로써 정보를 전해주게 됩니다.

이때, 프로스펙터에게 "테이프를 들어보시고(비디오를 보시고) 사업에 관심이 생기면, 후에 다시 충분한 시간을 두고 사업에 대해 자세한 설명을 들으시기 바랍니다."라는 말을 확실하게 전하지 않으면 안 됩니다. 비디오테이프나 카세트테이프를 이용한 완충 접근법에 사용하는 폰 스크립트는 비디오테이프를 이용한 완충 접근법과 카세트테이프를 이용한 완충 접근법에 자세히 설명해 놓았으므로 그것을 참조하기 바랍니다.

이처럼 비디오테이프나 카세트테이프를 이용한 접근법은 프로스펙터에게 접근해서 그가 당신의 조건에 부합된다면 카세트테이프나 비디오테이프를 듣도록 혹은 보도록 하는 방법입니다. 이 방법은 완충 접근법의 하나로 많은 프로스펙터에게 단기간에 접근할 수 있는 방법으로서 현재 미국의 사업자들 사이에서 빈번하게 사용되고 있는 가장 진화된 형태의 스폰서 활동법이라고 할 수 있습니다.

이 방법을 활용하기 위해서는 사업자 개개인이 카세트테이프와 비디오테이프를 10개씩 사 놓고 언제든 그리고 어디에서든 기회가 닿는 대로 스폰서 활동을 할 수 있도록 차안에 넣어 두는 것이 좋습니다. 그리고 항상 카세트테이프와 비디오테이프를 한 개씩 갖고 다니면서 만나는 사람들에게 "만약 시간적으로나 금전적으로 만족할 만한 조건이라면 지금 하고 있는 일 이외에 수입을 더 얻고 싶지 않습니까?"라고 질문을 던진 후에 "네"라고 대답한 사람에게 카세트테이프(비디오테이프)를 듣게(보게) 하는 것입니다.

이때, 카세트테이프나 비디오테이프는 날짜를 정해서 반드시 회수해야 하는데, 그러한 과정을 통해 프로스펙터의 반응을 관찰합니다. 만약 프로스펙터가 사업에 관심을 갖고 있는 것 같다면 오픈미팅이나 홈 미팅에 초대합니다. 이 방법을 사용하면 세 번째 서클에 해당하는 사람들(처음 만나는 사람들)을 상대로 단기간에 커다란 네트워크를 구축하는 일이 가능해집니다.

또한 비디오테이프나 카세트테이프는 인터뷰 접근법과 조합해서 사용할 수도 있습니다. 예를 들어 인터뷰 접근을 하는 것까지는 좋았지만 프로스펙터가 너무 먼 곳에 살고 있어 직접 만나 오픈미팅을 가질 수 없다면, 사업 내용을 설명해 놓은 비디오나 카세트테이프를 보내면 되는 것입니다.

또한 인터뷰 접근을 한 결과, 프로스펙터가 부수입을 얻는 일에 관심을 표명한 것까지는 좋았지만 그 사람이 너무 바빠 2, 3일 안에 만날 수 없는 경우에도 연결 고리로서 비디오테이프를 보여주거나 카세트테이프를 들려주어 기초적인 사업 내용을 인식하도록 할 수 있습니다. 이 경우에 사용하는 대화 예문은 다음과 같습니다.

인터뷰 접근을 할 때에 사용했던 폰 스크립트 #3에서 당신이 "솔직히 말해 영희씨가 우리 사업을 할 수 있을지 어떨지도 모르고, 저희가 함께 일한다는 보장도 전혀 없긴 해요"라고 말한 후에 다음과 같이 말하면 좋습니다.

"하지만 더 많은 정보를 알려드리기 위해 제가 비디오/카세트테이프를 보내드리도록 하지요. 그 비디오/카세트테이프를 통해 네트워크 마케팅의 기초적인 사업 내용에 대해 이해하실 수 있을 거라 생각해요. 만일 영희씨가 비디오/카세트테이프의 내용을 보시고(들으시고) 난 후, 관심이 생긴다면 날짜를 정해서 충분한 시간을 갖고 자세하게 사업에 대한 설명을 들어보시지 않을래요?"

주의할 것은 반드시 사업의 기본적인 개념에 대한 설명만 들어있는 비디오테이프나 카세트테이프를 보내야 한다는 점입니다. 그 안에는 기본적인 사업 내용이 알기 쉽게 설명되어 있어야 하지만 회사의 이름이나 취급하는 제품에 대한 설명이 들어있어서는 안 됩니다. 왜냐하면 자세한 사업설명을 하기 위해서는 그리고 기업의 이름을 공표하기 위해서는 그에 맞는 적절한 장소와 시기를 고려해야 하기 때문입니다. 또한 초등학생에게 대학 강단에서 하는 어려운 이야기를 하면 전혀 이해할 수 없는 것처럼 네트워크 마케팅의 지식이 전혀 없는 사람에게 한꺼번에 정보를 공개할 것이 아니라 프로스펙터의 수준에 맞추어 서서히 해야 하기 때문입니다.

폰 스크립트 (프로스펙터의 질문에 적절하게 응답하는 법)

응답할 때의 포인트

폰 스크립트를 사용하여 전화로 접근하는 데에는 두 가지의 목적이 있습니다.

첫째, 프로스펙터에게 필요 이상의 정보를 주지 않고 어떤 프로스펙터가 당신이 찾고 있는 조건에 부합되는지를 알아내기 위함입니다.

둘째, 조건에 부합되는 사람을 아무런 선입견 없는 상태로 미팅에 참석하게 하여 가능한 한 많은 사람들에게 이 커다란 기회를 제공하기 위함입니다.

따라서 폰 스크립트 안에는 사업을 설명하거나 회사의 이름 혹은 취급하는 제품을 설명해 놓은 곳이 없습니다. 그러므로 경우에 따라서는 프로스펙터가 당신에게 여러 가지 질문을 해올지도 모릅니다. 이때, 프로스펙터가 당신에게 질문하는 가장 전형적인 형태는 다음과 같습니다.

프로스펙터가 당신에게 질문하는 가장 전형적인 형태

1. "어떻게 해야 좋을지 모르겠어요. 좀더 자세히 설명해 주세요."
2. "구체적으로 어떤 일을 하는 건지 전화로 사업내용을 설명해 주세요.",
   "전화로 설명해 주지 않으면 만나지 않겠어요."
3. "바빠서 만날 시간이 없네요."
4. "○○회사에 관한 얘긴가요?"

그러면 이와 같은 프로스펙터의 질문이나 요청에 대처할 수 있는 간단한 '응답 방법'을 설명하도록 하겠습니다. 우선 프로스펙터의 질문이나 요청에 응답할 때 알아두어야 할 첫 번째 포인트는 프로스펙터에게 '자신과 확신'을 갖고 의연한 태도로 대응하는 것입니다. 하지만 그와 동시에 상대방의 기분을 충분히 이해하고 상대방의 입장이 되어 대응할 필요가 있습니다. '응답'할 때의 포인트를 정리해 보면 다음과 같습니다.

① 공격적인 언행을 피한다.
② 상대방을 모욕하지 않는다.
③ 상대방을 훈계하려 하지 않는다.
④ 상대방을 설득하려 하지 않는다.

그러면 위의 네 가지 포인트와 응답할 때의 마음자세를 근거로 하여 실제로 프로스펙터의 질문에 어떻게 응답해 나가면 좋을지 예를 들면서 설명하도록 하겠습니다.

응답할 때의 마음가짐

◇ 조건에 부합되지 않으면 먼저 대화를 마무리 짓는다

"한 가지만 질문할게요. 만일 시간적으로나 금전적으로 만족할 만한 조건이라면, 더 많은 수입을 얻고 싶은 생각이 없나요?"라고 당신이 질문했을 때, 상대방이 "아뇨. 부수입 같은 건 한 번도 생각해본 적이 없는 걸요. 지금 하고 있는 일에 충분히 만족하고 있으니까요. 게다가 지금 일이 너무 바빠서 다른 일을 할 시간이 전혀 없어요."라고 대답할 지도 모릅니다.

그럴 경우, 당신은 폰 스크립트대로 "아, 그러세요. ○○○씨가 관심을 가질 만한 사업을 소개해 드리려고 전화 드렸는데 정말 아쉽네요. 하지만 ○○○씨가 지금 하고 계신 일에 만족하고 계신 걸 알게 되어 안심이 됩니다. 다른 재미있는 일이 생기면 또 연락드리지요. 고맙습니다."라고 말한 후, 당신이 먼저 전화를 끊도록 하십시오. 그러면 당신은 상대방으로부터 거절당한 것이 아니기 때문에 당신이 '심리적'인 상처를 받는 일은 없을 것입니다.

반대로 프로스펙터가 미팅에 초대한다는 당신의 말을 거절한다면, 당신은 크든 적든 '심리적'으로 상처를 받게 될 것입니다. 왜냐하면 사람은 누구든 거절당하거나 반대의견을 들으면, 심리적인 타격을 받기 때문입니다. 그리고 당신과 프로스펙터 사이의 관계가 가까우면 가까울수록 당신이 받는 심리적 타격은 더 커지게 마련입니다. 그 점을 항상 염두에 두십시오.

따라서 '폰 스크립트'는 당신이 찾고 있는 조건에 프로스펙터가 부합되지 않는다면 그 사람을 미팅에 초대하는 것이 아니라 당신이 대화를 끝내도록(전화를 끊도록) 작성되어 있어야 합니다. 왜냐하면 상대방이 현재 상태에 만족하고 있다면 미팅에 초대하더라도 거절당할 것이 뻔하고 그 결과 당신은 심리적으로 상처받을 가능성이 있기 때문입니다. 그리고 일단 심리적으로 상처를 받게 되면 어떤 사람은 거절한 프로스펙터에 대해 '내 제의를 거절하다니 용서할 수 없어'라고 분노의 감정을 표출하기도 합니다. 그리하여 심하게는 인간관계가 깨지기도 합니다.

그렇기 때문에 프로스펙터를 미팅에 초대하기 전에 그 사람이 당신이 찾고 있는 조건에 부합되는지를 검토하는 것은 매우 중요합니다.

당신이 폰 스크립트에 나와 있는 대로 대화를 마무리 짓고자 할 때, 상대방은 "잠깐만요, 어떤 사업을 소개하려고 했는데요?"라고 질문을 해올지도 모릅니다. 그럴 경우에도 폰 스크립트대로 다음과 같이 말하도록 하십시오.

"OOO씨는 지금 뭔가를 원하는 상태가 아니므로 제가 설명을 해 드리더라도 시간낭비일 거라는 생각이 드는군요. 그리고 저는 너무 늦기 전에(혹은 '9시까지는'이라고 시간을 넣어서) 여섯 명에게 전화를 더 해야 하거든요. 이번에는 없었던 이야기로 하지요. 만일 ○○○씨 마음이 바뀌면 그때 저에게 전화로 연락 주세요. 그 때는 시간을 내서 자세히 설명해 드리도록 하지요."

이처럼 프로스펙터가 조건에 부합되지 않는다면 당신이 먼저 대화를 끝내도록 하십시오. 그렇게 함으로써 당신은 이 사업에서 주체적인 위치에 서서 당신이 취해야 할 마음자세와 태도를 유지할 수 있습니다.

◇ **프로스펙터가 당신을 선택하는 것이 아니라 당신이 프로스펙터를 선택하는 것**

그렇다면 프로스펙터의 질문에 응답할 때, 당신이 '취해야 할 마음자세와 태도' 라는 것은 무슨 의미일까요? 이 말의 의미를 이해하기 위해 여기에서는 월트 디즈니사가 서울에 또 다른 디즈니랜드를 오픈 할 예정이고 사장으로 일할 사람을 찾고 있다는 가정 하에 설명을 하도록 하겠습니다.

이 경우, 디즈니사는 세계적으로 유명한 ?월스트리트 저널? 같은 경제 잡지에 구인광고를 게재할 것입니다. 만일 디즈니사가 그렇게 한다면 당신은 몇 통의 이력서가 디즈니사에 올 것이라고 생각합니까? 한국인들만 이력서를 보낼까요? 아마도 수천 통의 이력서가 전 세계 각지로부터 날아올 것입니다. 그러면 디즈니사는 모든 후보자(프로스펙터) 한 사람 한 사람과 면접을 해서 사장을 뽑을까요? 한 번 생각해 보십시오.

우선 디즈니사는 수천 통의 이력서에 대히 서류검토를 할 것입니다. 예를 들어 후보자의 자격이나 직함, 연령, 성별, 학력, 경력과 같은 것들을 체크해서 1,000명의 후보자가 있었다면 그 중에서 200명 정도를 우선 선발할 것이라고 생각합니다. 그리고 1차 선발된 200명에게 전화로 인터뷰를 해서 여러 가지를 물어보고 다시 50명 정도를 고를 지도 모릅니다.

그 다음에 디즈니사는 예를 들어 미국에 두 군데, 유럽에 한 군데, 아시아에 한 군데 하는 식으로 미팅 장소를 설치하고 그 50명을 초대하여 첫 번째 면접심사를 할지도 모릅니다. 이때, 어떤 사람은 도중에 자신감을 상실해서 스스로 면접을 포기할지도 모릅니다. 그리고 면접심사를 한 결과, 디즈니사가 원하는 조건에 조금이라도 부합되지 않는 후보자는 탈락되고 그 50명 중에서 10명 정도에게 두 번째 면접심사를 볼 자격이 주어질지도 모릅니다.

그리고 그 10명은 디즈니 본사에 초대되어 더욱더 자세한 심사를 받고 최종적으로 세 명의 후보자가 선출될 지도 모릅니다. 그 후, 최종심사에서는 후보자의 가족들까지 디즈니 본사에 초대되어 후보자들과 함께 심사를 받고 최종적으로 단 한 사람만이 서울 디즈니랜드의 사장으로 선임되는 것입니다.(이 이야기는 어디까지나 가설로써 이렇게 된다는 보증은 전혀 없습니다)

네트워크 마케팅을 하는 데 있어서, 프로스펙터에게 전화로 접근하여 미팅에 참석하도록 약속을 취할 때 당신이 가져야 할 '태도와 마음자세'는 디즈니사의 예와 같아야 합니다. 후보자가 디즈니사가 정한 규정의 조건을 충족시키지 못하면 면접심사조차 받을 수 없는 것처럼, 프로스펙터가 당신이 찾고 있는 조건을 충족시키지 못한다면 당신의 미팅에 초대해서는 안 되는 것입니다. 왜냐하면 프로스펙터가 당신을 선택하는 것이 아니라 당신이 프로스펙터를 선택하는 것이기 때문입니다.

이처럼 당신의 미팅에 참석하여 사업설명을 들을 수 있을지의 여부는 그 사람이 당신이 찾고 있는 조건을 충족시키고 있는지에 의해 결정됩니다. 그러므로 폰 스크립트를 사용하여 접근해서 만일 프로스펙터가 당신이 찾고 있는 조건에 부합되지 않는다면, 당신은 언제든 대화를 끝낼(전화를 끊을) 마음자세를 갖추는 것이 중요합니다. 한 마디로 말해 상대방이 "부수입을 얻고 싶다고 생각해 본 적이 없는데요."라거나 "지금 생활에 만족하고 있고 새로운 것을 할 시간이 없어요."라고 말하는데도 불구하고 "무엇 때문이죠?"라고 질문하지 말라는 것입니다.

상대방이 당신을 거절하기 전에 당신이 먼저 대화를 끝내야 합니다. 그렇게 하지 않으면 당신은 심리적으로 타격을 받아 두 번 다시 프로스펙터에게 전화로 접근할 수 없게 될 가능성이 있기 때문입니다.

◇ 물리기 전에 피하라

당신이 개의 머리를 쓰다듬어 주려고 다가가고 있는데, 그 개가 머리를 숙인 채 두 귀를 머리에 붙이고 입을 뒤로 젖혀 이빨을 드러내고 당신을 노려본다면, 당신은 개에게 가까이 다가가는 것을 그만두어야 합니다. 그럼에도 불구하고 개를 쓰다듬기 위해 계속 다가간다면, 개가 당신의 손을 물어버릴 것이기 때문입니다.

그리고 한 번 개에게 손을 물리고 나면, 당신은 두 번 다시 개를 좋아하지 않게 될 것입니다.

이와 마찬가지로 당신이 전화로 접근해서 프로스펙터가 조건에 부합되지 않는다는 것을 알게 되었다면 당신이 먼저 전화를 끊도록 하십시오. 그렇게 하지 않는다면 당신은 프로스펙터에게 '물리게' 될 것이기 때문입니다. 여러 번 프로스펙터에게 물리고 나면 대부분의 사람들은 전화로 접근하는 것 자체를 두려워하게 됩니다.(여기서 '물린다' 는 말은 누군가에게 거절당하거나 반대의견을 듣게 되면 자신도 모르는 사이에 '심리적인 타격' 을 받는다는 의미입니다)

그러므로 상대방이 조건에 맞지 않는다면 폰 스크립트대로 "그러세요? ○ ○ ○씨가 관심을 가질 만한 이야기를 소개하려고 했었는데 정말 아쉽네요. 하지만 ○ ○ ○씨가 지금 하고 계시는 일에 만족하고 계시다는 것을 알게 되어 안심입니다. 다른 재미있는 것이 또 생기면 다시 연락 드리지요."라고 말하면서 당신이 먼저 대화를 끝내지 않으면 안 되는 것입니다.

네트워크 마케팅에서 크게 성공하기 위해서는 우선 커다란 꿈을 갖는 것이 중요합니다. 그리고 그 꿈을 일정한 수준으로 계속 유지하는 것 역시 매우 중요한 일입니다.

그런데 문제는 당신이 접근하는 모든 프로스펙터가 당신과 동일한 꿈을 갖고 있지 않다는 것입니다. 꿈이 없는 프로스펙터에게 당신이 아무리 시스템대로 접근해서 미팅에 참석하도록 약속을 잡더라도 그 사람을 미팅에 참석하게 할 수는 없습니다.

그리고 커다란 꿈을 갖고 있지 않은 가족이나 친구들이 당신과의 의리 때문에 미팅에 참석한다 할지라도 사업자는 되지 않을지도 모릅니다. 또한 그들이 의리 때문에 사업자가 되었다 하더라도 본격적으로 사업을 하지 않을지도 모릅니다. 어떤 경우이든 참석할 것이라고 기대하고 있던 친구가 미팅에 참석하지 않는다거나 미팅에 참석은 했지만 사업자가 되지 않으면 혹은 사업자가 되기는 했지만 본격적으로 사업을 하지 않는다면, 당신은 실망할 뿐만 아니라 당신의 꿈까지 조각나고 맙니다.

그러므로 꿈이 없는 프로스펙터로 인해 당신의 꿈을 도난당하지 않도록 주의하기 바랍니다.

◇ 커다란 기회를 싸구려 취급하지 말라

네트워크 마케팅 사업자 중에는 "제 평생소원이에요. 제발 미팅에 참석해 주세요.", "한 번만이라도 좋으니 좀 들어보세요. 부탁입니다", "서울에서 유명한 강사가 일부러 이 일 때문에 오시는데 아무도 참석하지 않으면 제 체면이 뭐가 됩니까? 이번만 좀 참석해 주세요. 부탁드릴게요."라고 하면서 프로스펙터에게 미팅에 참석해 달라고 애원하는 사람들이 있습니다.

만약 당신이 이러한 '마음자세나 태도'를 지니고 있다면 당신은 절대로 그룹의 리더가 될 수 없습니다. 더불어 네트워크 마케팅에서 크게 성공할 수 없습니다.

네트워크 마케팅이 우리에게 제공하고 있는 이 커다란 사업기회를 절대로 싸구려 취급하지 마십시오. 네트워크 마케팅은 커다란 꿈을 갖고 있는 사람, 반드시 성공하려는 사람, 뭔가를 해보려고 커다란 야망을 갖고 있는 사람, 다른 사람의 이야기를 잘 듣는 겸손한 태도를 갖고 있는 사람을 '찾아내는 사업'이지, 싸구려 제품을 바겐 세일 하듯이 당신과의 의리 때문에 사업자로 등록을 하거나 제품을 구입하거나 의욕이 없는 사람들을 모으는 사업이 아닙니다.

그리고 당신이 상대방의 뒤를 좇으면 좇을수록 그 사람은 당신에게서 더욱더 멀리 도망칠 것입니다. 당신이 가족이나 친구들에게 "네트워크 마케팅을 해보지 않을래요?"라고 하면서 뒤를 좇으면 좇을수록 그 사람들은 당신을 피할 것입니다.

물론 네트워크 마케팅 사업자는 이 사업이 주는 기회를 계속 전해주지 않으면 안 되지만, 그렇다고 이 커다란 기회를 절대로 싸구려 취급해서는 안 됩니다. 아무리 커다란 기회라 할지라도 싸구려로 내다 팔면 결국 사는 사람도 이 기회를 싸구려로 보게 되기 때문입니다.

지금까지 살펴본 것들이 프로스펙터의 질문에 응답을 할 때, 우리가 가져야 할 '마음자세와 취해야 할 태도'입니다.

이제, 실제로 응답하는 방법을 설명하도록 하겠습니다.

응답하는 방법 - 실례

◇ 실례 1

만약 상대방이 "어떻게 해야 할지 확실히 결정을 못 내리겠네요. 정보를 좀더 주셨으면 하는데요."라고 말했을 경우에는 다음과 같이 대답하도록 하십시오.

"물론 여러 가지 의문이나 질문이 생길 것입니다. 충분히 이해가 갑니다. 그런데 오늘 제가 전화를 드린 이유는 한 번 만나서 더 많은 수입을 얻을 수 있는 사업에 대한 설명을 들으실 의향이 있는지를 알기 위해서였거든요. 저는 □요일과 □요일 오후 △시에 시간이 있는데, 영희씨는 어느 쪽이 괜찮으시겠어요?"

요점은 상대방의 질문에 대답할 것이 아니라 반대로 상대방에게 질문을 하는 것입니다. 왜냐하면 대화를 할 때 질문하는 사람이 그 대화를 주도할 수 있기 때문입니다.

그 후 프로스펙터가 어떠한 말을 하든 응답은 항상 동일합니다. 즉, 폰 스크립트를 사용해서 '전화로 접근할 때의 여섯 가지 포인트'의 다섯 번째와 여섯 번째 포인트로 돌아가 다음과 같이 말하도록 하십시오.

"솔직히 말해 영희씨가 이 사업을 할 수 있을지 어떻지도 모르고 저희가 함께 사업을 해 나갈 수 있다는 보증도 전혀 없지요. 하지만 한 번 만나서 제가 갖고 있는 자료를 보며 설명을 들으면 이 사업이 영희씨에게 제공하는 커다란 기회를 이해할 수 있으리라 생각해요.(그리고 다시 한 번 만날 일시나 미팅에 참석할 날짜를 정한다) 저는 □요일이나 □요일 오후 △시에 스케줄이 비어 있는데, 영희씨는 어떠세요?"

만약 프로스펙터가 '관심이 없다'고 말했을 경우에는, "그래요? 영희씨가 관심을 가질 만한 일을 소개해 주려고 했었는데 정말 아쉽군요. 하지만 영희씨가 현재 생활에 만족하고 있다는 것을 알게 되어 안심이 되네요. 또 다른 재미있는 일이 있으면 다시 연락드리도록 하지요. 정말 고마워요"라고 말하면서 당신이 먼저 전화를 끊습니다.

결국 당신은 프로스펙터를 만나지 못했고 미팅에 초대하지도 못했습니다. 하지만 당신은 그 프로스펙터가 당신이 찾고 있는 조건에 부합되지 않는다는 것을 알게 되었기 때문에 프로스펙터에게 접근한 목적의 절반은 달성한 셈입니다.

접근의 목적은 명단에 들어있는 프로스펙터 중에서 누가 당신이 '찾고 있는 조건'에 부합되는지를 찾아내는 과정입니다. 이것을 반대로 생각해 보면, 누가 조건에 부합되지 않는지를 찾아나가는 과정이라고도 할 수 있습니다. 그 조건이라는 것은 '누가 성공하려는 야망을 갖고 있는가', '누가 부수입을 얻고 싶어하는가', '누가 다른 사람의 말을 잘 듣는 겸허한 태도를 갖고 있는가' 하는 세 가지입니다.

당신이 접근해서 어떤 프로스펙터가 당신이 찾고 있는 조건에 부합되지 않다는 것을 알게 되더라도 변한 것은 하나도 없습니다. 당신이나 프로스펙터 둘 다 아무 것도 잃은 것이 없고 곤란에 처하게 된 것도 아닙니다. 그러므로 상대방으로부터 거절당한다 하더라도 감정이 상할 필요는 전혀 없습니다. 그리고 네트워크 마케팅이란 원래 성공하고 싶은 사람에게 그 기회를 제공하기 위해 고안된 사업이기 때문에 상대방에게 성공하고 싶다는 마음이 없다면 불가능한 사업입니다.

◇ 실례 2

만약 상대방이 계속해서 "사업 내용을 전화로 설명해 주세요."라고 끈질기게 말할 경우 혹은 "전화로 조금만 더 사업내용을 설명해 주지 않으면 만나지 않겠어요."라고 말할 경우에는 이렇게 말하십시오.

"영희씨에게 꼭 보여드리고 싶은 자료와 비디오테이프가 있어서 전화로는 도저히 설명해 드릴 수가 없겠네요. 그리고 만약 설명을 한다 하더라도 상당한 시간이 필요할 거예요. 그리고 더 늦기 전에 다른 여섯 명(구체적으로 수치를 넣어서)에게 전화를 걸 예정이었거든요" 혹은 "그리고 9시가 되기 전에 나머지 10명에게 전화를 할 참이었거든요"

(이렇게 말하면서 간접적으로 그 사람에게만 전화를 건 것이 아니기 때문에 전화로는 설명할 시간이 없다는 것을 프로스펙터가 인식할 수 있도록 한다. 그리고 다섯 번째 포인트로 돌아가서)

"영희씨, 솔직히 말해 영희씨가 이 사업을 할 수 있을지 어떨지도 모르고 저희가 함께 사업을 해 나갈 수 있다는 보증도 전혀 없지요. 하지만 한 번 만나서 제가 갖고 있는 자료를 보시면 이 사업이 영희씨에게 제공하는 커다란 사업 기회를 이해하실 수 있으실 거예요" 혹은 "이 사업이 영희씨에게 맞는지의 여부를 알 수 있을 거예요"

(그리고 여섯 번째 포인트로 돌아가서)

"이번 주에는 무슨 요일에 시간이 있으세요? 저는 □요일과 □요일 오후가 비어 있는데, 영희씨는 어떠세요?"

이처럼 간접적으로 당신이 그 사람에게 그다지 큰 기대를 하고 있지 않다고 말하면서 상대방의 불안과 염려를 제거해 주도록 하십시오. 그렇게 하면 그 사람도 편하게 미팅에 참석할 수 있을 것입니다. 그리고 끝으로 프로스펙터가 마음을 열었을 때 기회를 봐서 프로스펙터와 만날 약속 혹은 미팅에 참석하겠다는 약속을 하는 것입니다. 하지만 그 사람이 "만나기 전에 전화로 설명해주지 않는다면, 만나지도 않을 거고 미팅에도 참석하지 않을 거예요"라고 말했을 경우에는 다음과 같이 대응합니다.

"아무래도 영희씨를 뵙기는 힘들 것 같네요. 그러면 전화로 사업내용을 설명하는 대신 이 사업에 관한 자료(비디오?카세트테이프 등)를 댁으로 보내드리도록(우송하도록) 하지요. 그리고 영희씨가 그 자료를 보신 후에 제가 다시 전화를 드릴게요. 그때 어떻게 하실 건지 대답해 주시면 고맙겠습니다."

 이렇게 말하면서 당신이 먼저 전화를 끊습니다. 전화상으로는 사업설명을 할 수 없을뿐더러 절대로 해서도 안 됩니다. 사업설명은 어디까지나 얼굴을 마주 대한 자리에서 자료나 비디오를 보면서 해야 하기 때문입니다. 그리고 당신과 개인적으로 만나려고 하지 않는 사람은 다른 사람의 말을 들으려는 자세가 되어 있지 않은 사람입니다. 다른 사람의 이야기를 들을 자세가 되어 있지 않은 사람에게 사업설명을 하는 것은 시간만 아까울 뿐입니다. 이러한 사람에게는 적당한 기회를 봐서 다른 기회에 미팅에 초대하도록 하십시오.

 네트워크 마케팅에서 크게 성공하기 위해서는 개인적으로 당신에게 여러 가지 조언을 해줄 조언자가 필요합니다. 그리고 네트워크 마케팅에서는 당신의 스폰서와 업 라인이 당신의 조언자이며 사업에 필요한 정보나 지식은 모두 당신의 스폰서로부터 얻을 수 있습니다. 그러므로 이 시스템에서는 당신이 스폰서한 사람이 당신의 말을 잘 듣는 겸허함을 갖고 있지 않다면, 업 라인으로부터 전달받은 사업정보가 더 이상 아래로 내려가지 못하고 그 자리에서 정체되고 맙니다.

 설령 당신이 스폰서한 사람이 대학교수든 다른 일에서 성공한 사람이든 관계없이 당신이나 당신의 업 라인의 의견을 받아들이는 겸허한 마음이 없는 사람은 이 사업에서 크게 성공할 수 없습니다. 왜냐하면 네트워크 마케팅 사업은 전통적인 사업과 다르기 때문에 그 사람이 지금까지 쌓아 온 지식이나 경험만으로는 이 사업을 이해할 수 없기 때문입니다. 사업을 이해할 수 없다면 이 사업에서 크게 성공할 수 없습니다.

루마니아의 유명한 체조선수인 나디아 코마네치를 지도한 사람은 1981년에 미국으로 망명한 벨라 코롤리(Bela Korolyi)로 만약 그의 지도가 없었다면 코마네치는 아마도 올림픽에서 금메달을 딸 수 없었을 것입니다. 그렇다면 코마네치를 지도한 벨라는 코마네치가 연기한 기술을 구사할 수 있었을까요? 결코 그렇지 못합니다. 왜냐하면 연기력에서는 코마네치가 코치보다 훨씬 높은 수준이기 때문입니다. 하지만 코마네치는 코치를 신뢰하고 그의 조건에 귀를 기울였기에 올림픽에서 금메달을 딸 수 있었던 것입니다. 그리고 코마네치는 세계 정상에 오른 후에도 우쭐하지 않고 계속해서 충실하게 코치의 조언에 귀를 기울였습니다.

네트워크 마케팅의 사업자 역시 코마네치처럼 행동해야 합니다. 설령 당신이 당신의 스폰서보다 학력이나 경력이 더 많더라도 그리고 부모와 자녀 정도의 나이 차이가 있다 하더라도 다른 사람으로부터 뭔가를 '배우려는' 겸허함, 뭔가 새로운 지식을 받아들이려는 자세가 없다면 네트워크 마케팅에서 크게 성공할 수 없습니다. 그러므로 아직 상대방이 다른 사람의 말을 들으려는 자세가 되어 있지 않다면 그를 미팅에 초대하는 것을 포기하고, 적당한 때를 보아 다른 기회에 초대하도록 하십시오.

◇ 실례 3

만약 상대방이 "너무 바빠서 못 하겠어요."라고 말할 경우에는 이렇게 응답합니다.

"영희씨가 바쁘다는 사실은 저도 잘 알아요. 하지만 제가 영희씨에게 전화를 드린 것은 제가 소개하려고 하는 사업은 원래 영희씨처럼 바쁜 분들을 대상으로 고안된 것이기 때문이에요. 그리고 이 사업의 최대의 특징은 수입이 늘어남에 따라 더욱더 바빠지는 것이 아니라 반대로 점점 자유 시간이 늘어나게 된다는 것이지요. 한 번 만나서 그 시스템이 어떠한지 자료를 사용해서 자세히 설명해 드리고 싶네요."

그런 다음 상대방이 뭐라고 하든 당신은 다음과 같이 계속해서 말해야 합니다.

"솔직히 말해 영희씨가 이 사업을 할 수 있을지의 여부도 모르고 저희가 함께 일할 수 있다는 보증도 없지요. 하지만 한 번 만나서 제가 갖고 있는 자료를 본다면 이 사업이 영희씨에게 제공하는 커다란 기회를 이해할 수 있을 거예요."

(상대방의 불안을 제거해 주고 만날 약속을 하거나 미팅에 참석할 날짜를 정한다)

"이번 주에는 무슨 요일이 가장 좋으세요? 저는 ㅁ요일과 ㅁ요일 오후에 스케줄이 비어 있는데 어느 쪽이 더 좋으세요?"

만약 프로스펙터가 만날 시간도 없고 미팅에 참석할 시간도 없다고 말한다면, 이렇게 응답한 다음 당신이 먼저 전화를 끊습니다.

"영희씨가 관심을 가질 만한 사업을 소개해 드리려고 했는데 정말 안타깝네요. 하지만 영희씨가 지금 하는 일을 바쁘게 수행하고 있다는 것을 알게 되어 안심이 되네요. 다른 재미있는 일이 있으면 또 연락 드리지요. 오늘은 정말 고마웠어요."

여기서 중요한 것은 절대로 전화상으로 사업설명을 하지 않아야 한다는 것입니다. 직접 만나 여러 가지 자료를 보면서 1시간 이상이나 설명해야 할 내용을 전화상으로 어설프게 설명하다 보면 그것이 오히려 오해의 근원이 될 수 있습니다.

◇ 실례 4

만약 프로스펙터가 "이거 네트워크 마케팅에 대한 이야기입니까?"라든가 "혹시 이거 네트워크 마케팅 아닌가요?"라고 물었을 때, 당신은 당황할 것이 아니라 자신감과 확신을 갖고 다음과 같이 말하도록 하십시오.

"그렇습니다. 영희씨는 이미 네트워크 마케팅의 사업자로 가입하였나요? 아니면 전에 사업설명을 들어본 적이 있나요? 영희씨도 알고 있다시피 거품경제가 붕괴된 이후, 많은 기업들이 해고를 단행하거나 경영규모를 축소시키고 있지요. 하지만 ○○회사는 매년 매상고를 신장시켜 왔고, 작년 총 매상고는 ___억 원이었지요. 법인 신고소득 랭킹에서는 ___부분에서 ___위였어요. 그리고 ○○회사는 전 세계 ___개국에 자회사를 갖고 있고, 전 세계 ___개국 이상의 나라와 지역에서 사업이 전개되고 있지요. 199_년에는 중국에(그 밖의 나라에), 199_년에는 필리핀(그 밖의 나라)에 진출했고 그리고 ___에도 진출할 계획이지요. 이것을 생각해 보면, 사업기회는 끝난 것이 아니라 지금부터 사업기회가 열린다고 보아야 합니다. 꼭 한 번 만나서 이 사업의 가능성에 대해 이야기를 나눠보고 싶어요."

더불어 당신이 하고 있는 사업의 장래성에 대해 확신을 갖고 있다는 것을 프로스펙터에게 보여주도록 하십시오. '아니, 네트워크 마케팅에 대해 알고 있었구나' 라는 생각으로 얼굴색이 바뀌거나 동요하는 기색을 보이면 안 됩니다. 당신이 하고 있는 사업에 대해 확신을 갖도록 하십시오.

홈 미팅 & 오픈미팅(OM)의 성공비결

3

제3장 홈 미팅 & 오픈미팅(OM)의 성공비결

홈 미팅(집에서 하는 모임)은 네트워크 마케팅의 기본으로 가장 큰 결과를 기대할 수 있는 방법 중의 하나입니다.

그 이유는 우선 홈 미팅은 특별한 재능이나 훈련을 받지 않더라도 누구든 쉽게 개최할 수 있기 때문입니다. 그리고 프로스펙터를 당신의 집에 초대하여 따뜻한 분위기 속에서 사업설명을 하므로 신뢰관계를 만드는 데 있어서 가장 좋은 방법 중의 하나이기 때문입니다.

홈 미팅은 명단 작성으로 시작하여 미팅 날짜를 정하고 명단에 들어있는 프로스펙터를 '폰 스크립트'를 사용하여 접근한 후, 홈 미팅에 초대하는 약속을 잡는 일련의 과정을 밟습니다. 물론 처음의 두 세 번은 스폰서와 함께 개최하게 되는데, 이때 기억해 두어야 할 주의사항과 비결이 몇 가지 있습니다.

지금부터 홈 미팅을 보다 확실하고 보다 충실하게 그리고 보다 많은 성과를 거둘 수 있도록 해주는 몇 가지 포인트를 열거해 보겠습니다.

홈 미팅을 성공으로 이끄는 *24가지 주의사항과 비결*

(1) 홈 미팅을 개최하고자 할 때, 가장 먼저 해야 할 것은 당신의 스폰서나 업 라인과 상의하여 가장 좋은 날을 선택하고 미팅 일정을 정하는 것입니다. 이때, 미팅의 일정은 당신의 사정에 맞출 것이 아니라 당신의 스폰서나 업 라인의 사정에 맞추는 것이 예의이고 일종의 철칙입니다.

그리고 프로스펙터 중에서 당신이 정한 미팅 날짜에 도저히 참석할 수 없는 사람이 반드시 나오게 마련이므로 예비로 두 번째 미팅 날짜를 미리 정해 두도록 하십시오. 그렇게 하면 처음 미팅에 참석할 수 없는 프로스펙터를 즉시 두 번째의 미팅에 초대할 수 있기 때문입니다. 초대하는 미팅이 두 개 있다면 프로스펙터가 미팅에 참석할 확률은 두 배로 늘어나는 것입니다.

(2) 미팅 예정일로부터 7~10일 전에, 초대하려고 마음먹은 프로스펙터에게 전화로 접근하든지 아니면 직접 만나서 그들을 미팅에 초대합니다. 초대를 시작하는 것은 너무 빨라도 안 되고 너무 늦어도 안 됩니다. 사업자 중에는 미팅 전날 전화를 하는 사람도 있는데, 미팅 전날 전화를

하는 것은 상대방에 대한 실례일뿐더러 절대로 그렇게 해서는 안 됩니다.

(3) 프로스펙터를 전화로 홈 미팅에 초대할 때에는 미리 준비된 '폰 스크립트(전화 대화 예문을 적어 놓은 대본)를 사용하는 것이 원칙입니다. 왜냐하면 전화를 하는 목적은 세상사는 이야기를 하기 위한 것이 아니라 프로스펙터를 미팅에 초대하기 위함이기 때문입니다. 굳이 세상 돌아가는 이야기를 하고 싶다면 다른 기회를 이용하기 바랍니다.

몇 가지의 폰 스크립트 중에서 자신에게 맞는 대화 예문을 하나 선택하십시오. 처음에는 폰 스크립트를 사용하는 것이 부자연스럽기 때문에 실제로 사용하기 전에 당신의 입에서 자연스럽게 나올 때까지 여러 번 연습하는 것이 중요합니다. 그리고 당신이 선택한 폰 스크립트에 다른 말을 덧붙이거나 생략하지 마십시오.

(4) 당신의 초대를 받고 '꼭 참석하겠다' 고 말한 사람들에게는 다음의 세 가지 점을 반드시 전하도록 하십시오.

① 당신이 미팅 당일에 그 사람과 만나는 것을 진정으로 기대하고 있다는 것.

② 미팅 장소에는 제한된 좌석밖에 준비되어 있지 않기 때문에 그 날 당신이 그 사람을 위해 자리를 확보해 놓겠다는 것.

③ 미팅은 정시에 시작할 것이므로 적어도 10분전에 미팅 장소에 올 것.

위의 세 가지를 프로스펙터에게 이해시키는 것은 매우 중요한 일입니다.

다시 한 번 미팅 시간과 장소를 확인한 후에 전화를 끊습니다.

정시에 오지 않은 사람이나 시작한 후에 참석한 사람, 중간에 나가는 사람은 다른 기회에 초대하도록 하십시오. 왜냐하면 사업설명은 처음부터 끝까지 다 듣지 않으면 아무런 의미가 없기 때문입니다. 계획을 대충 듣는 것은 오히려 오해의 근원이 됩니다.

(5) 많은 성공자들의 오랜 기간에 걸친 경험에 의하면, '미팅에 참석하겠다' 라고 말한 프로스펙터라 할지라도 그 중의 약 절반은 미팅 전날이나 당일이 되면 여러 가지 이유를 대면서 참석하지 않는다고 합니다. 그러므로 홈 미팅에 10명을 초대하고 싶다면 적어도 그 두 배인 20명으로부터 '반드시 참석하겠다' 라는 약속을 받도록 하십시오. 그리고 애매한 대답, 예를 들어 '시간이 나면 갈게요' 라든가 '가고 싶긴 하거든요' 라고 말한 사람들은 거의 미팅에 참석하지 않을 것이라고 생각해도 틀림이 없을 것입니다.

(6) 홈 미팅의 성공여부는 사업의 장래성을 크게 좌우합니다. 그리고 사업의 성공여부는 당신의 인생에 직접적으로 영향을 준다고 해도 과언이 아닙니다. 그러므로 당신의 집에 애완동물이 있다면 미팅에 방해가 되지 않도록 다른 곳으로 옮겨놓으십시오. 그리고 어린 자녀가 있을 때에는 아이를 돌보아줄 사람에게 부탁해서 다른 방에서 놀도록 조치를 취하십시오.

홈 미팅은 어디까지나 사업 분위기가 흐르는 가운데 이루어져야 합니다. 어린 자녀나 애완동물이 시끄럽게 한다면 프로스펙터는 사업설명에 집중할 수 없을 것입니다.

(7) 사업설명을 하고 있는 도중에 전화가 걸려온다면, 사업설명이 중단될 것이고 프로스펙터가 사업설명에 집중할 수 없게 됩니다. 그러므로 당신의 전화기에 자동응답기능이 있다면 호출음의 볼륨을 최소한으로 해놓고 다른 방으로 옮겨놓도록 하십시오. 자동응답기능이 없는 전화기는 호출음의 볼륨을 최소한으로 해놓고 다른 방으로 옮겨놓은 후, 당신 대신 다른 사람이 전화를 받을 수 있도록 해 놓으십시오. 물론 TV나 스테레오는 미리 꺼놓아야 합니다.

(8) 처음부터 미팅 장소에는 의자나 방석을 예상보다 조금 적게 깔아놓도록 하십시오. 예를 들어 10명이 참석할 예정이었다면 미팅 장소에는 대여섯 개를 내놓는 것이 이상적입니다. 미팅이 시작되고 나서 빈자리가 있는 것보다는 처음부터 예비 의자를 다섯 개 정도 준비해 놓고 나중에 손님이 올 때마다 의자를 내놓는 것이 더 보기 좋기 때문입니다. 같은 다섯 명이 참석하더라도 빈 의자가 다섯 개 있으면 '다섯 명이나 오지 않았나 보다' 라고 생각할 것입니다. 반대로 빈 의자가 하나도 없다면 '다섯 명이나 왔구나' 라고 생각하게 됩니다. 의자나 방석을 내놓는 방법 하나로도 프로스펙터에게 주는 심리적인 영향은 크게 달라지는 것입

니다.

(9) 미팅은 반드시 정시에 시작해야 합니다. 정시에 오지 않은 프로스펙터를 기다리는 것보다 정시에 온 프로스펙터에게 사업설명을 하는 것이 더 중요하기 때문입니다.

사업자 중에는 프로스펙터 앞에서 손목시계를 보며 "ㅇㅇㅇ씨가 오늘 온다고 했으니까 조금만 더 기다려 봅시다"라는 말을 하는 사람도 있는데 설령 기다리더라도 그 사람은 오지 않을지도 모릅니다. 그리고 정시에 온 프로스펙터는 그 말을 듣고 '참석한다고 하고 오지 않은 사람도 있네? 나도 안 왔으면 좋았을 걸' 이라고 생각할 지도 모릅니다. 게다가 정시에 온 프로스펙터를 기다리게 하는 것이 그들에 대한 실례라고 생각지 않습니까?

(10) 미팅의 진행 중에는 절대로 테이블 위처럼 프로스펙터의 눈에 잘 띄는 곳에 제품이나 카탈로그, 자료를 절대로 내놓지 않아야 합니다. 만약 테이블 위에 제품을 진열해 놓는다면 프로스펙터는 '혹시 이걸 모두 사야 하는 것은 아닐까?' 하는 생각으로 사업설명에 집중할 수 없게 됩니다. 또한 테이블 위에 카탈로그나 자료를 올려놓으면 사업설명을 하는 도중에 프로스펙터가 그 자료를 집어서 볼 수도 있기 때문에 사업설명에 온전히 집중할 수 없게 됩니다.

(11) 홈 미팅에서는 원칙적으로 제품 체험은 하지 않습니다. 그러므로 홈 미팅에서 이 방법을 사용할 것인지의 여부는 당신의 스폰서와 상의하십시오. 홈 미팅에서 제품 체험을 하지 않는 이유는 후속조치를 취할 때, 제품을 경험하도록 해야 하기 때문입니다.

앞에서 설명했듯이 홈 미팅이 끝나면 48~72시간 내에 반드시 후속조치를 취해서 각각의 프로스펙터를 A, B, C타입으로 분류합니다. 그리고 사업자가 되기로 결정한 A타입과 B타입에게는 제품을 시험해 보게 하여 제품의 뛰어난 성능과 사용방법을 익히게 합니다. 즉, 현재 사용하고 있는 일상 생활용품을 가능한 한 자사제품으로 바꾸게 할 목적으로 제품 체험을 하는 것입니다.

그리고 사업자로 등록하지 않는 C타입의 사람들에게는 제품의 품질이 뛰어나다는 것을 알리기 위해 제품 체험을 하게 합니다. 즉, C타입에게는 제품의 우수성을 알려 고객으로 남도록 하려는 목적으로 제품 체험을 하게 하는 것입니다.

이처럼 제품 체험의 본래 목적은 사업자가 된 사람들과 그렇지 않은 사람들에게 '제품의 품질' 과 '제품의 사용법' 을 알게 하여, 가능한 한 당신 회사의 제품을 사용하게 하기 위함입니다. 왜냐하면 네트워크 마케팅이란 제품을 파는 것보다는 제품을 사용하는 사업이기 때문입니다.

그래도 홈 미팅에서 굳이 제품을 직접 사용하게 하고 싶다면 사업 설명이 끝난 후에 하도록 하십시오. 그리고 그때 당신이 그들에게 체험을 하게 하는 목적은 제품을 구입하게 하려는 것이 아니라 제품의 특징을 알려주기 위함이라는 사실을 프로스펙터에게 명확히 설명하지 않으면 안 됩니다.

(12) 음료나 다과는 미팅이 시작하기 전이나 미팅이 끝난 후에 가져와야 합니다. 한창 미팅이 진행되는 도중에 음료나 다과를 내오면 설명이 중단되기 때문입니다. 만약 당신의 회사에서 음료도 취급하고 있다면, 이러한 미팅은 제품을 알릴 수 있는 절호의 기회이므로 그 기회를 활용하십시오.

또한 미팅의 목적은 어디까지나 사업을 이해하도록 하기 위한 것이지 파티를 열기 위한 것이 아니므로, 값비싼 요리를 만들거나 사오지 않기 바랍니다. 그리고 잔이나 접시는 호화로운 제품을 피하고 가능하면 1회용 접시를 사용할 것을 권합니다. 홈 미팅을 할 때 고급요리를 준비하거나 값비싼 그릇을 사용하는 것은 돈도 들뿐더러 그런 그릇을 갖고 있지 않은 사람들이나 요리를 만들 수 없는 사람들, 만들 시간이 없는 사람들이 '우리 집에는 이런 좋은 그릇도 없고 게다가 이런 비싼 요리를 만들어야 한다면 나는 사업을 못 하겠군' 이라고 생각할 수도 있기 때문입니다.

(13) 홈 미팅을 할 때, 절대로 술을 내놓으면 안 됩니다. 돈이 들기도 하지만 사업설명을 하는 데 있어서 술은 전혀 필요가 없기 때문입니다. 그래도 술을 대접하고 싶다면 다른 기회에 하도록 하십시오.

(14) 당신이 진심으로 초빙강사를 존경하고 있다는 것을 모든 사람들이 알 수 있도록 하면 할수록, 프로스펙터는 초빙강사의 사업 설명을 진지하게 들을 것입니다. 그리고 당신이 초빙강사를 존경하고 있다는 사실은 말뿐만 아니라 프로스펙터들이 느낄 수 있도록 당신의 태도에서 나타나지 않으면 안 됩니다.

예를 들어 초빙강사가 자신의 차로 온다면 당신은 그를 위해 미팅 장소에서 가장 가까운 곳에 주차할 공간을 확보해 놓아야 합니다. 그곳이 초빙강사의 차를 주차할 곳이라는 것을 프로스펙터 모두가 알 수 있도록 플래카드에 초빙강사의 이름을 써서 세워놓는 것도 좋을 것입니다. 그리고 초빙강사가 주차장에 도착하면 당신은 밖으로 나와 초빙강사의 짐을 들어주도록 하십시오. 또한 집안으로 안내하여 프로스펙터들에게 초빙강사가 도착하였음을 알리고 그에게 음료를 권하도록 하십시오. 어떤 미팅에서든 초빙강사는 'VIP' 대접을 받아야 합니다.

당신이 초빙강사에게 존경을 나타내면 나타낼수록, 초빙강사 역시 당신이 뛰어난 리더이고 반드시 이 사업에서 성공할 것이라는 확신을 갖고 있다는 것을 당신의 프로스펙터 앞에서 말해줄 것입니다.

(15) 홈 미팅의 주역은 바로 초빙강사입니다. 따라서 주최자인 당신은 프레젠테이션을 시작할 때 다음과 같은 요령으로 초빙강사를 소개해야 합니다.

① 먼저 귀중한 시간을 내서 미팅에 와 주신 것에 대해 초빙강사에게 감사를

표합니다.

② 초빙강사의 이름과 간단하게 살고 있는 곳을 말합니다.

③ 네트워크 마케팅 이외에 다른 사업을 하고 있을 경우에는 간단하게 그 직업(회사명은 초빙강사에게 물어본 후, 괜찮다고 할 경우에만 말한다)과 경력, 어떤 일을 하고 있는지를 짧게 설명하고 그 일을 하면서 네트워크 마케팅을 계속해 온 결과 지금은 사업에서 크게 성공하고 있다는 사실을 말합니다.

④ 초빙강사의 가족이 있을 경우에는 부인의 이름(여성의 나이는 말하지 않는다)과 자녀는 몇 명이 있으며 이름은 무엇이고 나이는 몇 살인지를 말합니다.

⑤ 당신의 가족과 초빙강사의 가족과는 친한 사이임을 말합니다.

⑥ 다시 한 번 초빙강사에게 홈 미팅을 위해 귀한 시간을 내주신 것에 대해 감사의 마음을 전합니다.

당신이 강사에게 감사하는 마음을 나타내면 나타낼수록, 프로스펙터들은 대단한 강사가 와 주었다고 생각해서 더욱더 진지하게 초빙강사의 사업설명을 들을 것입니다. 물론 어떤 사업자는 내심 '저 초빙강사는 사업을 여러 해 동안 해왔는데 조금도 발전이 없어' 라고 생각할지도 모릅니다. 그러나 그럴 경우에도 프로스펙터 앞에서는 초빙강사가 훌륭한 사람이라고 소개하는 것이 중요합니다.

다시 한 번 강조하지만 홈 미팅에서의 주역은 바로 프로스펙터가 아니라 초빙강사라는 사실을 명심하십시오.

(16) 당신은 초빙강사가 말하는 사업설명을 카세트테이프에 녹음하거나 비디오로 촬영하거나 노트에 메모하십시오. 그러면 나중에 다시 한 번 미팅을 되돌아볼 수 있으며 보다 빨리 사업을 설명하는 방법을 습득할 수 있기 때문입니다. 당신의 업 라인이 두세 차례 홈 미팅을 개최해 주었다면 그 후에는 당신도 직접 사업설명을 할 수 있도록 노력하지 않으면 안 됩니다.

또한 초빙강사의 사업설명을 비디오로 녹화하거나 녹음하고 메모하는 것은 당신이 진지하게 이 사업에 몰두하고 있다는 것을 프로스펙터에게 보여주는 것일뿐더러 초빙강사에 대해 경의를 표하는 것이기도 합니다. 반대로 아무 것도 하지 않고 그냥 막연히 초빙강사의 프레젠테이션을 듣고 있는 것은 간접적으로 '당신의 사업설명은 녹음하거나 메모할 가치가 없소'라고 초빙강사에게 말하고 있는 것과 다름없습니다.

(17) 미팅을 끝낼 때에는 프로스펙터 앞에서 다음의 세 가지를 특별히 강조하십시오.

① 초빙강사의 프레젠테이션이 대단히 훌륭했다는 점을 반드시 말하십시오.

② 네트워크 마케팅이 커다란 사업기회를 제공한다는 사실을 다시 한 번 확인할 수 있었다고 말하십시오.

③ 진지하게 이 사업을 계속 해서 반드시 성공해 보이겠다는 당신의 결의를 프로스펙터 앞에서 말하도록 하십시오.

사람들은 보통 사업설명을 여러 번 들어도 쉽게 이해하지 못합니다.

하지만 적어도 당신의 열정만큼은 프로스펙터들에게 강하게 전달됩니다.

(18) 이것으로 사업설명이 끝나게 되는데, 프로스펙터가 초빙강사에게 묻고 싶은 것이나 이해가 가지 않는 부분이 있는지를 물어보도록 하십시오. 강사가 질문에 대답하는 사이에 음료나 다과를 준비해서 프로스펙터에게 권하도록 하십시오. 당신이 미팅의 진행에 전념해야 하기 때문에 음료나 먹을 것을 준비할 수 없다면, 다른 사람에게 부탁하는 것도 좋습니다. 그리고 모든 사람들의 긴장이 어느 정도 풀렸을 때, 정보자료집을 나눠주십시오. 정보자료집은 후속조치를 할 때 회수할 것이기 때문에 그것을 건네주는 것은 다시 한 번 프로스펙터를 만날 수 있는 구실이 되어 줍니다.

(19) 홈 미팅에 참석한 프로스펙터 모두에게 건네준 정보자료집은 미팅이 끝나고 48~72시간 안에 후속조치를 취해 반드시 회수하도록 하십시오. 정보자료집을 건네주는 데에는 몇 가지 목적이 있습니다.

첫째, 정보자료집은 반드시 회수할 것이기 때문에 다시 한 번 프로스펙터를 만날 구실이 됩니다.

둘째, 네트워크 마케팅을 객관적으로 판단할 수 있도록 필요한 정보를 프로스펙터에게 제공할 수 있습니다.

더 나아가 정보자료집을 프로스펙터에게 건네줄 때에는 반드시 다음과 같이 말하지 않으면 안 됩니다.

"부탁이 있는데요, 이 자료집 안에는 사업을 객관적으로 판단하는 데 도움이 될 만한 충분한 정보가 들어있거든요. 그러니까 영희씨가 이 자료집에 들어있는 정보를 보시고 영희씨 스스로 이 사업을 판단해 주셨으면 해요. 만일 질문이나 더 알고 싶은 것이 있을 때에는 종이에 적어 놓으세요. 2~3일 안에 정보자료집을 돌려 받으러 갈 계획인데 그때 영희씨의 질문에 대답해 드릴게요. 저는 모레 오후 △시에 시간이 비어 있는데 영희씨는 어떠세요?"라고 말하면서 반드시 정보자료집을 회수할 날짜를 정하도록 하십시오.

경험이 별로 없는 사업자는 프로스펙터를 홈 미팅에 초대해서 사업설명을 하기만 하면 스폰서 할 수 있을 것이라고 생각하기 쉽지만 실제로 프로스펙터를 스폰서 할 수 있을 확률은 첫 번째 후속조치 이후가 가장 높습니다. 그러므로 반드시 미팅이 끝난 지 3일 이내에 후속조치를 할 약속을 하도록 하십시오.

(20) 당신과 프로스펙터가 마음을 터놓고 이야기할 때, 다음과 같이 슬쩍 질문해 보십시오.

"지난번에 들었던 사업설명을 다른 곳에서 들어본 적이 있나요?", "어떻게 수입을 얻는지 이해가 되셨나요?", "이 사업을 소개할 만한 다른 친구가 있나요?", "지난 번 설명에서 어떤 점을 가장 관심 깊게 들으셨나요?", "얼마나 수입을 얻고 싶은가요?"

왜냐하면 이러한 질문을 통해 상대방이 무엇을 생각하고 있으며 얼마나 사업에 관심을 갖고 있는지를 알 수 있기 때문입니다.

(21) 대부분의 프로스펙터는 사업설명을 한 번 듣는 것으로는 그 내용을 잘 이해하지 못합니다. 그러므로 홈 미팅에 참석한 프로스펙터 모두를 대회나 컨벤션에 초대할 수 있도록 항상 다음 번 그룹 미팅이나 대회의 일정을 알아놓도록 하십시오. 홈 미팅만으로는 이 사업이 갖고 있는 커다란 가능성을 알려주는 것이 어려울 것입니다. 그러므로 그룹 미팅이나 대회에 참석해서 다양한 배경을 가진 참석자들을 보게 하는 것은 대단히 중요합니다.

(22) 미팅은 아무리 길어도 2시간 안에 끝내도록 하십시오. 그리고 참석자가 집에 돌아갈 때에는 반드시 집 현관까지 배웅을 하고 정보자료집을 회수할 날짜를 다시 한 번 확인합니다.

(23) 지금까지 설명한 과정을 여러 번 반복하면 당신은 반드시 누군가를 스폰서 할 수 있게 될 것입니다. 그리고 같은 과정을 당신이 스폰서한 하위 라인의 홈 미팅에서 다시 반복함으로써 당신의 그룹을 '나무의 뿌리' 처럼 아래로 파 내려갈 수 있을 것입니다.

(24) 마지막으로 미팅을 도와준 스폰서에게 다시 한 번 감사를 표합니다. 아무리 스폰서가 당신의 사업 파트너일지라도 그에 대해 '고맙습니

다' 라고 당신이 감사하는 마음을 보이지 않는다면 언젠가는 당신에게서 떠나갈 것입니다. 매일 맛있는 식사를 준비해 주는 아내에게 '고마워. 오늘 식사는 참 맛있는걸' 이라고 감사의 말을 하지 않는다면, 언젠가는 당신이 스스로 식사를 준비해야 하는 날이 올 지도 모릅니다. 매일 가족을 위해 열심히 일하는 남편에 대해 '정말 수고 많았어요. 오늘은 푹 쉬세요' 라고 감사하고 있다는 것을 나타내지 않는다면, 언젠가는 혼자서 생활해야 할지도 모릅니다.

어떤 사업자들은 스폰서가 자신을 도와주는 것을 당연하게 여기기도 합니다. 하지만 스폰서는 당신의 하인이 아닙니다. 물론 스폰서는 하위 라인 사업자에게 사업 방법을 가르쳐주어야 하지만, 가르침 받은 사람도 그에 대해 감사를 표하지 않으면 안 되는 것입니다.

네트워크 마케팅은 팀웍이 중요한 사업입니다. 따라서 업 라인과 하위 라인이 하나의 팀이 되어 일할 때 비로소 최대의 힘을 발휘할 수 있습니다.

홈 미팅에 있어서 프레젠테이션의 가이드라인

스폰서나 업 라인은 이제 막 사업자로 등록한 사람들을 도와 가능한 한 빠른 시일 내에 홈 미팅을 여러 번 개최하도록 하는 것이 좋습니다. 하지만 스폰서나 업 라인이 도와줄지라도 홈 미팅을 처음으로 개최하는 사람은 무엇을 어떻게 하면 좋을지 그리고 어떻게 미팅을 진행해야 할지 전혀 모르기 때문에 적잖은 불안감을 갖고 있을 것입니다.

결혼식이나 졸업식 같이 어떠한 행사든 올바른 진행방식이 있는 것처럼 홈 미팅을 개최하여 사업설명을 하는 데에도 정해진 순서가 있습니다. 이때, 어떻게 홈 미팅을 진행해야 하는지, 즉 주의사항이나 순서를 적어놓은 지침서가 있다면 조금은 불안감을 해소할 수 있을 것입니다. 따라서 이제부터 홈 미팅을 어떻게 진행하면 보다 좋은 결과를 기대할 수 있을지에 대해 하나의 예를 들면서 설명하도록 하겠습니다.

여기에는 간혹 '프레젠테이션' 이라는 용어가 쓰이는데, 미국에서는 사업설명을 하는 것을 두고 증정, 수여, 선물, 제출, 발표, 소개의 뜻을 지닌 '프레젠테이션(Presentation)' 이라고 부릅니다.

가장 먼저 초빙강사를 소개한다

미팅은 반드시 정시에 시작해야 합니다. 미팅에 늦게 오는 프로스펙터를 기다리는 것보다는 제 시간에 와준 프로스펙터에게 사업설명을 하는 것이 보다 더 중요한 일이기 때문입니다. 그리고 제 시간에 오지 않은 사람은 미팅에 참석하지 않을지도 모르며 정시에 와준 프로스펙터를 기다리게 하는 것은 실례입니다.

또한 프레젠테이션을 한참 진행하는 도중에 휴대전화 벨소리가 울리면 설명에 집중할 수 없을뿐더러 프레젠테이션이 중단되므로 프레젠테이션을 시작하기 전에 참석자 전원에게 휴대전화의 전원을 꺼 달라고 부탁하십시오.

미팅에서 주역은 프로스펙터가 아닌 초빙강사입니다. 주최자인 당신은 프레젠테이션이 시작하기 전에 감사의 마음을 담아 다음과 같은 요령으로 참석자 전원에게 초빙강사를 소개하도록 하십시오.

①먼저 귀중한 시간을 내서 미팅에 와준 초빙강사에게 감사를 표합니다. ②그 다음으로 초빙강사의 이름을 말하고 ③간단하게 어디에 살고 있는지를 말합니다. ④미리 초빙강사로부터 들은 초빙강사의 특기나 자랑할 만한 것이 있다면 이 시점에서 소개합니다. ⑤네트워크 마케팅 이외에 다른 사업을 하고 있다면 간단하게 그 직업(회사 이름은 본인에게 물어본 후, 괜찮다고 할 경우에 한해서 말한다)과 경력을 짧게 설명하고 그 일을 하면서 네트워크 마케팅을 계속 해온 결과 지금은 ⑥그 사업과 함께 네트워크 마케팅 사업에서 크게 성공하고 있다는 사실을 잊지 말고 말하도록 하십시오. ⑦초빙강사가 결혼한 사람이라면 부인(혹은 남편)의 이름과 연령(여성일 경우, 나이는 말하지 않는다), 자녀는 몇 명이 있으며 이름은 무엇이고 나이는 몇 살인지를 간단하게 말하고 ⑧그 다음으로 당신의 가족과 초빙강사의 가족과는 사업을 통해 친한 사이가 되었음을 말한 뒤 ⑨끝으로 다시 한 번 오늘의 미팅을 위해 귀중한 시간을 내서 와 주신 것에 대한 감사의 마음을 초빙강사에게 전하도록 하십시오.

당신이 초빙강사에게 감사하는 마음을 나타내면 나타낼수록, 참석자들은 오늘 대단한 강사가 왔다고 느끼게 되어 초빙강사의 프레젠테이션을 진지한 자세로 들을 것입니다.

이때, 주의해야 할 점은 초빙강사의 빛나는 경력이나 학력을 너무 지나치게 강조하면 프로스펙터 중에서 특히 학력이나 경력에 콤플렉스를 갖고 있는 사람들이 '난 많이 배우지 못했으니까 못하겠군' 이라고 생각할지도 모른다는 사실입니다.

네트워크 마케팅은 경력이나 학력에 의해 좌우되는 사업이 아니기 때문에 참석자가 초빙강사에게 친밀감을 가질 정도로만 간단하게 설명하면 좋을 것입니다. 하지만 프로스펙터 중에 고학력자가 많다면 초빙강사의 학력이 높다는 사실을 강조해도 좋을 것입니다. 당신은 프로스펙터의 배경에 대해 잘 알고 있으므로 프로스펙터의 수준에 맞추어 어느 정도까지 강조할 것인지 미리 스폰서와 상의하도록 하십시오.

그러면 초빙강사를 소개하는 방법과 주의사항을 염두에 두고 하나의 실례를 들어보겠습니다.

초빙강사를 소개하는 실례

"이 자리에 참석해 주신 여러분! 바쁘신 와중에도 이렇게 미팅에 참석해 주셔서 진심으로 감사드립니다. 오늘은 특별히 서울/부산/대전/…에서 특별 강사를 초대하였습니다. 오늘의 초빙강사는 A씨입니다.(박수)

– A씨가 등장 혹은 자리에서 일어선다 –

A씨! 귀중한 시간을 내주셔서 정말로 감사합니다. 우선 미팅을 시작하기 전에 A씨의 간단한 프로필을 소개할까 합니다. A씨는 지금 서울 동작

구에 살고 계십니다. 그리고 XX사의 영업부 부장으로 근무함과 동시에 네트워크 마케팅을 계속 해 오셔서 지금은 크게 성공을 거두고 계십니다. 가족으로는 부인인 B씨와 9살인 C군 그리고 6살인 D군이 있습니다.

A씨 가족과 저희 가족은 같은 사업을 하게 된 인연으로 친하게 지내고 있습니다. A씨! 바쁘신 와중에도 사업설명을 위해 이곳(대구/인천/광주…)까지 와주셔서 대단히 감사합니다.”(박수)

초빙강사의 소개가 끝나면 그 때부터는 미팅의 진행을 초빙강사가 맡습니다. 그러므로 마이크를 사용하는 경우에는 이 시점에서 초빙강사에게 마이크를 건네줍니다.

위에서 예로 든 초빙강사의 소개에는 어떤 네트워크 마케팅 회사인지 이름이 나와 있지 않습니다.

보통 프레젠테이션은 일곱 장의 카드(뒷부분 참조)를 보면서 설명을 해나가는데, 회사 이름은 ‘카드 #3’ 의 끝부분에서 말하게 됩니다. 왜냐하면 회사 이름을 공개하는 데에는 그에 알맞은 시기가 있기 때문입니다. 처음부터 회사 이름을 말한다면 안 좋은 소문을 듣게 되어 그 회사에 대해 나쁜 이미지를 갖고 있는 프로스펙터는 일찌감치 마음의 문을 닫아버릴 것입니다.

중요한 것은 가능한 한 선입견이 없는 상태로 프레젠테이션을 듣게 하는 것입니다. 그리고 어느 정도 네트워크 마케팅의 기초 지식을 쌓았다고 여겨질 때, 회사 이름을 공개하는 것이 가장 좋은 결과를 낳습니다.

회사의 이름을 언제 공개할 것인가 하는 것은 당신의 업 라인과 상의한 후에 결정하도록 하십시오.

특히 국내에 들어 온지 5년이 넘어 지명도가 높은 회사일 경우, 처음부터 참석자에게 회사의 이름을 공개하는 것은 결코 좋은 결과를 낳지 못합니다. 하지만 국내에 들어오기 전이나 들어온 지 얼마 되지 않는 회사일 경우에는 처음부터 회사의 이름을 공개할 수 있습니다. 그러나 해가 지나면서 점점 지명도가 높아지면 주의해야 합니다.

미팅의 진행은 초빙강사에게 위임한다

홈 미팅에 참석하는 프로스펙터의 숫자는 그다지 많지 않기 때문에 초빙강사는 프레젠테이션을 시작하기 전에 참석자 전원에게 자기소개를 할 기회를 주는 것이 좋습니다. 참석자의 자기소개는 '서울 동대문구에서 온 ○○○입니다. 저는 샐러리맨이며 취미는 골프입니다'와 같이 이름, 사는 곳, 직업, 취미를 간단하게 소개하는 것으로 충분하다고 생각합니다. 중요한 것은 서로 자신을 소개함으로 참석자들의 긴장을 풀어주는 것입니다.

대부분의 사람들은 옆에 앉아 있는 사람이 어떤 사람인지 또한 어떤 일을 하고 있는지를 모르면 왠지 불안한 법입니다. 그리고 참석자가 자기소개를 할 때, 초빙강사와 미팅의 주최자인 당신은 참석자의 이름과 참석자가 어떤 사람인지를 잊지 않기 위해 참석자의 이름, 취미, 첫인상을 메모해 두면 나중에, 특히 후속조치를 취할 때 도움이 될 것입니다. 예를 들어 다음에 그 사람을 만날 경우 그 사람의 이름을 떠올릴 수 있을 것이고 그 사람의 취미가 낚시였다면 낚시 얘기를 꺼내면서 대화를 시작할 수 있을 것이기 때문입니다.

누군가로부터 명함을 받았을 때에도 마찬가지입니다. 만일 명함을 받았다면 명함의 뒷면에 그 사람을 만난 날짜, 장소, 용건을 메모해 놓도록 하십시오. 그리고 그 사람과의 대화 가운데에서 가족의 이름이나 취미에 관한 이야기가 나오면 그 역시 잊지 말고 메모해 놓도록 하십시오. 자세히 기록을 하면 할수록 나중에 그것이 도움이 될 것입니다.

미팅의 참석자에게 자기소개를 하게 하는 실례

→ 초빙강사

"지금 ○○○씨로부터 소개를 받은 _____입니다. 잘 부탁드립니다. 바쁘신 와중에도 미팅에 참석해 주셔서 대단히 감사합니다. 그런데 저는 여러분의 이름을 전혀 모르기 때문에 우선 여러분 개개인으로부터 간단한 자기소개를 통해 여러분의 성함과 간단한 주소, 직업 그리고 취미를 듣고 싶습니다. 앞에 계신 분부터 부탁을 드려도 되겠습니까?"

(참석자 전원에게 간단한 자기소개를 하도록 권한다. 그리고 참석자 전원이 자기소개를 한다)

"자기소개를 해주셔서 감사합니다. 그러면 지금부터 21세기에 유통시스템의 주류를 이룰 것이라고 일컬어지고 있는 최첨단 유통시스템인 '네트워크 마케팅'의 사업 내용에 대해 설명하고자 합니다. 네트워크 마케팅이 국내에 소개된 것은 아주 최근의 일이기 때문에 잘 모르는 부분도 있을 것입니다. 따라서 지금부터 시간이 허락하는 대로 알기 쉽게 설명하고자 합니다. 물론 설명하는 도중에 불명확한 점이나 더 자세히 알고 싶으신 점, 의문점이나 질문이 있으실 것이라 생각합니다. 하지만 시간 관계상 설명을 중단하고 대답을 드릴 수가 없으므로 의문점이나 질문이 있으시면 종이에 적어놓으시기 바랍니다. 프레젠테이션의 마지막에 질문할 시간을 드릴 예정이며 그때 여러분의 질문과 의문에 대답해 드리겠습니다."

사업설명을 할 때에는 반드시 설명할 요점을 적어놓은 플립 차트(강연에서 사용하는 한 장씩 넘기게 된 차트)를 사용해서 프레젠테이션을 진행해 나갑니다. 플립 차트는 설명의 요점을 적어 놓은 일련의 카드(통상적으로 10장 전후)의 총칭으로 사업설명을 할 때 그림카드처럼 프로스펙터 앞에서 한 장 한 장 넘기며 사용합니다. 그러면 왜 플립 차트를 사용해서 프레젠테이션을 진행시켜 야 할까요?

그 첫 번째 이유는 네트워크 마케팅은 복제사업이기 때문입니다. 다시 말해 업 라인이 하고 있는 것을 하위 라인이 그대로 복제하여 따라 하는 사업인 것입니다. 만약 업 라인이 플립 차트를 사용하지 않고 어려운 이야기만 계속 장황하게 늘어놓는다면 하위 라인은 그대로 따라 하기 어려울 것입니다. 초빙강사가 아무리 훌륭한 이야기를 해준다 하더라도 그것이 지금부터 사업자가 될 사람들이 쉽게 따라할 수 없는 것이라면 네트워크는 크게 성장하지 못할 것입니다.

카드 #1

① 참석자 모두에게 '시간과 수입'의 관계를 설명한다

* 질 높은 생활 – 돈과 자유시간이 필요하다

* 의사는 돈은 있지만 자유시간이 없다

* 해고된 사람은 돈이 없다

* 샐러리맨 – 둘 다 없다

② 참석자 모두에게 지금까지 잊고 있던 꿈을 상기시킨다

* 만약 한 달에 _____만원의 부수입이 있다면?

* 빚을 갚는 일/자녀 교육/해외여행/할부금/새 차의 구입/저금

③ 그 꿈을 실현할 방법이 있다는 것을 알려준다

*네트워크 마케팅을 하면 꿈을 이룰 수 있다

카드 #2

1) 네트워크 마케팅이란 무엇인가?

* 네트워크 – 거미줄/망 조직

* 마케팅 – 제품을 생산자에서 소비자로 옮기는 것

2) 네 가지의 특징

① 받고 싶은 수입의 액수를 자신이 결정할 수 있다

 * 몇 만원에서 연간 몇 억 원까지

② 권리(인세)수입을 얻을 수 있다

 * 노동수입과 권리수입을 비교한다

③ 좋은 품질의 상품을 사용할 수 있다

 * 가격은 조금 비싸지만 고품질

④ 사업영역을 무한대로 확장시킬 수 있다(글로벌 화)

 * 국내에 있으면서도 전 세계적으로 사업을 전개할 수 있다

3) 네 가지의 불안

① 자본금 – 일반적으로 10만 원 이하

② 리스크(위험) – 현금 반환이 보장되기 때문에 리스크는 없음

③ 사업 경험 – 시스템이 있기 때문에 불필요

④ 시간 – 자신이 정할 수 있음

카드 #3

〈전통적인 유통 시스템〉

```
제조업자 - ┌→대리점 → 도매점 → 소매점 ┐ ──  →소비자
          │ 400원 → 450원 → 700원 │ ── → 1,000원+소비세
          │      중간업자         │
          └─────────────────────┘
```

제조업자 – | → 중간업자 |– → 소비자

   40%   60%   –5%

〈네트워크 마케팅의 유통 시스템〉

생 산 자 – | → 액티브 사업자 → 등록 사업자 | → 소비자

                 30%   30%   –5%

             성적별 보너스   30% 디스카운트

                    네트워크 사업자

카드 #4

1) 네 가지의 시장 범위

① 첫 번째 범위 : 일상 생활용품

  * 각종 세제/화장품/치약/비타민제/건강보조식품

② 두 번째 범위 : 카탈로그 판매

  * 한국의 카탈로그 판매는 이제 시작 단계

  * 커다란 사업기회임

③ 세 번째 범위 : 하이테크

  * 정수기/공기청정기/가정용 경비 기구

④ 네 번째 범위 : 서비스

  * 장거리 전화 서비스

* 신용카드 서비스

* 자동 네트워크 서비스

* 자동차 긴급지원 서비스

* 여행 서비스

* 부동산 서비스

* 숙박 서비스

* 보험 서비스

카드 #5

1) 당신 혼자일 경우

 * 30만원에 상당하는 제품을 유통시키는 방법

① 100% 자사제품을 사용한다

② 스폰서 활동을 한다

③ 15명의 고객을 확보한다

2) 당신이 6명의 사업자를 찾아내고 그 6명 모두 30만원 상당의 사업

 을 했을 경우

사업자 수 : 7명

전체 매상 : 210만원

3) 당신의 직계라인 6명이 각각 4명을 스폰서해서 사업자 전원이 한 달에 30만원 상당의 사업을 했을 경우

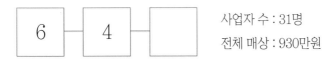

사업자 수 : 31명
전체 매상 : 930만원

4) 당신의 직계라인 6명이 각각 4명을 스폰서하고 그 4명이 각각 2명을 스폰서해서 사업자 전원이 30만원 상당의 사업을 했을 경우

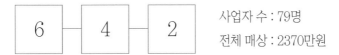

사업자 수 : 79명
전체 매상 : 2370만원

카드 #6

1) 권리수입을 설명한다

 * 네트워크 마케팅의 특징 : 누구든 노력만 하면 권리수입을 얻을 수 있다

2) 리더십 보너스를 설명한다

 * 일반기업에서는 누군가를 독립시키면 경쟁상대가 될 가능성이 있다. 예를 들면 미용실/샐러리맨 등.

 * 네트워크 마케팅에서는 누군가를 독립시키면 당신의 이익과 직결된다

* 권리수입은 그룹을 독립시킨 데 따른 보수이다.

3) 권리수입의 액수를 설명한다

 * 한 개의 그룹을 독립시켜주었을 때 얼마를 받을 수 있는지를 설명한다

 * 여섯 개의 그룹을 독립시켜주었을 때 얼마를 받을 수 있는지를 설명한다

카드 #7

1) 세 가지 선택

① 사업자가 되어 스폰서 활동을 중심으로 사업을 한다(사업 타입)

② 사업자는 되지만 주로 제품을 사용할 뿐이다(소비자 타입)

③ 사업자는 되지 않지만 제품을 사용한다(고객)

2) 정보자료집에 대해서 설명한다

 * 이 사업과 관계가 없는 경제계 인사들의 의견이나 데이터를 보고 이 사업이 할 만한 가치가 있는지를 검토하게 한다

 * 정보자료집은 2~3일 안에 회수할 것을 설명한다

만약 초빙강사가 어려운 단어를 나열하며 프레젠테이션을 한다면, 예를 들어 최신 컴퓨터 용어를 사용하며 프레젠테이션을 한다면 어떤 참석자들은 감탄할지 모르지만, 반대로 많은 프로스펙터들은 '나는 컴퓨터에 대해 잘 모르는데 이렇게 어려운 걸 해야 한다면 나로서는 도저히 할 수 없겠군'이라고 생각할 것입니다.

하지만 누구든 쉽게 활용할 수 있는 플립 차트를 이용해서 설명하면 된다는 사실을 알게 된다면, '나도 할 수 있다' 는 자신감을 갖는 프로스펙터가 많이 있을 것입니다. 그리고 많은 사람들이 플립 차트를 활용해서 사업설명을 할 수 있게 되면 될수록, 네트워크는 크게 성장해 나갈 것입니다.

다시 한 번 강조하지만 초빙강사의 프레젠테이션은 서툰 것보다는 능숙한 편이 더 낫긴 하지만, 그보다 더 중요한 것은 프레젠테이션을 하는 방식이 특별한 훈련이나 지식이 없더라도 누구든 쉽게 흉내 낼 수 있는 것이어야 한다는 점입니다.

플립 차트를 활용해서 프레젠테이션을 하는 두 번째 이유는 그룹의 모든 구성원이 같은 플립 차트를 사용할 때 그룹 내에 보다 강한 연대감이 생기기 때문입니다. 이것은 운동선수가 같은 유니폼을 입으면 유니폼을 입지 않았을 때보다 단결심이 더 강해지는 것과 같습니다.

세 번째 이유는 플립 차트를 활용하면 굳이 다음에 무엇을 설명해야 할 것인지를 하나하나 생각할 필요가 없기 때문에 시간을 헛되이 사용하는 일없이 보다 효과적으로 활용할 수 있을뿐더러 설명에 집중할 수 있기 때문입니다.

네 번째 이유는 깜빡 잊고 중요한 점을 말하지 않는 일을 미연에 방지해 줍니다.

만약 플립 차트가 없다면 말하려는 요점을 저은 카드(10장 전후)를 손에 들고 그것을 보면서 화이트보드에 요점을 적어 나가도록 하십시오.(뒷부분 참조) 물론 플립 차트와 카드의 내용은 기본적으로 같습니다. 다른 점은 플립 차트는 참석자들에게 보여주기 위한 것이므로 크기가 더 크고, 카드는 손바닥 안에 들어갈 정도로 작다는 것입니다.

설령 자신은 카드 같은 것을 보지 않고도 프레젠테이션을 할 수 있다는 자신감이 있더라도 카드를 보면서 프레젠테이션을 진행해 나가는 것이 중요합니다. 사업에서 크게 성공하여 연간 수억 원의 수입을 올리는 사람이 카드를 보면서 프레젠테이션을 하는 것을 보고 참석자들은 어떻게 생각할까요?

대부분의 사람들은 '저 사람도 카드를 보면서 강연을 하는구나. 카드를 보면서 해도 되는 거라면 나도 할 수 있겠는데' 라고 생각할 것입니다. 반대로 성공한 사람이 카드를 사용하지 않고 복잡한 수치를 포함하여 다양한 정보를 막힘없이 술술 말한다면, 참석자들은 어떻게 생각하겠습니까? '이렇게 어려운 것을 다 외워야 하다니, 나에게는 불가능한 일이야' 라고 생각할 것입니다.

여러 번 하는 말이지만 프레젠테이션의 포인트는 얼마나 말을 잘 하느냐보다는 특별한 훈련과 지식이 없더라도 당신의 하위 라인이 모방할 수 있도록 플립 차트와 카드를 활용해서 하는 것이 중요합니다.

이제부터 플립 차트를 활용하여 네트워크 마케팅의 사업 컨셉에 대한 설명을 시작하고자 합니다. 그 전에 반드시 알아두어야 할 점이 있습니다.

'카드 #1'을 설명하기 위해 사전에 알아두어야 할 점

(1) 모든 것의 첫걸음은 꿈으로부터 시작된다

비행기 발명, 의학의 진보, 올림픽에서 금메달을 따는 것, 원하는 대학에 입학하는 것 등 어떤 일이든 그것이 현실로 나타나기 전에는 반드시 그 사람의 마음속에 꿈과 목표라는 이미지가 있었기에 가능했던 것입니다.

우주 비행선의 화성탐사도 어떻게 하다 보니까 우연히 화성에 도착한 것이 아니라, 과학자들이 '화성에 생물이 있는지 없는지를 알고 싶다'는 강한 염원을 갖고 있었기에 실현된 일입니다.

이처럼 '나의 꿈은 무엇인가?', '손에 넣고 싶은 것은 무엇인가?'를 아는 것은 성공을 위한 첫걸음입니다. 이것은 네트워크 마케팅에서도 예외는 아닙니다. 즉, 먼저 '나의 꿈은 무엇인가?', '갖고 싶은 것은 무엇인가?'라는 꿈과 희망을 갖는 것이 네트워크 마케팅에서 성공하는 첫걸음인 것입니다.

간혹 이 사업을 시작하게 된 이유에 대해 '제품이 훌륭해서'라거나 '마케팅 플랜이 좋아서'라고 말하는 사람도 있는데, 사실은 그 사람이 꿈과 염원을 갖고 있기 때문입니다.

예를 들어 '건강보조식품이 몸에 잘 맞아서 시작했다'고 하는 사람은 본래 '더 건강해지고 싶다'는 열망을 갖고 있었기 때문에 제품을 사용해 보려는 마음이 생겼던 것입니다. 그 사람에게 '건강해져야겠다'는 강한 열망이 없었다면 처음부터 건강보조식품을 섭취해야겠다는 마음이 없었을 것입니다.

예를 들어 어린 아이에게 '너는 커서 무엇이 되고 싶니?' 라고 물으면 '우주 비행사', '의사', '스튜어디스' 와 같은 대답이 나올 것입니다. 하지만 어른들에게 '무엇을 하고 싶으냐?' 고 물어보면 '온천에 가고 싶다' 라거나 '죽기 전에 한 번 해외여행을 하고 싶다' 는 대답을 할 것입니다. 다시 말해 어른들은 크게 노력을 기울이지 않아도 실현 가능한 현실적인 욕망을 갖고 있는 것입니다.

누구든 마음속으로는 '더 큰 집에 살고 싶다', '비싼 외제차를 타고 싶다', '의사가 되어 돈을 많이 벌고 싶다', '해외여행을 다니면서 고급요리를 실컷 먹고 싶다' 라는 생각을 할지도 모릅니다. 다만 자신의 예금 잔고나 학력 및 연령을 생각하면서 '그저 꿈같은 일이지' 라고 금방 포기하기 때문에 겉으로 표현하지 않을 뿐입니다.

그러면 왜 해를 거듭할수록 자신의 원대한 꿈을 잊고 점점 현실적이 되어 가는 것일까요?

가장 큰 이유는 꿈을 실현시켜 줄 수단이 없기 때문입니다. 꿈이 있더라도 그것을 실현시켜 줄 수단이 없다면 실망하게 되고 애초부터 꿈이라는 것을 갖지 않는 편이 더 나을 것이라고 생각하게 되는 것입니다.

(2) 단기간에 실현 가능한 목표를 갖게 하고, 네트워크 마케팅을 통해 그것을 실현할 수 있다는 것을 알게 한다.

이 점은 당신의 미팅에 참석한 프로스펙터도 예외는 아닙니다. 많은 프로스펙터들이 자신의 꿈이 무엇인지에 대해 생각조차 하지 않는 경향이 있습니다. 따라서 처음부터 프로스펙터에게 '여러분의 꿈은 무엇입니까?' 라고 질문하면 '느닷없이 꿈을 물어보는 이유가 뭘까?' 라고 이상하게 생각할 것입니다. 따라서 아래에 기술하는 질문을 함으로써 현재의 수입 외에 조금이라도 '부수입' 이 생긴다면 그들이 할 수 있는 일이 훨씬 더 많아진다는 점을 프로스펙터에게 알려주고, 최종적으로는 본업 이외의 부업으로서 '네트워크 마케팅' 을 하면 다양한 옵션이 가능하다는 것을 프로스펙터가 인식할 수 있도록 해야 합니다.

우선 프로스펙터에게 "부수입으로 한 달에 250,000원이 들어오면 어떻게 하시겠습니까?"라고 묻고 나서 프로스펙터에게 그들이 생각한 것을 그대로 대답하게 합니다. 그러면 '아이들에게 피아노를 가르치고 싶다' 라거나 '가구를 새로 사고 싶다' 혹은 '연금 적립에 사용하겠다' 라는 대답이 나올 것입니다.

그런 다음에는 "그러면 부수입으로 한 달에 500,000원이 들어오면 그때는 어떻게 하시겠습니까?"라고 금액을 올려서 물어봅니다. 이렇게 처음에는 적은 금액으로부터 시작하여 점점 큰 금액으로 옮겨가며 프로스펙터에게 질문하도록 하십시오. 이러한 질문은 프로스펙터들이 '네트워크 마케팅을 하면 무엇을 손에 넣을 수 있는지' 를 실제로 느끼도록 하기 위한 목적으로 만들어진 것입니다.

다시 말해 '네트워크 마케팅을 하면 무엇을 얻거나 할 수 있는지' 를 프로스펙터들의 생활과 밀접한 관련이 있는 '돈'을 사용해서 실감나게 알려주는 것입니다. 그렇게 함으로써 프로스펙터들이 잊고 있던 옛날의 꿈을 다시 이끌어내고 최종적으로는 네트워크 마케팅을 하면 멋진 집에서 살 수도 있고 해외여행도 갈 수 있다는 것을 스스로 깨닫게 하는 것입니다.

이것이 바로 '카드 #1'의 질문에 숨겨져 있는 생각입니다. 하지만 이것을 이해할 수 없다면 왜 '카드 #1'에서 이런 질문을 하는지 이상하게 생각할 것입니다.

또한 사업설명을 할 때에는 가능한 한 전문용어의 사용을 피하고 일상용어를 사용하십시오. 사업 지식이 전혀 없더라도 충분히 이해할 수 있는 용어를 사용하는 것이 좋습니다.

카드 #1 - 시간과 수입의 관계 그리고 꿈

① 프로스펙터 전원에게 '시간과 수입'의 관계를 알려 준다.
② 꿈을 갖게 한다.
③ 그 꿈을 실현시킬 수 있는 방법이 있다는 것을 알려 준다.

(1) 시간과 수입의 관계를 설명한다
"사람들은 보통 시간과 돈, 둘 중의 하나는 많이 갖고 있습니다. 예를 들어 의사나 비행기 조종사는 고수입을 올리고 있는 반면, 가족과 함께 보낼 자유시간은 없는 것이 사실입니다. 반대로 회사에서 해고되어 실직자가 된 사람들은 시간은 넘칠 정도로 많지만 수입이 없습니다. 그리고 일반적인 샐러리맨들은 생활을 즐길 만한 자유시간도 그리고 넉넉한 수입도 없는 것이 현실입니다.

이처럼 '고수입'과 '자유시간'을 동시에 갖고 있는 사람은 대단히 적습니다. 일반적으로 시간이 많은 사람은 돈이 없고, 돈이 있는 사람은 돈을 쓰면서 즐길 자유시간이 없는 것입니다. 하지만 질 높은 삶을 영위하려면 고수입과 시간을 동시에 소유하는 것이 하나의 필수 조건입니다. 여러분은 어느 쪽을 더 많이 갖고 계십니까? (두세 명의 프로스펙터에게 질문한다) 이 세상에 고수입과 그것을 즐길 수 있는 자유시간을 동시에 갖게 해줄 수 있는 일이 있을까요?

물론 있습니다! 시간과 돈을 동시에 얻을 수 있는 사업이 하나 있습니다. 그리고 현재 그 사업은 전 세계에서 대단한 기세로 성장하고 있습니다. 그것이 오늘 제가 설명해 드리는 '네트워크 마케팅 사업'인 것입니다. 네트워크 마케팅은 제품을 제조업자(생산자)로부터 소비자에게 유통시키는 시스템 중에서 가장 효과가 높은 방법 중의 하나로 어느 유명한 경제학자는 네트워크 마케팅이 21세기 유통시스템의 주류가 될 것이라고 예측하고 있습니다. 그러면 지금부터 이 최첨단 사업인 네트워크 마케팅을 통해 어떻게 고수입과 자유시간을 동시에 얻을 수 있는지를 설명해 나가고자 합니다."

(2) 프로스펙터로부터 꿈을 이끌어낸다

네트워크 마케팅을 하더라도 누구나 처음부터 쉽게 수억 원의 수입을 올릴 수 있는 것은 아니므로 처음에는 '한 달에 수십만 원의 수입'으로부터 시작하는 것이 좋습니다. 그리고 서서히 숫자를 올려가면서 최종적으로는 경제적으로 자립할 수 있는 수준까지 질문을 해 나갑니다. 아래에 '프로스펙터로부터 꿈을 이끌어내는 질문의 몇 가지 예'를 적어 보았습니다.

질문의 실례 :

① : 만약 한 달에 250,000원의 부수입이 있다면 무엇을 하고 싶습니까?

② : 만약 한 달에 500,000원의 부수입이 있다면 무엇을 하고 싶습니까?

③ : 만약 한 달에 1,000,000원의 부수입이 있다면 무엇을 하고 싶습니까?

④ : 만약 한 달에 3,000,000원의 부수입이 있다면 무엇을 하고 싶습니까?

⑤ : 만약 1년 수입이 2억 5천만 원을 넘는다면, 당신은 무엇을 하고 싶습니까?

⑥ : 만약 경제적으로 아무런 부족함 없이 생활할 수 있게 된다면, 당신은 무엇을 하고 싶습니까?

물론 질문에서 사용하는 액수는 프로스펙터의 수준에 맞추어야 합니다. 1년 수입이 2억인 사람에게 "한 달에 250,000원의 부수입이 들어온다면 무엇을 하시겠습니까?"라고 질문한다면 금액이 너무 적은 것이 됩니다. 혹은 사업경험이 전혀 없는 사람이나 가정주부, 월급이 100만원 정도 되는 사람에게 "만약 여러분의 1년 수입이 2억 5천만 원 이상이 된다면 무엇을 하시겠습니까?"라고 질문하는 것은 그 사람에게 있어서 너무나 큰 액수가 될 것입니다. 그것은 사람들이 할 수 있는 상상의 범위는 자신이 지금까지 받아온 금액의 한도 내이기 때문입니다. 그러므로 참석자의 수준에 맞추어 어느 정도까지 질문할 것인지를 스폰서와 상의한 후에 결정하기 바랍니다.

만약 당신의 질문에 대해 프로스펙터가 대답하지 못할 때에는 '자녀교육', '빚을 갚는 일', '집 장만', '투자', '여행', '기부', '옷의 구입', '연금 불입', '외식'과 같은 몇 가지 방법을 제시하기 바랍니다.

다음은 프로스펙터가 대답할 가능성이 있는 것들입니다.

"빚을 갚는 일/자녀교육/현재의 직장을 그만두는 것/옷의 구입/해외여행/투자/연금 불입/가구의 구입/할부금의 불입/새로운 자가용을 사는 일/기부를 통해 사람들을 돕는 것/가족과 함께 사용/온천 여행/레스토랑에서의 외식/저축/…

(3) 질문의 예 (Q : 질문, A : 대답)

Q : 만일 지금 얻고 있는 수입 외에 부수입으로 250,000원이 들어온다면, 여러분은 무엇을 하고 싶습니까?

A : "저축을 하여 돈이 모이면 해외여행을 가겠습니다."

　　"옷을 사겠습니다."

"지금 하고 있는 아르바이트를 그만두겠습니다."

이러한 요령으로 액수를 조금씩 올려나가면서 질문을 합니다.

Q : 만약 지금 얻고 있는 수입 외에 부수입으로 500,000원이 들어온다면, 여러분은 무엇을 하고 싶습니까?

Q : 만약 지금 얻고 있는 수입 외에 부수입으로 1,000,000원이 들어온다면, 여러분은 무엇을 하고 싶습니까?

(어느 정도까지 질문 금액을 올려나갈 것인지는 업 라인과 참석자의 수준을 상의한 후에 결정하도록 하십시오. 그리고 참석자가 너무 많은 경우에는 수를 제한해서 질문하도록 하십시오)

Q : 만약 경제적으로 아무런 부족함 없이 생활할 수 있게 된다면, 여러분은 무엇을 하고 싶습니까?

A : "저는 가족과 함께 세계여행을 하겠습니다."

　　"저는 새집을 짓고 싶습니다."

　　"외제차를 한 대 사고 남는 돈은 가난한 사람들에게 기부하겠습니다."

이제 마지막으로 "여러분에게 알려드리고 싶은 것은 지금까지 여러분이 대답한 모든 꿈이 네트워크 마케팅을 함으로써 실현될 수 있다는 것입니다. 게다가 지금의 생활을 희생하지 않고도 그렇게 되는 것이 가능합니다. 그러면 다음으로 '네트워크 마케팅이란 무엇인가?' 하는 점과 네트워크 마케팅의 특징에 대해 설명해 드리겠습니다."라고 말하면 됩니다.

카드 #2 – 네트워크 마케팅의 네 가지 특징과 네 가지 걱정

네트워크 마케팅은 국내에 소개된 지 아직 20년이 채 되지 않은 새로운 형태의 유통시스템이기 때문에 대부분의 프로스펙터는 이 사업의 내용에 익숙하지 않고 뭐가 뭔지 이해되지 않는 부분도 적지 않을 것입니다. 그러므로 당신의 프레젠테이션을 프로스펙터들에게 이해시키기 위해서는 네트워크 마케팅에 대해 간결하게 설명하지 않으면 안 됩니다.

(1) 네트워크 마케팅이 지닌 힘을 설명한다

'네트워크 마케팅'이란 네트워크를 이용해서 상품을 유통시키는 것을 말합니다. 여기서 '네트워크'는 한 사람 한 사람을 점으로 보았을 때 그 점이 신뢰, 공통적인 목적, 가치관, 인생관, 꿈, 목표와 같이 눈에 보이지 않는 실로 연결되어 '거미줄' 혹은 '그물'과 같은 망의 형태를 취하는 것을 전체적으로 일컫는 말입니다. 그리고 '마케팅'(매매/유통)을 간단하게 정의하면 제품을 생산자에서 소비자에게로 옮기는 것입니다. 따라서 네트워크 미게팅이란 사람과 사람의 끈으로 이루어진 네트워크를 이용해서 제품을 유통시키는 새로운 형태의 유통 시스템인 것입니다.

하지만 네트워크는 단순히 사업에만 쓰이는 것이 아니라, 그것을 활용하여 정보를 교환하기도 하고 연락을 주고받기도 합니다. 긴급한 사태가 발생했을 때, 우리가 흔히 사용하는 '비상연락망'이 여기에 해당합니다. 예를 들어 간밤에 내린 폭설로 인해 부득이 휴교해야 하는 긴급사태가 발생했을 경우, 전교 학생들에게 연락하는 가장 빠르고 확실한 방법은 네트워크를 이용해서 전화를 거는 것입니다. 교장 선생님 혼자서 모든 학생들에게 연락하려고 하면 굉장히 많은 시간이 걸릴 것입니다.

하지만 네트워크를 사용하면 한 사람이 미리 정해진 다른 한 사람에게 연락하기만 하면 됩니다. 바로 이것이 네트워크가 지니고 있는 위력입니다. 다시 말해 다른 방법으로 한다면 하루 종일 매달려도 못 끝낼 것을 네트워크를 활용하여 1시간 만에 끝낼 수 있는 것입니다.

'비상연락망'처럼 한 사람이 미리 정해진 다른 사람에게 전화를 거는 일은 비록 작고 사소해 보이지만, 그로 인해 전체 학생들이 눈 속을 뚫고 학교에 가려했을 때 들어갈 시간과 노력을 낭비하는 일이나 교통사고를 당할 위험을 미연에 방지할 수 있습니다. 결국 네트워크의 한 사람 한 사람이 해놓은 작은 일이 네트워크 전체에 커다란 이익을 주는 셈입니다.

이처럼 네트워크는 '비록 네트워크의 구성원 한 사람 한 사람이 작은 일을 하더라도 10명, 100명 그리고 1,000명의 힘이 모인다면 큰 결과를 산출한다'는 원리를 잘 보여주고 있습니다. 그리고 그렇게 얻어진 결과는 네트워크 전체의 이익이 되는 것입니다.

이것을 사업에 적용한다면, 지금까지의 판매방식으로 했을 때 30년이 걸려도 이루기 어려운 매상규모일지라도 이러한 네트워크의 원리를 사업에 응용하여 불과 몇 년 만에 달성할 수도 있는 것입니다. 그리고 그것을 달성함으로 인해 얻어지는 이익은 그룹 전체의 이익이 됩니다.

'네트워크 마케팅' 이란 이처럼 네트워크가 지니고 있는 힘을 이용한 최첨단의 사업형태입니다.

(2) 네트워크 마케팅의 네 가지 특징

네트워크 마케팅은 다음의 네 가지 특징을 갖고 있습니다.

① 받고 싶은 수입의 액수를 자신이 결정할 수 있다.

② 권리(인세)수입을 얻을 수 있다.

③ 좋은 품질의 상품을 사용할 수 있다.

④ 사업영역을 무한대로 확장시킬 수 있다.(글로벌 화)

(플립 차트가 없을 경우에는 이것을 화이트보드에 적는다)

① 받고 싶은 수입의 액수를 자신이 결정할 수 있다.

네트워크 마케팅은 우리에게 비교적 단기간에 합법적인 방법으로 고소득을 얻을 수 있는 방법을 제공하고 있습니다. 하지만 이 사업이 갖는 최대의 특징은 한 달에 수 십 만원에서 연간 수십 억 원까지 당신이 희망하는 액수만큼의 수입을 얻을 수 있는 방법이 준비되어 있다는 점입니다. 그러므로 네트워크 마케팅에서는 자신이 받고 싶은 수입 액수를 미리 정해 놓고 사업을 시작할 수 있습니다.

예를 들어 한 달에 수 십 만원의 수입을 얻고 싶을 때에는 제품을 소매로 판매함으로써 별다른 어려움 없이 수 만원에서 수 십 만원의 수입을 얻을 수 있습니다. 그리고 한 달에 250만원의 수입을 얻고 싶다면 그에 맞는 크기의 네트워크를 만들면 가능해집니다. 게다가 네트워크를 더 키우면 1년에 수 십 억을 얻을 수 있습니다.(억 단위의 돈을 만져본 적도 없는 사람에게 '수십 억 원의 수입을 얻을 수 있다' 고 말한다면 믿지 않을 뿐만 아니라 오히려 불신감을 주게 될 지도 모릅니다. 반대로 연간 수 억 원을 버는 사람에게 '한 달에 수 십 만원' 이라고 이야기를 하면 관심이 없어질지도 모릅니다. 어느 정도까지 이야기를 할 것인지는 프로스펙터의 수준을 업 라인과 상의한 후에 판단하도록 하십시오)

② 권리수입을 얻을 수 있다.

권리수입과 노동수입의 차이를 이해하기 쉽도록 설명하겠습니다.

우리가 얻는 수입은 크게 '노동수입' 과 '권리수입' 으로 나뉘어 집니다. 그리고 전체 노동자의 95% 이상은 회사에서 근무하거나 국가 공무원이 되거나 누군가에게 고용되어 시간과 돈을 맞바꾸는 '노동수입' 을 받고 있습니다. 노동수입을 받는 대표적인 사람들이 바로 샐러리맨인데, 이들은 하루 24시간 중에서 8~10시간 정도를 회사를 위해 일하고 그 대가로 회사로부터 '한 시간에 얼마' 하는 식으로 정해진 급료를 받습니다. 따라서 노동수입은 일한 시간만큼 수입이 들어오기 때문에 편리하긴 하지만 회사가 부도로 인해 문을 닫거나 질병 및 퇴직으로 일을 할 수 없게 되면 수입이 끊긴다는 단점도 있습니다.

한편, 권리수입은 당신이 갖고 있는 권리로 인해 발생하는 수입을 말하며 인세수입, 주식이나 증권에서 얻는 수입, 아파트나 주차장의 임대료, 연금, 토지 소유로 인해 얻는 수입, 은행이자, 특허료 등이 여기에 해당됩니다.

그렇다면 왜 권리수입에 대해 설명해야 할까요?

그것은 네트워크 마케팅을 하면 권리수입의 하나인 '인세수입'과 비슷한 수입을 얻을 수 있기 때문입니다. 여기에서는 편의상 그 수입을 '인세수입'이라 부르기로 하겠습니다. 그러면 왜 권리수입이 중요한 것일까요? 그것은 앞으로 펼쳐질 고령화 시대에 있어서 우리의 생활이 윤택해질지 아니면 비참해질지는 얼마나 많은 권리수입을 받느냐에 달려 있기 때문입니다.

'인세'라는 것은 쉽게 말해 TV에서 방송하기 위한 영화필름의 매각금, (출연료와 작가에 대한) TV 재방송료, 책의 발행자가 저자에게 지급하는 돈을 가리킵니다. 즉, 권리수입의 하나인 '인세수입'이라는 것은 글을 쓰는 것과 같이 뭔가 특수한 것을 만들거나 뛰어난 일을 해놓으면, 다시 그 일을 하지 않더라도 들어오는 수입을 말합니다. 쉽게 말해 책이 팔리는 한 저자에게 일정한 퍼센트의 인세가 들어오는 것과 마찬가지입니다. 그러므로 일반적이고 평범한 지식이나 기술로는 절대로 받을 수 없는 수입이라고 할 수 있습니다.

인세수입을 받고 있는 대표적인 사람들로는 베스트셀러 작가, 유명 가수, 영화배우, 음악가나 만화가를 들 수 있습니다. 예를 들어 가수가 CD를 발매했을 경우, 그 가수가 노래를 부르지 않더라도 CD가 팔리는 한 수입은 계속 들어오는 것입니다. 따라서 이미 오래 전에 세상을 떠난 엘비스 프레슬리는 그의 음반이나 CD가 팔리는 한, 그 인세가 그의 상속자에게 계속 지급됩니다.

이처럼 인세수입은 특별한 재능이나 기능을 갖고 있는 사람만 얻을 수 있는 권리입니다. 하지만 네트워크 마케팅에서는 비록 특별한 재능이나 특기가 없을지라도 누구든 원하기만 한다면 인세수입과 비슷한 '인세수입'을 받을 수 있는 기회를 제공하고 있습니다. 그리고 그 '인세수입'은 정해진 일정 조건만 충족시키면 이 사업이 존재하는 한 60세가 되든 80세가 되든, 연령에 관계없이 계속 들어옵니다.

앞으로 전개될 고령화시대에 여유 있는 노후생활을 보낼지 아니면 고생스러운 생활을 보낼지는 네트워크 마케팅을 통해 얼마나 권리수입을 많이 얻느냐에 의해 좌우될 것입니다.

특히 네트워크 마케팅의 네 가지 특징 중에서도 권리수입의 하나인 '인세수입'이야말로 가장 큰 특징이라고 말할 수 있습니다. 이 수입은 평범한 사람일지라도 노력 여하에 따라 얼마든지 받을 수 있습니다.

③ 좋은 품질의 상품을 사용할 수 있다.

본래 네트워크 마케팅에서 유통되는 상품은 그 네트워크를 통해서만 구입할 수 있다는 특징을 지니고 있습니다. 그러므로 네트워크에서 판매되는 상품은 다소 가격이 비싸더라도 우수한 품질은 보증 받을 수 있습니다. 현재 국내에서 활약하고 있는 네트워크 마케팅 회사가 취급하는 상품 수는 수십 개에서 수백 개에 이르는데, 네트워크 마케팅의 발상지인 미국에서는 전 세계 일류기업의 대다수가 이 사업에 참가하고 있습니다.

심지어 어느 유명한 네트워크 마케팅 회사에서는 7,000종 이상의 상품을 취급하고 있는데, 이것은 편의점에서 취급하고 있는 상품수가 보통 3,000종 전 후라는 점에 비춰볼 때 두 배나 되는 수입니다. 그리고 앞으로 국내에서 활약하고 있는 네트워크 마케팅 회사가 취급하는 상품수도 미국과 같이 해마다 증가할 것임에 틀림없습니다.

④ 사업영역을 무한대로 확장시킬 수 있다.(글로벌 화)

네트워크 마케팅의 또 다른 특징은 본사가 해외에 자회사를 두고 사업을 전개하고 있다면, 국내에 있으면서 해외로까지 사업을 확장시킬 수 있다는 것입니다.

현재 미국에서 국내에 진출한 네트워크 마케팅 회사의 대다수는 미국의 50개 주는 물론이고 전 세계의 많은 나라에서 사업을 전개해 나가고 있습니다. 예를 들어 당신의 네트워크 마케팅 회사가 미국, 캐나다, 호주, 영국, 프랑스, 중국 그리고 필리핀 등지에 진출해 있을 경우, 만약 당신이 그 중의 어느 나라에든 친구나 아는 사람이 있다면 국내에 있으면서 간단한 수속만으로도 미국, 캐나다, 호주, 영국, 프랑스, 중국 그리고 필리핀에서도 사업을 펼쳐나갈 수 있는 것입니다. 이렇게 자신이 살고 있는 나라에서 나갈 필요 없이 전 세계에 네트워크를 만들어 사업을 전개할 수 있는 기회를 제공하는 것은 네트워크 마케팅을 제외하고는 없습니다.

(3) 네트워크 마케팅에 대한 네 가지 불안

그러면 이제 네트워크 마케팅을 시작하려 할 때, 사람들이 어떠한 불안과 염려를 갖고 있는지 알아봅시다.

사람들이 왜 네트워크 마케팅에 대해 '노'라고 말하는지 그 이유에 대해 설문조사를 한 결과, 많은 사람들이 여러 가지 불안과 염려를 마음속에 품고 있다는 사실을 알게 되었습니다.

지금부터 사람들이 갖고 있는 불안과 염려 중에서 네 가지 이유에 대해 설명해 나가도록 하겠습니다.

① 자본금 : 사업을 시작하는 데 자본금은 얼마나 필요한가?

② 리스크(사업상의 위험) : 위험하지는 않을까?

③ 사업경험 : 사업경험이 전혀 없는데 잘 할 수 있을까?

④ 시간 : 지금도 대단히 바쁜데 사업을 하면 더 바빠지지 않을까?

① 사업을 시작하는 데 자본금은 얼마나 필요한가?

이것은 사업을 시작할 때 대부분의 사람들이 가장 먼저 머리 속에 떠올리는 걱정이라고 할 수 있습니다. 하지만 걱정할 필요가 없습니다. 네트워크 마케팅을 시작하는 데 필요한 자금은 회원 등록할 때 필요한 비용 뿐입니다.(역주 : 한국에서는 등록비용이 없다) 일반적으로 드는 비용은 10만 원 이하입니다. 새로운 구두를 한 켤레 사려고 해도 10만원 정도는 들 것입니다. 그러니까 구두 한 켤레를 새로 구입하는 비용으로 사업을 시작할 수 있는 것입니다.

당신이 지불한 등록비용은 사업에 필요한 회사 안내나 제품 가이드, 사업 매뉴얼, 각종 장부, 비디오나 카세트테이프 등을 만드는데 쓰입니다. 그리고 그 등록비용은 당신이 회원자격을 해약하면 10%의 수수료를 제하고 전액 환불받는 것이 일반적입니다. 최근에는 등록비용이 전혀 들지 않는 회사가 국내에 진출해서 주목을 모으고 있습니다.

그렇다면 이 사업은 왜 그렇게 자본금이 적게 드는 것일까요? 여기에는 세 가지 이유가 있습니다.

첫째, 네트워크 마케팅은 사업자 한 사람 한 사람이 소비자나 또 다른 사업자를 개척해 나가는 무점포 판매이기 때문에 사업경비가 전혀 필요 없습니다.

둘째, 상품이 좋다는 것은 입 소문으로 퍼져나가기 때문에 광고비가 일절 필요 없습니다.

셋째, 상품은 택배로 직접 소비자에게 배달되기 때문에 일반 소매업처럼 중간 유통마진이 없습니다.

네트워크 마케팅에서 성공하는 데에는 '반드시 성공하고 말겠다'는 당신의 야망과 매일 하고자 하는 의욕만 있으면 됩니다.

② 리스크(사업상의 위험)가 있지는 않을까?

자본금은 누구든 어려움 없이 낼 수 있는 적은 금액이며 게다가 해약하면 10% 정도의 수수료가 들기는 하지만 대부분 현금 반환 보증이 되어 있습니다. 예를 들어 10만원을 주고 구입한 구두는 한 번 신은 후에 사이즈가 맞지 않는다는 것을 알게 되더라도 반품할 수가 없습니다.

하지만 네트워크 마케팅은 나중에 이 사업이 자신에게 맞지 않는다는 것을 알게 되어 그만두려고 마음먹으면 언제든 해약할 수가 있고 미리 지불한 신청비용에서 10%의 수수료를 제한 전액을 돌려받는 것이 일반적입니다. 그리고 사업자가 되더라도 정해진 양의 매입이나 재고의 강제 구매는 일절 없으며 사업을 할 것인지 말 것인지의 결정권은 당신에게 있습니다.

물론 네트워크 마케팅도 사업이기 때문에 수입을 얻으려면 제품을 유통시키지 않으면 안 됩니다. 하지만 기본적으로 당신이 해야 할 일은 현재 당신이 사용하고 있는 일상 생활용품을 바꾸는 것뿐입니다. 일상 생활용품은 당신이 이 사업을 하든 하지 않든 반드시 어딘가에서 구입하지 않으면 안 되는 상품입니다. 만약 그렇다면 이 사업에 뛰어들어 자신의 회사에서 취급하는 상품을 구입하여 조금이라도 수입을 얻고 가계에 보탬을 주는 것이 더 좋은 방법일 것입니다.

또한 일반적으로 네트워크 마케팅 회사가 취급하는 대부분의 제품에는 100% 현금 반환 보증이 붙어 있거나 만일 제품에 대한 불만이 생겼을 경우 정해진 기간 내에 반품하기만 하면 사용 여부와 관계없이 언제든 구입 금액 전액을 돌려줍니다.

따라서 네트워크 마케팅에서는 사업에 실패하여 전 재산을 날리는 리스크라는 말이 존재하지 않습니다.

③ 사업경험이 전혀 없는데 잘할 수 있을까?

네트워크 마케팅을 시작하려고 하는 대부분의 사람들은 사업경험이 전혀 없기 때문에 '내가 이 사업을 할 수 있을까?' 라는 걱정을 하게 됩니다. 하지만 그런 걱정은 전혀 필요 없습니다. 이 사업을 하는 데에는 당신의 지식과 경험은 일절 필요치 않습니다. 왜냐하면 대부분의 네트워크 마케팅 회사는 프랜차이즈 업계가 사용하고 있는 것과 같은 사업 매뉴얼을 갖고 있기 때문입니다.

맥도널드나 세븐일레븐의 성공 이야기는 누구나 다 알고 있을 것입니다. 이들 프랜차이즈 업계는 과거 30년 동안 급성장을 거듭하면서 수많은 사람들에게 많은 부를 가져다주었습니다. 네트워크 마케팅 회사 역시 그와 비슷한 매뉴얼을 사용하고 있고 스폰서의 지원을 받으면서 사업을 전개하기 때문에 당신의 지식과 사업경험은 전혀 필요치 않습니다.

④ 지금도 매우 바쁜데 사업을 하면 더 바빠지지 않을까?

어쩌면 당신은 일, 자녀 교육, 가사에 쫓기고 있어서 '지금도 매우 바쁜데 이 사업을 하면 지금보다 더 바빠지는 것은 아닌지' 걱정할지도 모릅니다. 하지만 네트워크 마케팅은 원래 바쁜 사람들을 대상으로 고안된 사업입니다. 그러므로 이 사업은 당신의 부담이 되지 않도록 남는 시간을 이용해서 할 수 있습니다. 네트워크 마케팅은 1주일에 단지 몇 시간만 투자하면 충분히 할 수 있는 사업이며 사업을 하는 시간도 자신의 스케줄에 맞출 수 있습니다.

이처럼 네트워크 마케팅은 극히 적은 자금으로 시작할 수 있으며 리스크도 없고 사업경험도 필요 없으며 시간에 얽매일 필요도 전혀 없습니다. 사업에 필요한 것은 오로지 당신의 '성공하고 싶다' 는 강한 열망과 의지뿐입니다.

카드 #3 – 전통적인 유통 시스템 VS 네트워크 마케팅

(1) 전통적인 유통 시스템

프로스펙터는 물론이고 심지어 일선에서 활약하는 사업자 중에도 '네트워크 마케팅에서 왜 많은 수입을 벌 수 있는지' 에 대해 명확하게 설명하지 못하는 사람들이 많습니다.

따라서 여기에서는 대부분의 프로스펙터가 갖고 있는 의문인 '왜 네트워크 마케팅을 하면 많은 수입을 벌 수 있는가?' 에 대해 설명하고자 합니다.

먼저 전통적인 유통 시스템을 살펴보도록 하겠습니다. 우리가 근처의 슈퍼마켓이나 소매점에서 상품을 사는 것은 결과적으로 '전통적인 유통 시스템'을 통해 제품을 구입하는 것이 됩니다. 그러면 전통적인 유통 시스템은 어떤 구조를 갖고 있을까요?(이 시점에서 참석자들에게 질문을 해도 좋습니다) 본서에서는 좀더 쉽게 설명하기 위해 당신이 소매가격이 1,000원인 볼펜을 소매점에서 산다고 가정하고 설명을 진행해 나가도록 하겠습니다.

당신이 1,000원에 구입한 볼펜을 생산자는 원 재료비, 종업원의 급료, 연구개발비, 전체 경비, 이익 그리고 광고비와 같은 사업경비를 모두 포함해서 일반적으로 400원 정도에 제조해서 출하합니다. 그리고 공장을 나온 400원 짜리 볼펜은 첫 번째 중간업자인 '대리점'으로 가는데, 여기에서 제조업자와 도매상을 이어주는 다리 역할에 대한 보수로 약 50원이 더 얹어져 450원이 됩니다. 450원이 된 그 동일한 볼펜은 다음에 두 번째 중간업자인 '도매업자'에게로 갑니다. 그곳에서는 간접비, 운송비, 창고 보관비, 서비스 요금 그리고 이익금으로 250원이 더 얹어져 700원이 됩니다. 이제 700원이 된 볼펜은 세 번째 중간업자인 '소매점'으로 갑니다. 그리고 그곳에서 종업원의 급료, 가게 임대료, 광고비, 전체 경비 그리고 이익이 다 합쳐져 약 300원이 오르게 됩니다. 결국 최종적으로 1,000원이라는 소매가격으로 가게에 진열되는 것입니다.

이처럼 전통적인 유통 시스템에서는 생산자가 400원에 출하한 제품이 단지 세 번의 중간업자를 경유했을 뿐인데도 결국에는 2배 이상 오른

1,000원이 되는 것입니다.

소매가격이 1,000원인 볼펜을 예로 들어 이러한 제품의 흐름을 큰 줄기만 그림으로 표현해 보면 다음과 같습니다.

(플립 차트가 없을 경우에는 그림을 화이트 보드에 그린다)

〈전통적인 유통 시스템〉

제조업자 −	→ 대리점	→ 도매점	→ 소매점	− → 소비자
(생산자)	(제1중간업자)	(제2중간업자)	(제3중간업자)	
	400원 →	450원 →	700원 →	1,000원+소비세
		(중간업자)		

아래의 그림에서도 알 수 있는 것처럼 우리가 백화점이나 슈퍼에서 구입하는 상품 가격의 60%는 보통 중간업자의 사업경비로 사용됩니다. 그리고 그들 중간업자들 중에서 유통마진을 가장 많이 취하는 곳은 근처에 있는 백화점이나 슈퍼인 것입니다. 왜냐하면 종업원의 급료, 진열대, 가게 임대료, 광열비, 광고비와 같이 중간업자 중에서 사업경비가 가장 많이 들기 때문입니다.

제조업자 － → 중간업자 － → 소비자

(생산자)

   40%   60%   −5%

   소비자의 입장에서 볼 때, 전통적인 유통 시스템에서 소비자는 이익을 얻을 기회가 전혀 없는 것은 물론이고 오히려 소비세의 도입으로 제품 가격의 5%를 별도로 더 지불해야 합니다. 따라서 전통적인 유통 시스템이 사용되는 한 소비자인 당신은 절대로 이익을 얻을 수 없는 것입니다. 이 시점에서 당신은 지금까지 해왔던 대로 계속 슈퍼에서 상품을 구입하여 '중간업자'의 배를 불리게 해주는 것이 좋을지 아니면 유통 시스템의 혁명이라고 불리는 네트워크 마케팅을 해서 조금이라도 수입을 얻고 가계를 돕는 것이 좋을지를 스스로 생각해 보기 바랍니다.

   만약 품질이 좋을 뿐만 아니라 슈퍼와 거의 같은 가격이라면 누구든 네트워크 마케팅을 해서 자사제품을 구입하고 조금이라도 자신의 생계에 도움이 되는 것이 좋다고 생각할 것입니다.

   위에서 살펴본 것처럼 전통적인 유통 시스템에서는 '생산자→대리점→도매점→소매점→소비자'의 순으로 상품이 흘러가고, 상품이 소비자의 손에 들어올 때에는 생산자가 출하한 상품가격이 두 세 배로 뛰어오르는 것이 보통입니다.

(2) 네트워크 마케팅의 유통 시스템

다음으로 네트워크 마케팅의 유통 시스템을 설명하도록 하겠습니다. 네트워크 마케팅 유통 시스템의 가장 큰 특징은 지금까지의 유통 시스템에서 주역이었던 대리점, 도매, 소매점과 같은 중간업자 없이 제품이 생산자로부터 직접 네트워크 사업자에게 택배로 보내진다는 것입니다. 네트워크 사업자가 마치 소매점과 같은 역할을 한다고 생각하면 이해하기가 훨씬 더 쉬울 것입니다. 따라서 누구든 신청서에 사인을 하고 사업자가 되면 소매점과 같은 입장이 되어 모든 제품을 30% 싸게 구입할 수 있습니다. 네트워크 마케팅에 있어서 유통 시스템의 주역은 바로 네트워크 사업자인 것입니다.

앞에서 기술한 것처럼 1,000원짜리 볼펜을 예로 들어 네트워크 마케팅의 유통 시스템을 알기 쉽게 설명하면 그림과 같이 됩니다.

〈네트워크 마케팅의 유통 시스템〉

생산자 → 　네트워크 사업자　 → 소비자

400원 → 　　700원　　 → 1,000원 → 1,050원(+소비세)

40%　　　30%　　　　30%　　　−5%

위의 그림처럼 제품 가격의 40%에 해당하는 '400원' 은 전통적인 유통 시스템과 마찬가지로 생산자, 즉 네트워크 마케팅 회사가 취합니다.

전통적인 유통 시스템에서는 생산자가 이 400원의 일부를 광고비로 사용하는데, 현재 최고의 매출액을 자랑하는 어느 유명한 세제회사는 1년에 4,500억 원이라는 막대한 광고비를 TV 방송국, 신문사, 출판사 그리고 탤런트에게 지불한다고 합니다. 하지만 네트워크 마케팅에서는 입소문으로 제품의 품질이 좋다는 것이 알려지기 때문에 애초부터 광고비로 없어질 막대한 자금을 신제품의 연구 개발비나 설비투자에 활용할 수 있습니다. 결국 네트워크 마케팅의 유통 시스템은 사업자와 회사 양쪽 모두에게 커다란 이익이 되는 시스템인 것입니다.

네트워크 마케팅의 유통 시스템에서는 사업자로부터 직접 주문을 받은 상품이 중간업자를 경유하지 않고 택배회사를 통해 직접 사업자나 소비자에게 보내집니다. 또한 소매점과 같은 입장에 있는 사업자는 전 제품을 30% 할인된 가격으로 구입할 수 있으며, 그것을 소매로 팔면 그 금액만큼이 자신의 수입으로 직결됩니다. 다시 말해 그림과 같이 소매 가격이 1,000원인 볼펜을 700원에 구입해서 그 제품을 1,000원에 소매로 팔면 300원의 소매이익을 얻을 수 있는 것입니다. 만약 소매를 하지 않고 제품을 자신이 직접 사용할 경우에는 수익은 되지 않지만 30%가 절약되는 셈입니다.

이렇게 네트워크 마케팅에서는 소비자인 사업자가 제품을 싸게 구입할 수 있을 뿐만 아니라 이익을 얻을 기회도 있습니다. 따라서 어떤 사람은 네트워크 마케팅을 가리켜 '소비자 참가형의 유통 시스템' 이라고 부르기도 합니다.

여기에서 당신은 한 가지 의문이 생길 것입니다. 즉, 네트워크 마케팅에서는 대리점이나 도매상이 필요 없기 때문에 이론상으로는 생산자로부터 400원에 출하된 볼펜을 400원에 구입할 수 있어야 합니다. 하지만 실제로는 제품이 네트워크 사업자의 손에 들어올 때에는 무슨 이유에서인지 300원이 더 가산된 700원이 되어 있습니다. 그러면 전통적인 유통 시스템에서 대리점이나 도매상과 같은 중간업자가 취하는 마진, 즉 제품가격의 30%에 해당하는 '300원'은 네트워크 마케팅의 유통 시스템에서 어디로 사라진 것일까요? 생산자의 이익이 된 것입니까? 아니면 택배회사의 이익과 사업경비로 지출된 것입니까? 그 대답은 다음의 표를 보면 알 수 있습니다.

생산자 ─	→ 액티브 사업자 →	등록 사업자 ─	→ 소비자
	(사업활동을 하고 있는 사업자)	(사업활동을 하지 않는 사업자)	
40%	30%	30%	-5%
1조원(가정)			
4,00억 원	3,000억 원	3,000억 원	0원
	네트워크 사업자		

당신이 네트워크 사업자로 등록되어 있는 네트워크 마케팅 회사를 'ㅇ사'라고 부르기로 하겠습니다. ㅇ사의 연간 총 매출액을 1조원이라고 가정했을 경우, 전통적인 유통 시스템과 마찬가지로 40%에 해당하는

4,000억 원은 네트워크 마케팅에서도 생산자인 ○사가 수익과 사업경비로 취합니다.(대부분의 네트워크 마케팅 회사는 자체적으로 제품을 만들고 있기 때문에 여기에서 말하는 생산자라는 개념은 네트워크 마케팅 회사 자체를 가리킵니다)

그리고 남은 60%에 해당하는 6,000억 원은 네트워크 사업자들에게 모두 환원됩니다. 사업자에게 환원되는 6,000억 원의 내역을 살펴보면 6,000억 원의 절반에 해당하는 3,000억 원은 표에서 보는 것처럼 사업 활동을 하고 있는 액티브 사업자들에게 평등하게 분배됩니다. 다시 말해 전통적인 유통 시스템에서 대리점 및 도매상의 사업경비나 수익으로 사라진 30%가 네트워크 마케팅 유통 시스템에서는 사업 활동을 해서 포인트를 누적시킨 활동적인 사업자에게 누적 포인트에 따라 보너스 형태로 평등하게 환원되는 것입니다.

이 보너스는 사업자가 된다 할지라도 실제로 사업 활동을 해서 제품을 유통시키지 않으면 받을 수 없습니다. 그 이유는 모든 제품에는 포인트가 정해져 있는데, 얼마나 포인트를 많이 모았는지에 의해 자신이 받을 수 있는 보너스 액수가 계산되기 때문입니다.

그러면 이제 나머지 절반에 해당하는 3,000억 원에 대해 살펴봅시다. 네트워크의 사업자가 되면 전원이 자동적으로 모든 제품을 30% 싸게 구입할 수 있습니다. 30% 할인된 그 금액이 바로 3,000억 원에 해당되는 것입니다. 전통적인 유통 시스템에서 이 3,000억 원은 소매점이 이익과 사업경비로 취하던 돈입니다. 하지만 네트워크 마케팅에서는 회원 전원에게 30% 할인된 형태로 환원되고 있는 것입니다.

이상의 설명을 종합해 보면, 전통적인 유통 시스템에서는 대리점이나 도매상과 같은 중간업자의 유통마진, 즉 그들의 이익과 영업비용으로 사라지는 3,000억 원이 네트워크 마케팅에서는 적립한 포인트에 따라 지급되는 보너스로 활용되는 것입니다. 그리고 전통적인 유통 시스템에서 슈퍼 소매점의 사업경비와 이익으로 사라졌던 3,000억 원은 모든 네트워크 사업자에게 30% 할인이라는 형태로 환원되는 것입니다. 결국 다음 그림과 같이 매상고의 60%는 네트워크 사업자에게 모두 환원되는 셈입니다.

네트워크 마케팅 회사 ─ → 네트워크 사업자 → 소비자
　　　　　40%　　　　　　　　　60%　　　　　　　0%

그러므로 일부 사람들이 오해하고 있는 것처럼 네트워크 마케팅을 함으로써 얻게 되는 수입은 회원등록 요금이나 미팅을 개최할 때에 모인 티켓 대금 그리고 사람을 모집해서 생긴 수익금으로 생기는 것이 아닙니다. 또한 악덕상법과 같이 고액의 제품을 억지로 사게 하거나 수 백 만 원에 해당하는 재고를 억지로 떠넘기는 것도 아닙니다. 지금까지의 설명을 통해 당신은 네트워크 마케팅이 전적으로 합법적인 사업이라는 사실을 이해할 수 있었을 것입니다.

다시 한 번 생각해 보기 바랍니다.

지금까지 해왔던 대로 슈퍼마켓이나 백화점에서 상품을 구입하여 계속 중간업자의 호주머니를 채워주는 것이 좋은지 아니면 네트워크 마케팅을 해서 조금이라도 수입을 얻고 가계에 도움을 주는 것이 좋은지를 말입니다.

이제 네트워크 마케팅 회사의 매출액에 따라 사업자에게 환원되는 금액에 대해 고려해 봅시다. 그 해의 매출액이 많으면 많을수록 사업자에게 환원되는 금액은 많아지게 됩니다. 예를 들어 총 매출액이 1조원에서 2조원으로 증가하면 사업자에게 환원되는 금액은 2조원의 약 60%에 상당하는 1조 2천억 원으로 증가하는 것입니다. 그리고 사업자들이 열심히 하면 할수록 네트워크 마케팅 회사의 매출액이 늘어나고 그와 동시에 사업자에게 환원되는 금액도 늘어나게 됩니다.

이러한 사업 시스템은 국내에 소개된 지 겨우 10년 정도밖에 되지 않았습니다. 그처럼 최신 유통 시스템이기 때문에 안타깝게도 아직까지 오해하고 있는 사람들이 많은 것입니다. 하지만 당신은 지금까지의 설명을 통해 네트워크 마케팅의 특징과 네트워크 마케팅을 했을 때 고수익을 올릴 수 있는 이유 그리고 네트워크 마케팅의 구조에 대해 이해할 수 있었을 것이라 생각합니다.

현재 미국에서는 하버드 대학의 비즈니스 스쿨을 비롯하여 수많은 대학이나 비즈니스 스쿨에서 네트워크 마케팅을 정규 교육과정으로 가르치고 있습니다. 또한 많은 경제학자들이 네트워크 마케팅을 '세일즈 혁명'이라고 부르면서 21세기에는 유통 시스템의 주류를 이룰 것이라고 예상하고 있습니다.

(3) 처음으로 회사 이름을 공개한다

이쯤 되면 '과연 이 네트워크 마케팅 회사의 이름이 무엇일까?' 라고 궁금하게 생각하는 사람들이 있을 것입니다.(지금부터 설명하는 것은 회사에 따라 다르므로 당신과 관계가 있는 회사에 맞추어 수치를 바꾸기 바랍니다)

지금까지 설명해 온 네트워크 마케팅 회사는 현재 전 세계 ___개국에 자회사를 갖고 있고, ___개 이상의 나라와 지역에서 사업을 전개하는 글로벌 회사입니다. ___년도 법인소득 랭킹에서는 국내의 상위 클래스 84,000개 회사 가운데 ___위에 랭크되었고, 수많은 네트워크 마케팅 회사 가운데에서는 전체 매출액에서 타의 추종을 불허하는 ___위를 자랑하고 있습니다.

저희 회사의 이름은 '_____' 입니다.(이 시점에서 창립자나 회사의 자료 혹은 사진을 꺼내어 회사의 규모와 기업이념을 간단하게 설명한다) 여러분들은 아마도 이 회사의 이름이나 소문을 적어도 한 번은 들어보신 적이 있을 것입니다. 하지만 지금까지의 설명을 통해 왜 이 사업을 하면 많은 수입을 얻을 수 있는지 또한 이 회사로 대표되는 네트워크 마케팅이 왜 '세일즈 혁명' 이라고 불리는지 그 의미도 이해할 수 있었을 것입니다.

여러분 중에는 '왜 처음부터 네트워크 마케팅에 관한 것이라고 말하지 않았을까?' 라고 생각하시는 분들 그리고 '네트워크 마케팅이 이렇게 엄청난 것인지 몰랐다' 라고 놀라시는 분들이 계실 것입니다. 혹은 이 자리에는 계시지 않겠지만, '속아서 미팅에 참석했다' 고 화를 내시는 분들도 계실지 모릅니다. 하지만 저희는 여러분 한 분 한 분이 소문에 현혹되지 않고 이 놀라운 사업기회를 아무런 선입견 없는 상태로 들어주시기를 바랐습니다. 그리고 가능한 한 많은 분들이 이 커다란 사업기회를 움켜쥐기를 바라고 있습니다. 왜냐하면 21세기의 최대 사업기회는 제품 가격의 60%나 되는 중간 유통마진을 최소화하는 기업이 차지할 것이기 때문입니다. 지금까지의 설명으로 잘 아시겠지만, 중간 마진 비용을 없앤 것이 네트워크 마케팅이 갖고 있는 최대의 무기입니다.

이제 이 프레젠테이션도 절반이 끝났습니다. 지금부터 ○○회사가 취급하는 제품과 장래 전망 그리고 보너스를 받는 방법에 대해 설명하고자 합니다. 만일 불명확한 점이나 질문이 있으신 분들은 메모를 해 놓으시면 프레젠테이션이 끝난 뒤에 대답해 드리도록 하겠습니다.

카드 #4 - 네 가지 시장 영역

(1) 네 가지 시장 영역
전 세계를 리드하는 미국 내의 네트워크 마케팅 사업은 다음의 네 가지 시장 영역으로 구성되어 있습니다.
첫째, '소모품' 으로 일상 생활용품을 취급하는 영역입니다.

둘째, '카탈로그' 판매입니다.

셋째, 정수기나 공기청정기로 대표되는 '하이테크 제품'을 취급하는 영역입니다.

넷째, 장거리전화 서비스, 여행 서비스, 자동차 긴급 지원 서비스로 대표되는 '서비스업'을 취급하는 시장 영역입니다.

물론 '하필이면 왜 미국에서 전개되고 있는 네트워크 마케팅의 시장 영역을 설명하는지' 의아해하는 분들이 있을지도 모릅니다. 그 이유는 다음과 같습니다.

첫째, 국내의 네트워크 마케팅 시장은 포화상태가 아니라 앞으로도 계속 성장할 여지가 충분히 있다는 것을 알려드리고 싶어서입니다. 미국과 비교해 볼 때, 국내의 네트워크 마케팅은 이제 막 시작한 단계에 지나지 않습니다. 그 점은 현재 미국에서 성장하고 있는 네트워크 마케팅 회사가 전개하고 있는 사업과 국내에서 전개되고 있는 사업을 비교해 보면 보다 확실해집니다.

둘째, 미국에서 생긴 일들은 좋든 나쁘든, 많든 적든, 빠르든 늦든 반드시 국내에 들어오기 때문입니다. 현재 미국에서 전개되고 있는 네트워크 마케팅은 어느 것이든 국내에서도 전개될 가능성이 충분히 있는 것입니다. 그러므로 미국 네트워크 마케팅의 실상을 보는 것은 국내 네트워크 마케팅의 미래모습을 보는 것과 같습니다.

네 가지 시장 영역

첫 번째 영역
〈일상 생활용품〉

① 홈 케어 … 각종 가정용 세제
② 하우스 케어 … 각종 조리용 기구, 키친웨어
③ 건강식품 … 건강보조식품, 비타민제
④ 퍼스널 케어 … 기초 화장품, 메이크업 화장품

네 번째 영역
〈서비스〉

① 장거리 전화 서비스
② 부동산 서비스
③ 신용카드 회원 서비스
④ 자동 네트워크 서비스
⑤ 자동차 긴급 지원 서비스
⑥ 여행 서비스
⑦ 숙박 서비스
⑧ 보험 서비스

여러분

두 번째 영역
〈카달로그 판매〉

① 가전 제품
② 사무용 기구
③ 속옷
④ 구두와 가방
⑤ 가구
⑥ 양복
⑦ 헬스 휘트니스용품
⑧ 액세서리

세 번째 영역
〈하이테크 제품〉

① 정수기
② 공기청정기
③ 도난 경보기
④ 음성 메일

① 첫 번째 시장 영역 : 일상 생활용품

첫 번째 영역은 소모품, 즉 각종 세제, 화장품, 치약, 두루마리 휴지, 종이기저귀, 비타민제, 건강보조식품으로 대표되는 일상 생활용품을 취급하는 영역입니다. '사업을 시작하려 한다면 일상 생활용품을 취급하라'는 말처럼 일상 생활용품은 남녀노소, 국적, 종교의 차이, 교육 수준에 관계없이 전 세계에서 매일 많은 사람들에 의해 반복해서 사용되는 것들입니다.

네트워크 마케팅은 불로소득으로 일확천금을 얻는 사업이 아닙니다. 이 사업에서는 네트워크를 통해 매월 상품을 유통시켜야만 비로소 보너스를 얻을 수 있는 것입니다. 만약 적정 가격으로 품질 좋은 제품을 제공한다면 많은 소비자들은 별다른 어려움 없이 현재 사용하고 있는 다른 회사의 제품에서 당신이 취급하는 제품으로 바꿀 것이고 여기에 세세한 것까지 서비스를 해주면 계속해서 주문을 할 것입니다. 그러나 만약 그것이 한 번 구입하면 10년이나 20년 정도 사용할 수 있는 반영구적인 상품이라면 유통의 흐름은 멈추고 말 것입니다.

현재 국내에서 사업을 전개하고 있는 여러 네트워크 마케팅 회사들의 주력제품은 첫 번째 시장 영역에 해당하는 일상 생활용품, 즉 가정용 세제, 화장품, 건강보조식품에 집중되어 있습니다.

그러나 일상 생활용품에는 세제나 화장품, 건강보조식품 외에도 여러 가지 다양한 상품이 있습니다. 예를 들면 쌀, 된장, 식용유, 휘발유와 같은 것들입니다. 만약 어떠한 형태로든 이러한 제품의 유통에 참여하고 있다면 당신의 사업기회는 한없이 커질 수 있습니다. 이러한 점을 생각해 본다면 네트워크 마케팅의 사업기회는 당신에게 이제 막 열리기 시작했다고 할 수 있을 것입니다.

② 두 번째 시장 영역 : 카탈로그 판매

두 번째 영역은 카탈로그 판매입니다. 미국에서의 카탈로그 판매 규모와 국내의 카탈로그 판매 규모를 비교해 보면, 국내에서의 카탈로그 판매는 이제 막 시작 단계에 지나지 않습니다. 만약 일류 기업의 가전제품, 사무용 기구, 헬스 휘트니스 용품, 가구, 양복, 속옷, 구두, 가방, 패션 액세서리, 스낵이나 캔디와 같이 일반 백화점에 있는 거의 대부분의 물건이 회원으로 등록되어 있는 회사의 카탈로그로 주문했을 때 30%나 싸게 구입할 수 있다면 또한 포인트가 가산되어 그 포인트에 따라 보너스를 받을 수 있다면 누구든 사업자가 되고 싶어할 것입니다.

그리고 기업 측에서 볼 때, 거액의 광고비를 들이지 않고도 합법적으로 제품을 팔 수 있다면 어느 기업이든 네트워크 마케팅 사업에 참여하고 싶어할 것입니다. 실제로 미국의 네트워크 마케팅 업계에서 급성장하고 있는 'ㅇ사'의 카탈로그에 실려 있는 기업들은 대부분 전 세계적으로 널리 알려진 일류기업들입니다.

그렇다면 카탈로그 판매가 커다란 사업기회를 제공한다고 말할 수 있는 근거는 무엇일까요? 그것은 카탈로그를 보고 상품을 살 경우, 상품을 주문하려면 반드시 회원의 등록번호가 필요하기 때문입니다. 예를 들어 당신이 제품을 사려는 누군가에게 당신의 회원 등록번호가 적힌 'O사'의 카탈로그를 주었다고 합시다. 만약 그 사람이 그 카탈로그에서 상품을 사려고 한다면 반드시 당신의 등록번호를 사용해야만 하기 때문에 그 사람이 구입한 상품에 대한 포인트가 자동적으로 당신에게 가산됩니다. 그렇지만 당신이 한 일이라고는 소비자에게 카탈로그를 준 것뿐입니다. 다시 말해 '카탈로그를 주는 것' 자체가 커다란 수입으로 연결될 가능성이 있는 것입니다.

일류기업의 제품이 들어있으며 제품 구색도 잘 갖추어져 있고 게다가 많은 수입과 직결될 기회가 있다고 하면 당신은 어떻게 하겠습니까?

특히 최근에는 거의 대부분의 네트워크 마케팅 기업들이 인터넷을 도입하고 있습니다. 왜냐하면 카탈로그 판매는 매상이 오르는 한편 카탈로그 제작에 많은 자금이 들기 때문에 생각한 만큼의 수입을 올릴 수 없기 때문입니다. 하지만 인터넷을 사용하면 카탈로그 판매처럼 카탈로그를 제작하는 비용 그리고 그것을 소비자들에게 배달하는 수고와 비용을 절약할 수 있을 뿐만 아니라 제품의 교체도 그 자리에서 곧바로 할 수 있습니다. 따라서 인터넷을 활용하여 카탈로그 판매와 동일한 방식을 취한다면 회원이나 회사 양쪽 모두에게 커다란 플러스 요인이 될 것입니다.

③ 세 번째 시장 영역 : 하이테크 제품

세 번째 영역인 하이테크 제품에는 정수기, 공기청정기, 일반 가정용 경비기기, 음성 메일 서비스와 같은 것이 있습니다.

④ 네 번째 시장 영역 : 서비스

네 번째 영역은 각종 서비스 사업입니다. 지금부터 설명하는 서비스 사업은 현재 미국의 어느 네트워크 마케팅 회사가 하고 있는 것으로 이 모든 서비스가 가까운 장래에 국내에서 전개된다는 보장은 없습니다. 하지만 그 중의 일부는 이미 도입되었고 검토 중인 것도 있습니다. 여기에서 강조하고 싶은 것은 이 모든 것이 도입된 후에 사업자가 되어 네트워크를 만들려고 하면 그 때는 이미 늦어버린다는 것입니다.

◇ 장거리 전화 서비스

장거리 전화회사와 제휴를 맺고 실시하는 전화 서비스로 전화요금의 할인과 전화 사용액에 해당하는 포인트를 받을 수 있습니다. 회원이 아닌 사람들에게도 이 서비스를 소개할 수 있고 많은 수입으로 연결될 가능성이 있는 사업입니다.

◇ 신용카드 회원 서비스

연간 카드 사용액의 5%를 1년에 한 번 캐시 백(현금으로 돌려주는 제도)하는 서비스입니다. 물론 포인트도 가산됩니다. 이 서비스 역시 회원이 아닌 사람들에게도 소개할 수 있어 사업기회는 무한히 넓습니다.

◇ 자동 네트워크 서비스

네트워크를 이용하여 GM, 포드, 크라이슬러와 같은 자동차를 세일즈맨을 거치지 않고 직접 자동차 회사로부터 가능한 한 최저가격으로 살 수 있는 서비스입니다. 이 서비스는 자동차를 사고 싶지만 세일즈맨과 여러 가지로 실랑이하는 것을 싫어하는 사람들에게 최적의 서비스입니다.

◇ 자동차 긴급 지원 서비스

로드 서비스와 24시간 고장 난 차를 견인해 주는 서비스를 해줍니다. 이 서비스를 사용하면 포인트가 올라갑니다.

◇ 여행 서비스

지정된 항공회사를 이용하여 여행을 하면 항공 운임을 할인 받을 수 있을 뿐만 아니라 마일리지도 적립 받을 수 있습니다. 물론 이 서비스를 이용하면 포인트가 가산됩니다.

◇ 부동산 서비스

부동산을 팔려는 사람 혹은 사려는 사람을 본사에 소개하면 소개료를 받을 수 있고 포인트도 받게 됩니다. 그리고 소개받은 사람은 부동산 매매에 필요한 수수료를 큰 폭으로 절약할 수 있게 됩니다. 또한 이사 서비스도 동일하게 실시됩니다.

◇ 숙박 서비스

제휴한 호텔에 투숙하면 요금을 할인 받을 수 있고 렌트카도 싸게 빌릴 수 있습니다. 물론 포인트도 붙습니다.

◇ 보험 서비스
지정된 생명보험에 가입하면 할인 적용을 받을 수 있을뿐더러 포인트도 가산됩니다.

현재 미국에서 네트워크 마케팅 사업자로 등록을 하면 이러한 영역의 모든 제품과 서비스를 이용하여 사업을 전개할 권리를 얻을 수 있습니다.

카드 #5 – 수입을 얻는 방법

지금부터 프레젠테이션에서 가장 중요한 부분 중의 하나인 '수입을 얻는 방법' 에 대해 설명하도록 하겠습니다. 물론 각각의 네트워크 마케팅 회사가 수입을 얻는 방법은 자체 시스템에 따라 각각 다르기 때문에 이 책에서는 '이렇게 해야 한다' 라고 단정 짓기가 매우 어렵습니다. 따라서 '6-4-2 네트워크' 를 사용해서 어떻게 네트워크를 확장시켜 나갈 수 있는지 그 방법에 대해 설명하겠습니다. 수입을 얻는 방법에 대한 계산이 다를지라도 네트워크를 만드는 방법은 동일하기 때문입니다.

홈 미팅에서 수입을 얻는 방법을 설명할 때의 포인트는 듣고 있는 사람들이 '이런 거라면 나도 할 수 있겠는걸…' 이라는 생각이 들도록 알기 쉽고 간단하게 설명하는 것입니다. 그리고 어떻게 수입을 얻을지 설명하기 전에 다음과 같은 점을 미리 설명하지 않으면 안 됩니다.

"지금부터 네트워크에 들어오는 많은 사람들이 어떻게 서로 협력해서 네트워크를 형성하고 매출액을 증가시켜 나가는지 그 방법을 하나의 예를 들어 설명하겠습니다. 그것은 바로 '6-4-2 네트워크' 라는 것입니다. 이 설명에서 사용하는 수치는 설명을 좀더 이해하기 쉽게 하기 위한 것일 뿐, 사업자가 되면 매월 정해진 금액의 제품을 구입해야 한다든가 재고의 구입이나 소매판매를 강요하는 일은 절대 없습니다. 또한 지금부터 설명하는 네트워크는 사업에 대한 여러분 각자의 열의와 한결같은 노력이 기울여졌을 때 비로소 실현 가능한 것이기 때문에 자동적으로 여러분의 네트워크가 이렇게 된다는 보장은 없습니다."

(1) 어떻게 수입을 얻을 수 있는가?

$\boxed{6}$ — $\boxed{4}$ — $\boxed{2}$ 네트워크를 만드는 방법

"전에도 말씀드린 것처럼 네트워크 마케팅은 한 사람이 몇 백 만원, 몇 천 만원이나 되는 제품을 유통시키는 사업이 아닙니다. 여러분 한 사람이 1,200만원 어치의 제품을 유통시키는 것은 힘든 일이지만, 40명의 네트워크를 만들어 한 사람이 30만원씩 제품을 유통시키면 쉽게 목적을 달성할 수 있습니다. 그러면 이 원리를 이용하여 네트워크 마케팅에서 어떻게 이 수입을 얻게 되는지를 설명하도록 하겠습니다."

〈첫 번째 단계〉

(1) 당신 혼자인 경우 : ☐—☐—☐

> 그룹 전체 사업자 수 = 1명
>
> 당신 자신의 매출액 = 30만원
>
> 그룹 전체의 매출액 = 30만원(1명×30만)

　처음에는 당신의 네트워크에 단지 당신 한 사람 밖에 없습니다. 이 점은 지금 이 사업에서 크게 성공한 사람들도 마찬가지입니다. 모든 사람이 이 상태에서 사업을 시작하는 것입니다. 그런데 당신이 한 달에 30만원에 상당하는 제품을 유통시키는 데에는 다음의 세 가지 방법이 있습니다.

　◇ 지금까지의 구매 습관을 바꾼다. 즉, 현재 사용하고 있는 일상 생활용품을 자사제품으로 바꾸는 것이다.

　◇ 적어도 1주일에 한 번은 사업설명을 하고 네트워크 마케팅을 사업으로 여길 만한 네트워크 사업자를 찾는다.

　◇ 사업자가 되지 않은 사람들에게는 세심한 서비스를 하여 그 중에서 정기적으로 제품을 살 고객을 적어도 15명 찾아낸다.

　이 세 가지 조건을 충족시키면 어려움 없이 한 달에 30만원 상당의 제품을 유통시키는 일이 가능할 것입니다. 하지만 '정말 내가 할 수 있을까?' 라고 생각하는 사람들이 있을지도 모릅니다. 그런 염려는 조금도 하지 마십시오. 왜냐하면 당신의 스폰서 그리고 그 스폰서의 스폰서가 하나의 팀이 되어 서로 협력하며 당신을 지원하여 당신이 사업을 전개할 수 있도록 충분히 도와줄 것이기 때문입니다.

〈두 번째 단계〉

(2) 가족과 친구 6명을 스폰서해서 6명 전원이 한 달에 30만원 상당의 제품을 유통시켰을 경우 : $6\!-\!\square\!-\!\square$

> 그룹 전체 사업자 수 = 7명
> 당신 자신의 매출액 = 30만원
> 그룹 전체의 매출액 = 210만원(7명×30만)

만약 6명 전원이 당신과 마찬가지로 한 달에 30만원 상당의 제품을 유통시켰을 경우, 당신 그룹 전체의 총 매출액은 210만원이 됩니다. 그리고 당신이 스폰서 한 직계라인 6명에게 어려운 과제가 주어지는 것도 아닙니다. 그들도 당신과 마찬가지로 ①100% 자사제품을 사용하게 하고, 즉 자사제품이 뛰어나다는 것을 알게 하여 그들도 지금까지 슈퍼마켓에서 구입하던 일상 생활용품을 자사제품으로 바꾸게 하고 ②적어도 1주일에 한 번은 사업설명을 하여 네트워크 마케팅을 사업으로 여기는 네트워크 사업자를 찾게 하며 ③사업자가 되지 않은 사람들에게는 세심한 서비스를 해서 정기적으로 제품을 사용할 고객을 적어도 15명 찾아내게 함으로써 어려움 없이 한 달에 30만원의 매출액을 달성하는 일이 가능할 것입니다. 그리고 이것이 가능하게 하려면 당신 자신이 당신의 직계 라인을 도와주지 않으면 안 됩니다.

〈세 번째 단계〉

(3) 당신이 스폰서 한 직계라인 6명이 각각 4명을
스폰서 한 경우 그리고 그룹 전원이 한 달에 30만원 상당의 제품을
유통시켰을 경우 : 6─4─□

> 그룹 전체 사업자 수 = 31명
> 당신 자신의 매출액 = 30만원
> 그룹 전체의 매출액 = 930만원(31명 × 30만)

당신이 스폰서 한 6명을 지원하여 그들이 각각 4명의 사업자를 발견한 다면 당신 그룹의 전체 사업자는 당신을 포함하여 31명이 됩니다. 이때, 만약 그룹 구성원 모두가 한 달에 30만원 상당의 제품을 유통시킨다면 그룹 전체의 총 매출액은 930만원(31 × 3)이 됩니다.

> 한 달에 30만원에 상당하는 제품을 유통시키는 방법
> ① 자신이 제품을 사용한다
> ② 적어도 1주일에 한 번은 사업설명을 한다
> ③ 최소한 고객을 15명 확보한다

이 경우에도 새로운 사업자가 30만원에 상당하는 제품을 유통시키기 위해 혼자 애써야 하는 것은 아닙니다. 그들이 해야 할 일은 당신과 마찬가지로 ①가능한 한 자사제품을 사용하게 하고 ②적어도 1주일에 한 번은 사업설명을 하며 네트워크 마케팅을 사업으로 여기는 네트워크 사업자를 찾게 하고 ③사업자가 되지 않은 사람들에게는 세심한 서비스를 해서 정기적으로 제품을 사용해 줄 고객을 적어도 15명 찾아내게 함으로써 어려움 없이 한 달에 30만원의 매출액을 달성하는 일이 가능할 것입니다.

이렇게 간단한 일을 하는 것만으로 무리 없이 30만원에 상당하는 제품을 유통시킬 수 있는 것입니다.

여기에서 주의해야 할 점은 당신의 그룹 전체 매출액은 930만원이지만, 사업자 한 사람 한 사람은 단지 30만원의 제품을 유통시켰을 뿐이라는 것입니다. 다시 말해 사람들이 각자 930만원의 제품을 유통시키는 것은 대단히 어려운 일이지만, 네트워크의 한 사람 한 사람이 한 달 동안 30만원에 상당하는 제품을 유통시키는 것은 어려움 없이 달성할 수 있습니다.

또한 당신 그룹의 전체 구성원은 당신을 포함하여 31명인데, 모든 구성원이 단지 몇 사람의 직계 라인밖에 지원하지 않습니다. 당신 혼자서 31명을 지원하는 것은 결코 쉽지 않은 일이지만, 네트워크의 한 사람 한 사람이 단지 몇 사람만 스폰서 하는 것은 그리 어려운 일이 아닙니다. 이 것이 바로 네트워크 마케팅이 갖고 있는 힘입니다.

〈네 번째 단계〉

(4) 당신이 스폰서 한 6명이 각각 4명의 사업자를 발견하였고, 그 4명
   이 각각 2명의 멤버를 찾아냈을 경우 : ⑥┤④┤②

> 그룹 전체 사업자 수 = 79명
>
> 당신 자신의 매출액 = 30만원
>
> 그룹 전체의 매출액 = 2370만원(79명×30만)

이 단계에서 '6-4-2 네트워크' 가 완성됩니다. 그리고 이 네트워크 내
에는 당신을 포함해서 모두 79명의 사업자가 존재하게 됩니다. 따라서
예를 들어 79명의 구성원 한 사람 한 사람이 평균적으로 30만원 상당의
제품을 유통시킨다고 한다면, 네트워크 전체적으로 2,370만원의 매출
액을 기록한 셈이 됩니다.

> 한 달에 30만원에 상당하는 제품을 유통시키는 방법
>
>   ① 스스로 제품을 사용한다
>
>   ② 적어도 1주일에 한 번은 사업설명을 한다
>
>   ③ 최소한 고객을 15명 확보한다

여기에서 중요한 것은 당신 한 사람으로 시작한 네트워크가 79배로 늘
었다는 것입니다. 하지만 당신이 한 것은 ①스스로 제품을 사용하고 ②

적어도 1주일에 한 번은 사업설명을 하며 ③최소한 고객을 15명 찾아낸 것뿐입니다. 다시 말해 하위 라인을 지원하는 횟수가 늘어난 것을 제외하고는 전과 비교하여 당신이 하는 것은 아무 것도 바뀐 것이 없습니다. 그리고 당신의 하위 라인도 특별히 어려운 일을 하고 있는 것이 아닙니다.

그들이 하는 것은 당신과 마찬가지로 ①스스로 제품을 사용하고 ②적어도 1주일에 한 번은 사업설명을 하며 ③최소한 고객을 15명 확보함으로써 매월 30만원에 상당하는 제품을 유통시키는 것뿐입니다.

지금까지의 설명을 알기 쉽게 정리해 보면 다음과 같습니다.

네트워크의 형성	사업자 수	그룹 전체의 매출액	보너스
당신 혼자	1명	30만원	_원
당신＋6명	7명	210만원	_원
당신＋6명＋4명	31명	930만원	_원
당신＋6명＋4명＋2명	79명	2370만원	_원

(보너스의 액수는 당신이 어떤 네트워크 사업을 하는가에 따라 크게 달라지므로 여기에서는 금액을 적지 않았습니다. 프로스펙터에게 사업설명을 할 때에는 당신이 하고 있는 네트워크 사업에서 어느 정도 보너스를 받을 수 있는지를 계산하여 구체적인 수치를 넣어 설명하기 바랍니다.)

카드 #6 - 권리수입을 설명한다

네트워크 마케팅의 최대 특징은 누구든 노력만 하면 '권리수입'의 하나인 '인세수입'을 얻을 수 있다는 것입니다. 앞에서도 설명했듯이 앞으로 펼쳐질 고령화 시대에 당신이 풍족한 삶을 살 것인지 아니면 고생하면서 살 것인지는 얼마나 많은 권리수입을 얻느냐에 의해 크게 좌우됩니다.

권리수입을 얻는 방법은 회사에 따라 다르므로 이 책에서는 네트워크 마케팅 회사의 대부분이 사용하고 있는 브레이크 어웨이 보상 플랜 방식에 의한 권리수입을 예로 들어 설명해 나가도록 하겠습니다. 왜냐하면 어느 회사의 마케팅 플랜이 더 좋은지에 관한 문제를 떠나 대부분의 네트워크 마케팅 회사의 보상 플랜은 브레이크 어웨이 방식에 그 원점을 두고 있기 때문입니다. 그리고 이 책에서 모든 회사의 보상 플랜을 설명할 수도 없기 때문입니다. 다만 당신이 권리수입을 얻는 방법을 설명할 때에는 당신이 하고 있는 사업에 대해 설명하도록 하십시오.

(1) 진정한 의미에서의 네트워크 마케팅의 시작

진정한 의미에서의 네트워크 마케팅의 출발점은 '6-4-2' 네트워크를 만든 이후부터입니다. 그 이유는 '6-4-2' 네트워크를 만들면 그 때부터 그룹이 계속 성장하기 때문입니다. 그리고 당신의 성공에 자극을 받은 그룹의 다른 사람들도 당신과 마찬가지로 성공하고 싶다는 마음을 갖고 좀더 열심히 일하게 되기 때문입니다.

(2) 리더십 보너스란?

'6-4-2' 네트워크를 만든 후에도 지금까지 해온 대로 계속해서 사업을 해 나간다면, 당신의 그룹에서 독립하는 그룹이 반드시 나올 것입니다. 그룹을 독립시키는 방법은 당신이 당신의 가족이나 친구, 친지를 도와주어 지금까지 설명한 '6-4-2 네트워크' 방식대로 그 그룹에 적어도 79명의 네트워크를 만들어 주는 것입니다. 그렇게 하면 그 그룹은 당신의 그룹에서 독립하여 자신이 속한 회사와 직접 거래할 수 있게 됩니다.

단, 그룹 구성원 모두가 30만원에 상당하는 사업을 한다는 조건이 붙습니다. 실제로 그 79명 중에는 30만원의 사업을 하는 사람도 있을 것이고 100만원의 사업을 하는 사람도 있을 것입니다. 혹은 단지 5만원의 사업밖에 하지 못하는 사람이 있을지도 모릅니다. 하지만 평균적으로 한 사람이 30만원의 사업을 하면 그룹 전체적으로 2,370만원이 됩니다.

왜 하필이면 79명일까요?

그것은 그룹의 전체 구성원이 어려움 없이 사업을 하여 2,370만원이라는 목표치에 이를 수 있는 최소한의 수치이기 때문입니다.

하지만 그룹이 독립한다는 것은 그 그룹이 당신의 개인 그룹에 더 이상 포함되지 않는다는 것을 의미하기도 합니다. 그 결과, 하나의 그룹이 독립해 나가면, 당신 그룹의 전체매출액은 감소할 것이고 당신이 받을 수 있는 보너스 역시 줄어들게 됩니다. 그것은 그 그룹이 독립하기 전까지는 그 그룹의 매출액이 당신의 그룹에 가산되었지만, 그들이 독립하면서 그 그룹의 매상이 더 이상 가산되지 않기 때문입니다. 그런데 열심히 그 그룹을 도와주어 독립을 시켰을 때, 수입이 적어진다면 누구든 이 사업을 계속할 의욕을 상실하고 말 것입니다.

여기에서 다른 사람을 도와주어 독립시키는 것에 대해 미용실과 샐러리맨의 예를 들어 각각 비교해 보도록 하겠습니다.

일반적으로 미용실에서는 독립해서 자신의 가게를 차리고 싶어하는 사람을 싼 임금으로 고용해서 그 대가로 미용 기술, 머리 자르는 방법, 화장 기법 그리고 가게를 경영하는 방법을 가르쳐 줍니다. 미용실 주인과 고용인은 서로에게 도움을 주는 관계인 것입니다. 하지만 언젠가는 그 고용인은 독립해 나갈 것이고 다른 곳에 가게를 새로 오픈 하게 될 것입니다. 그런데 독립한 그 고용인이 자신에게 일을 가르쳐 준 그 미용실 부근에 새로운 미용실을 차린다면, 이제는 불가피하게 서로가 사업상의 경쟁상대가 될 수밖에 없습니다.

샐러리맨 역시 마찬가지입니다. 새로 입사한 대졸 신입사원에게 일을 처리하는 방법을 가르쳐 주면 그 신입사원은 고졸 출신인 당신을 뛰어넘어 먼저 출세할 지도 모릅니다.

이처럼 일반 사회에서는 일을 가르쳐 독립시켜 주면 자신의 이익이 되지 않을 뿐만 아니라, 오히려 자신의 경쟁상대를 만들게 되는 결과를 낳습니다.

이러한 사례에서처럼 네트워크 마케팅 사업에서도 그룹의 누군가를 지원하여 독립시켜 준 것으로 인해 자신의 이익이 줄어들거나 경쟁상대를 만든 결과가 된다면, 어느 누가 하위 라인을 지원해 주려는 마음이 생기겠습니까? 만일 그렇게 된다면 네트워크는 크게 성장할 수 없을 것이고 결국 그룹은 붕괴되고 말 것입니다.

그래서 모 네트워크 마케팅 회사에서 한 가지 방법을 고안해 냈습니다. 그것은 당신의 그룹에서 독립하는 그룹이 나왔을 때, 독립한 그룹의 그 달의 전체매출액에서 4%에 해당하는 금액을 '리더십 보너스' 라는 형태로 당신에게 돌려주는 시스템입니다. 이제 '리더십 보너스' 제도는 많은 회사에서 다양한 조건으로 사용하고 있습니다.

이러한 시스템의 주요특징은 그룹의 사람들을 지원하여 독립시켜 준 당신은 '리더십 보너스' 라는 형태로 노력에 대한 대가를 받고 또한 당신의 그룹에서 독립한 사람도 개인 그룹을 갖게 되어 그 노력에 대한 대가를 받을 수 있게 된다는 점입니다.

이처럼 일반 사회의 상식과 달리, 네트워크 마케팅에서는 그룹 사람들을 독립시켜 주면, 경쟁상대를 만드는 것이 아니라 오히려 당신의 이익의 증가와 평생의 친구를 동시에 얻을 수 있게 됩니다.

카드 #7 - 세 가지 선택

마케팅 플랜의 설명을 듣기 전에는 많은 사람들이 '네트워크 마케팅을 하면 왜 많은 수입을 얻을 수 있는 것일까?' 라거나 '어떤 방법으로 보너스를 모을 수 있을까?' 라고 의문을 갖게 됩니다.

하지만 그러한 프로스펙터들도 지금까지의 설명을 듣고 어떻게 하면 네트워크 마케팅을 통해 많은 수입을 올릴 수 있는지 그리고 네트워크 마케팅이 완전한 합법적인 사업이라는 사실을 이해할 수 있었을 것입니다.

이제 프레젠테이션을 끝낼 때가 되었습니다. 그 전에 홈 미팅에 참석한 프로스펙터들에게는 기본적으로 다음과 같은 세 가지의 선택이 있음을 밝혀두고 싶습니다.

첫째, 네트워크 사업자가 되어 스폰서 활동을 중심으로 사업을 전개하여 그룹을 계속 키워나가는 'A타입 사업자' 가 되는 것입니다.

둘째, 제품을 싸게 구입할 수 있기 때문에 사업자는 되지만 주로 자신이 제품을 사용하거나 약간의 소매판매를 하는 'B타입 사업자' 가 되는 것입니다.

셋째, 사업자가 되지는 않지만 제품을 사용해 줄 'C타입 사업자' 가 되는 것입니다.

---

① A타입 사업자 … 스폰서 활동을 중심으로 사업을 하는 타입
② B타입 사업자 … 자신이 사용하거나 소매판매를 하는 타입
③ C타입 사업자 … 정기적으로 제품을 구입해 줄 고객 타입

미팅을 개최하는 주된 목적은 후속조치의 계기를 만드는 것입니다. 그리고 후속조치의 최대 목적은 프레젠테이션을 들은 프로스펙터 한 사람

한 사람이 위의 세 가지 타입 중에서 어느 타입에 속하는지를 분류하는 것입니다. 그러므로 프레젠테이션을 끝낼 때 참석자 모두에게 세 가지 선택이 있다는 것을 말하는 것은 대단히 중요한 일입니다.

(1) 끝으로 프레젠테이션을 정리한다
실제 질문 예 : 옵션(시간이 있을 경우에만 한다)

"어느덧 프레젠테이션이 끝날 때가 된 것 같습니다. 이제 네트워크 마케팅이 우리에게 무엇을 제공하고 있는지 이해가 되셨습니까? 지금까지 설명한 점들을 간단히 정리해 보겠습니다. 비행기가 발명된 것은 우선 '새처럼 자유롭게 하늘을 날고 싶다!'는 열망과 '꼭 실현시켜 보겠다'는 의욕이 그 사람에게 있었기 때문입니다. 그러므로 네트워크 마케팅을 시작함에 있어서 우선 여러분에게 요구되는 것은 '반드시 뭔가를 달성하고 싶다!'는 강한 열망과 하고자 하는 의지입니다. 하지만 강한 열망을 갖게 되면 그 다음에 곧바로 머리 속에 떠오르는 것이 '이것저것 다 하고 싶은데 돈도 없고 시간도 없고 게다가 친구들이 이 사업에 대해 어떻게 생각할지도 모르고…'와 같이 여러분의 앞길을 가로막는 여러 가지 문제점과 걱정거리입니다.

특히 여러분이 사업을 시작하려 할 때, 처음으로 떠오르는 걱정거리는 '사업을 시작하기 위해서는 돈이 얼마나 필요할까?' 하는 '자금'에 관한 문제가 아니겠습니까? 그러나 네트워크 마케팅을 시작하는 데 필요한 것은 사업에 필요한 서류와 등록 수속에 필요한 10만 원 이하의 자금뿐입니다.(한국에서는 등록 비용 없음) 통상적으로 이 금액도 나중에 해약하면 수수료를 제한 전액을 환불 받는 것이 일반적입니다. 그러므로 네트워크 마케팅에서는 다른 사업과 같이 수천만 원이나 되는 거액의 사업자금을 필요로 하지 않습니다.

두 번째 걱정은 '지금까지 한 번도 사업을 해본 경험이 없어서 나는 할 수 없다' 라고 생각하는 것입니다. 하지만 네트워크 마케팅을 전개하고 있는 회사의 대부분은 프랜차이즈 시스템에 필적할 만큼 완벽한 시스템을 이용해서 사업을 전개하기 때문에 그런 염려는 하지 않아도 됩니다. 즉, 사업경험이 없을지라도 시스템대로 따라하기만 하면 되므로 여러분은 사업경험이 부족한 것에 대해 전혀 걱정할 필요가 없는 것입니다.

세 번째 걱정은 '사업에 투자하는 시간' 문제일 것입니다. 어쩌면 가사일, 자녀 교육, 직장 등으로 인해 지금도 무척 바쁜데 네트워크 마케팅을 하면 더욱 더 바빠지는 것이 아닌가 하는 걱정을 할지도 모릅니다. 하지만 네트워크 마케팅은 1주일에 2번 그리고 하루에 약 2시간 정도의 시간 투자로 충분히 가능한 사업입니다. 또한 일반 직장이나 아르바이트처럼 매일 정해진 시간대에 정해진 장소에서 하는 사업도 아닙니다.

이것으로 자금, 경험 그리고 시간에 대한 불안과 염려는 해결되었을 것입니다. 하지만 '뭔가 숨겨진 위험이 있는 건 아닐까?' 하는 염려를 하는 분들두 계실지 모르겠습니다.

네트워크 마케팅에서 굳이 위험하다고 표현할 수 있는 것은 여러분이 갖고 있는 '자존심'에 상처를 입을지도 모른다는 점입니다. 어떤 사람은 '대학까지 나와서 세제를 팔아야 하나/비타민제를 팔아야 하나/세일즈를 해야 하나' 라거나 '이 얘기를 친구들에게 하면 돈이 없어서 하는 걸로 오해할 지도 몰라' 혹은 '이런 일을 하지 않아도 충분히 먹고 살 수 있어' 라고 생각할 지도 모릅니다. 이런 생각을 갖고 있는 사람이 네트워크 마케팅을 했을 경우, 이 사업을 잘 모르는 사람에게 이야기를 했을 때 혹시 오해받거나 거절당하기라도 하면 그 사람은 자존심에 상처를 입을 것입니다.

물론 사람이 자존심을 갖는 것은 대단히 중요한 일입니다. 그러나 아무리 자존심이 있더라도 자존심이 여러분의 강한 열망과 꿈을 실현시켜 주는 것은 아닙니다. 아무리 자존심이 있더라도 경제적인 여유가 없다면 여러분의 자녀들을 원하는 대학에 보낼 수 없고 부모가 병환으로 누우셨을 때 일을 그만두고 병간호를 해 드릴 수도 없습니다. 어쨌든 네트워크 마케팅을 함으로써 여러분의 자존심에 조금 상처를 입을 지도 모릅니다. 하지만 네트워크 마케팅이야말로 지금 영위하고 있는 생활을 희생하는 일 없이 여러분에게 경제적인 여유를 제공해 주는 최대의 기회입니다."

(2) 프로스펙터에게 세 가지 선택이 있음을 알려준다

"끝으로 여러분 중에는 사업설명을 처음 들으셔서 앞으로 어떻게 해야 할지 모르겠다는 생각을 하는 분들도 계실 것입니다. 그런 분들은 다음의 세 가지 선택가운데에서 하나를 고르시기 바랍니다.

첫째, 네트워크 사업자가 되어 스폰서 활동을 중심으로 사업을 전개하여 네트워크를 크게 확장시키고 많은 수입을 얻는 것입니다.

둘째, 사업자가 되더라도 적극적으로 사업 활동은 하지 않지만, 자기 자신을 위해 우수한 제품을 싸게 사용하는 것입니다.

셋째, 사업자가 되지는 않지만 제품만은 사용해 보겠다는 선택입니다.

끝으로 여러분께서 이 사업을 객관적으로 판단하는 데 도움이 될 만한 정보가 많이 들어있는 정보자료집을 건네 드리도록 하겠습니다. 이 자료집은 이 사업을 판단하는 재료로써 저희가 만든 자료가 아니라 이 사업과 전혀 관계가 없는 경제계 전문가들의 의견이 실려 있는 신문기사와 잡지 기사입니다. 이 정보자료집을 보시고 여러분께서 이 사업을 할 만한 가치가 있는지를 충분히 검토해 보시기 바랍니다. 자료집은 2~3일 뒤에 회수할 것이므로 그 때까지 위의 세 가지 선택 가운데 어느 쪽을 택할 것인지 충분한 시간을 두고 검토해 보셨으면 합니다.

이것으로 프레젠테이션이 끝났습니다. 여러분, 바쁘신 중에도 일부러 미팅에 참석해 주셔서 대단히 감사합니다. 그리고 오랜 시간 들어 주셔서 고맙습니다."

(3) 세 가지 선택이 있다는 사실을 말하지 않으면 안 되는 이유

왜 프로스펙터에게 세 가지 선택이 있다는 것을 말하지 않으면 안 될까요? 홈 미팅의 목적은 어디까지나 후속조치의 계기를 만들기 위해서이기 때문입니다. 또한 사업설명을 들은 프로스펙터 각자가 A, B, C타입

중 어떤 타입에 속하는지 분류해야 하기 때문입니다. 다시 한 번 세 가지 타입의 특징을 상기해 보도록 합시다.

① A타입(사업자) ⋯ 이 타입은 네트워크 마케팅에 관심을 갖고 사업자가 된 후에도 비교적 빨리 '스폰서 활동'을 중심으로 네트워크를 키워 나가는 사업타입의 사람들입니다. 이 A타입의 사람들 중에서 장래에 당신의 사업에서 '열쇠'가 될 그룹 리더 혹은 당신을 그룹 리더로 이끌어 줄 사람들이 나올 것입니다. 우리는 기본적으로 A타입의 사람들을 찾을 목적으로 홈 미팅을 개최하며 후속조치를 취하는 것입니다.

② B타입(자체소비와 소매활동) ⋯ 사업자가 되더라도 주로 자신이 제품을 사용하는 '자가 소비형'인 사람들입니다. 네트워크 마케팅의 사업 기회는 잘 알지 못하지만, 사업자로 등록하면 제품을 싸게 살 수 있기 때문에 어쨌든 사업자가 되어 제품을 사용해 보려고 하는 사람들입니다. 이들 중에서 나중에 자신의 마음에 드는 제품을 활발하게 판매하는 사람이 나올지도 모릅니다. 또한 이런 타입의 사람들 중에서 아는 사람들을 몇 사람 스폰서 하는 사람들도 나올지 모릅니다. 그리고 B타입에서 A타입으로 옮겨가는 사람들도 몇 명 나올지 모릅니다. 누구든 제품을 사용해 보면 품질이 좋다는 것을 이해하게 되고 가족이나 친구들에게 소개하고 싶어지기 때문입니다.

③ C타입(소비자) ⋯ C타입의 사람들은 사업의 가능성을 충분히 이해하지 못한 사람들로 사업자가 되지는 않지만 가끔 제품을 사 주는 '소비

자 타입'의 사람들입니다. 사업설명을 들은 사람들 모두가 네트워크 마케팅의 사업 내용을 이해할 수 있는 것은 아닙니다. ①, ②를 선택하지 못한 사람들에게는 제품을 직접 사용하게 하여 가능한 한 소비자가 되도록 하는 것이 좋습니다.

그룹 리더의 세 번째 조건은 '최소한 15명의 고객을 확보할 것'입니다. 여러분이 세심한 서비스를 한다면 C타입의 사람들은 대부분 여러분의 고객이 될 가능성을 갖고 있는 사람들입니다. 고객을 15명 찾는 것은 소매를 열심히 해서 고객을 찾게 되는 것이 아니라 C타입의 사람들에게 세심한 서비스를 제공한 결과 얻게 되는 부산물인 것입니다."

실제로는 네 번째 선택도 있습니다. 그것은 사업자도 되지 않고 소비자도 되지 않는 것입니다. 다시 말해 D타입(무관심 타입)입니다. 이들은 네트워크 마케팅에는 일절 관여하고 싶지 않다고 생각하는 사람들입니다. 하지만 일부러 프로스펙터에게 네 번째 선택이 있다는 것을 말할 필요는 없을 것입니다. 네 번째 선택이 있다는 것을 말하면 반드시 그것을 선택하는 사람들이 나올 것이기 때문입니다. 그리고 사업에 관여하고 싶지 않은 사람은 스스로 알아서 네 번째 선택을 하기 때문입니다. 그러므로 당신이 일부러 말할 필요는 없을 것입니다.

이제 앞의 주제로 되돌아가 봅시다.

왜 프로스펙터에게 세 가지 선택이 있다는 사실을 말하지 않으면 안 될

까요? 첫 번째 이유는, 대부분의 사람들에게 있어 네트워크 마케팅의 사업 내용을 듣는 것은 태어나서 처음 있는 일이기 때문에, 프로스펙터에게 세 가지 선택이 있다는 것을 가르쳐 주지 않으면 후속조치를 취할 때 어떻게 대답해야 좋을지 모르는 경우가 많기 때문입니다. 하지만 프로스펙터에게 세 가지 선택이 있다는 것을 가르쳐 주면 프로스펙터는 ⓐ사업자가 될 것인지 ⓑ사업자가 되어 스폰서 활동을 할 것인지 ⓒ제품을 사용해 볼 것인지를 후속조치 때까지 충분한 시간을 두고 생각할 수 있기 때문입니다.

또한 경험이 없는 사업자는 후속조치 때에 무엇을 물어보아야 하는지 잘 모릅니다. 그러나 미리 프로스펙터에게 세 가지 선택만을 준다면, 어떤 질문을 해야 하는지 사전에 연습을 할 수도 있고 프로스펙터의 질문에 어떻게 대처하면 좋을지 연습할 수도 있습니다. 만약 그렇게 하지 않는다면 후속조치 때 물어 보아야 할 것들을 묻지 않고 그냥 지나쳐버릴 수도 있습니다.

이러한 이유 때문에 프레젠테이션의 끝부분에 반드시 세 가지 선택이 있다는 것을 프로스펙터에게 말하지 않으면 안 되는 것입니다.

지금까지 고려한 점들이 홈 미팅을 할 때 프레젠테이션을 설명하는 방법의 가이드라인입니다. 최소한 이 정도의 내용을 충분히 이해하지 못한다면 프로스펙터 앞에 서서 1시간~1시간 30분 동안 프레젠테이션을 하는 것이 어려울지도 모릅니다.

지금까지 설명한 것들을 이해하고 외우는 것을 어렵게 여길 것인지 아니면 쉽게 여길 것인지는 당신의 마음자세에 달렸습니다.

한 가지 예를 들어보겠습니다. 의사의 평균 수입이 보통 1억 이상이라고 말합니다. 하지만 의사가 되려면 일반적인 상식으로도 초등학생 때부터 학원을 다녀서 좋은 성적을 받아야 하고, 일류 중학교, 일류 고등학교를 졸업하지 않으면 의과대학에 입학할 수 없습니다. 설령 의과대학에 입학할 수 있는 조건을 충족시켰다 하더라도 대부분의 경우 6년 동안 의과대학에 다니려면 많은 경제적인 지원이 요구됩니다. 또한 의과대학을 졸업한다고 해서 그리고 의사자격증을 확보한다고 해서 자동적으로 수억 원의 수입을 올릴 수 있는 것도 아닙니다. 적어도 5년, 때로는 10년 이상 임상실험의 경험을 쌓지 않으면 인정받는 의사가 될 수 없는 것입니다.

제가 아는 사람 중에 어느 의과대학에서 장기이식을 전문으로 하는 의사가 있습니다. 그는 미국 펜실베니아주의 피츠버그 의과대학, 캘리포니아주의 성 빈센트 메디컬센터, 굿 샐러리맨 메디컬센터처럼 장기이식에 있어 미국에서 가장 권위를 자랑하는 대학과 의료 기관에서 3년 동안 장기이식의 경험을 쌓은 후에 귀국했습니다. 그가 미국에서 체재하고 있을 때에는 한 달에 몇 십 건의 장기이식 수술을 했다고 합니다. 그런데 국내에서는 장기이식을 할 기회가 미국에 있을 때와 비교했을 때 수십 분의 1이라고 합니다. 아무리 비싼 돈을 들여 칙첨단 기술을 배울지라도 그것을 활용할 수 없는 경우도 있는 것입니다.

이야기가 조금 빗나갔지만, 정식으로 의사가 되었다는 이유만으로 아무 것도 하지 않아도 1년에 1억의 돈이 들어오는 것은 아닙니다. 그야말로 매일 수십 명의 환자를 진찰하지 않으면 고수입을 얻을 수 없는 것입니다. 그리고 만약 독립해서 전문병원을 개업한다 하더라도 편하게 여행을 즐길 시간이 없습니다. 예를 들어 한 달 동안 하와이로 여행을 간다면 환자들은 모두 다른 병원으로 가 버릴 것입니다. 게다가 수 십 억의 빚을 진 상태에서 다른 의사를 여러 명 고용하여 개업을 한다면 아무리 하와이여행을 가고 싶어도 그럴 만한 여유가 전혀 없습니다.

이것과 비교해 볼 때, 프레젠테이션을 하는 방법을 외우는 것은 전혀 어려운 일이 아니라는 생각이 들 것입니다. 그래도 외우는 것이 어렵게 느껴진다면 애초부터 네트워크 마케팅을 하지 않는 편이 좋습니다. 하지만 실제로는 스폰서가 사업설명을 어떻게 하는지 여러 번 본 후에 당신 스스로 여러 차례 하다 보면 쉽게 마스터할 수 있습니다. 처음에 무슨 이야기를 하면 좋을지 잘 모를 때에는 요점을 적은 카드를 들고 하면 됩니다.

중요한 것은 설명이 다소 서툴더라도 열정을 갖고 프레젠테이션을 하는 것입니다. 왜냐하면 네트워크 마케팅에서 몇 사람이나 스폰서 할 수 있는가 하는 것은 당신이 얼마나 프레젠테이션을 잘 하느냐에 의해 좌우되는 것이 아니라 당신의 열정과 프로스펙터가 갖고 있는 꿈의 크기와 야망의 크기에 좌우되기 때문입니다. 그리고 몇 사람에게 사업설명을 하는가에 의해 좌우됩니다.

오픈미팅 (20분 미팅)

네트워크 마케팅 사업은 사람과 사람을 신뢰라는 끈으로 묶어 그물과 같은 '네트워크'를 만들어 나가는 사업입니다. 그리고 네트워크의 기본적인 틀이 되는 것은 다름 아닌 사람입니다. 따라서 네트워크 마케팅에서 가장 중요한 사업 자산은 그 사람들의 이름을 적은 명단입니다.

하지만 아무리 명단을 작성하더라도 그 안에 들어있는 프로스펙터에게 마케팅 플랜을 설명하고 네트워크에 제품을 유통시키지 못한다면 아무런 결과도 얻을 수 없습니다.

특히 네트워크 마케팅은 네트워크에 제품을 공급하기 이전에 사람들의 '꿈'을 싣는 사업입니다. 이 점이 네트워크 마케팅과 다른 사업과의 차이점입니다.

어쨌든 명단을 작성한 후에는 직접 프로스펙터를 만나거나 아니면 전화로 접근하여 홈 미팅이나 그룹 미팅에 참석하도록 약속을 잡고 사업 설명을 하지 않으면 안 됩니다.

문제는 모든 프로스펙터가 반드시 당신과 신뢰관계에 있는 것이 아니므로 모든 프로스펙터를 동일한 방법으로 홈 미팅에 초대할 수 없다는 점입니다. 예를 들어 가족, 친척, 이웃, 친구들은 당신과 신뢰관계에 있기 때문에 본인에게 직접 접근해서 홈 미팅에 초대할 수 있을 것입니다. 하지만 당신과 신뢰관계에 있지 않은 사람들을 처음부터 홈 미팅에 초대하는 것에는 어려움이 있습니다.

현재 국내에서는 당신과 신뢰관계가 있고 없고에 관계없이 모든 프로스펙터를 홈 미팅에 초대하고 있습니다. 하지만 네트워크 마케팅에 있어서 두 배나 긴 역사를 갖고 있는 미국에서는 당신과 신뢰관계가 없는 프로스펙터에게는 한 단계를 더 둔 '오픈미팅'이라는 방법을 사용하고 있습니다. 그러면 지금부터 왜 '오픈미팅'이 고안되었는지 그 배경, 특징 그리고 목적에 대해 설명하도록 하겠습니다.

오픈미팅이란?

(1) 오픈미팅은 어떤 형태인가?

미팅의 종류는 개최되는 장소와 목적에 따라 크게 세 가지 형태로 분류됩니다.

첫 번째 형태는 당신의 집에 프로스펙터를 초대해서 하는 '홈 미팅'입니다.

두 번째 형태는 공공시설(구민회관/시민회관/포럼이나 컨벤션센터 등)을 빌려서 개최하는 미팅으로 일반적으로 랠리, 대회, 컨벤션이라고 불리는 '그룹 미팅'입니다.

세 번째 형태는 특정 장소로 한정짓지 않고 프로스펙터와 얼굴을 맞대고 하는 일대일 미팅입니다.

그러면 지금부터 설명할 '오픈미팅'은 어떤 형태에 속할까요?

오픈미팅은 특별한 장소와 시간을 한정짓지 않고 소수의 인원을 대상으로 하는 미팅이기 때문에 세 번째 형태로 분류됩니다. 오픈미팅이란 프로스펙터를 홈 미팅이나 그룹 미팅에 초대해서 1~2시간 동안 자세하게 사업설명을 하기 전에 '네트워크 마케팅의 기초적인 사업 내용'을 짧은 시간 안에 설명해서 상대방의 반응을 보는 미팅, 즉 인터뷰를 하는 것과 같은 미팅입니다.

오픈미팅에서는 미리 준비된 네트워크 마케팅의 사업 내용이 인쇄된 '설명용 용지'를 사용해서 15~20분 정도의 짧은 시간에 시간과 수입의 관계, 네트워크 마케팅의 사업 개요, 네트워크 마케팅의 네 가지 특징과 네 가지 걱정, 전통적인 유통 시스템과 네트워크 마케팅의 유통 시스템의 비교, 네 가지 시장 영역, 수입을 얻는 방법, 국제적인 사업의 전개 방법과 가능성을 설명하고 프로스펙터의 반응을 관찰하도록 작성되어 있습니다.

(2) 오픈미팅의 밑바닥에 깔려 있는 기본적인 생각은?

그러면 오픈미팅의 밑바닥에 깔려 있는 기본적인 생각은 무엇일까요? 이제 막 식사를 끝내서 배가 부른 사람에게 아무리 "맛있는 것을 해놓았으니 우리 집에 와서 함께 먹읍시다."라고 말할지라도 그 사람의 관심을 끌 수는 없습니다. 또한 현재의 생활에 대해 충분히 만족스럽게 생각하는 사람에게 "여기 정말 멋진 사업이 있어요. 이 일을 하면 뭐든 원하는 것을 얻을 수 있지요. 함께 해보지 않을래요?"라고 말을 해도 그 사람으로 하여금 '좋아요. 한 번 해 보죠'라는 마음이 생기게 할 수 없습니다.

바로 이 점이 오픈미팅을 고안하게 된 이유입니다.

새로운 사업자가 언제 어느 때 네트워크 마케팅이 자신에게 맞지 않는다고 여길지는 아무도 알 수 없습니다. 왜냐하면 사업자 각자의 사고방식이나 인생관이 다르기 때문입니다. 하지만 많은 사람들을 관찰해 보면 일반적인 경향을 알 수는 있습니다.

이미 사업에서 성공한 사람들이 많은 새로운 사업자를 관찰한 결과 알게 된 것은 새로운 사업자들이 "나에게는 네트워크 마케팅이 맞지 않는 것 같아요"라고 말하면서 심리적인 상처를 받는 것은 프로스펙터들에게 처음 두 세 번의 전화를 걸고 난 이후가 가장 많았다고 합니다.

상대방이 아니라 자신의 상황에 맞춰 프로스펙터에게 접근하면 현재에 만족하고 있는 사람들이나 아무 것도 하지 않으려 하는 사람들을 미팅에 초대하게 되는 결과가 나오게 됩니다. 이 경우, 상대방은 미팅에 참석하라는 당신의 초대를 거절할 가능성이 높습니다. 그렇게 되면 새로운 사업자는 크든 적든 심리적인 상처를 받을 것입니다. 이러한 상황이 여러 번 반복되면 '나에게는 네트워크 마케팅이 맞지 않나 봐', '역시 나는 안 되나봐'라고 소극적인 생각을 갖게 될 것입니다.

이러한 일이 일어나지 않도록 미팅에 초대하기 전에 조건에 맞는 프로스펙터만을 미팅에 초대하는 것이 좋겠다는 생각을 하게 되었고 그 결과, 오픈미팅이 생겨난 것입니다.

오픈미팅은 이러한 배경 하에서 미국의 어느 그룹에 의해 시도되었으며 많은 성공자들을 배출하였습니다. 그들은 이 획기적인 생각을 여러

해에 걸쳐 특히 '누구든 쉽게 따라할 수 있는가?', '부작용은 없는가?' 하는 점에 주의해서 검토한 결과, 오픈미팅의 뛰어난 효과를 확인할 수 있었고 지금은 보다 폭 넓게 그리고 보다 많은 사업자들에 의해 사용되고 있습니다.

오픈미팅이 고안된 결과, 미국에서는 유례가 없는 속도로 많은 네트워크를 만드는 일이 가능해졌고 보다 큰 목표를 보다 짧은 시간에 달성할 수 있게 된 것입니다.

오픈미팅의 목적

(1) 오픈미팅 … 프로스펙터를 파악한다

오픈미팅이 고안되기까지는 그저 얼굴 정도만 알고 지내던 사람들, 즉 당신과 별로 신뢰관계에 있지 않은 프로스펙터에게 어떻게 접근하면 좋을지 몰라 고민하던 사람들이 많이 있었을 것입니다. 사실, 얼굴은 알지만 쉽게 홈 미팅에 초대할 정도의 사이는 아니기 때문에 어떻게 해야 좋을지 모르겠다는 경우가 적지 않았습니다.

하지만 오픈미팅이 고안됨으로써 보다 신속하게 그리고 보다 많은 프로스펙터에게 네트워크 마케팅의 사업 내용을 설명할 수 있게 되었고 어떤 프로스펙터가 사업에 관심을 나타내는지를 알아낼 수 있게 된 것입니다.

이처럼 오픈미팅은 15~20분이라는 짧은 시간에 네트워크 마케팅의 사업 내용만을 설명하고, 프로스펙터의 반응을 보면서 상대방이 어떤 사람인지 그리고 무엇을 생각하고 있는지를 관찰하는 인터뷰 형식의 미팅인 것입니다. 다시 말해 홈 미팅에 초대하기 전에 프로스펙터를 빠른 시간에 파악해서 누가 당신이 찾고 있는 조건에 부합되는지를 판단하는 데 사용되는 방법이라고 말할 수 있습니다. 그리고 조건에 부합된 프로스펙터만을 홈 미팅에 초대하는 것입니다.

프로스펙터를 홈 미팅에 초대하여 조건에 부합되는지를 체크할 때에는 몇 가지 점을 고려해야 합니다. 첫 번째 조건은 오픈미팅이 끝났을 때 프로스펙터가 당신이 설명한 네트워크 마케팅의 사업 내용에 관심을 갖고 사업에 대해 더 알고 싶다고 생각하는가 하는 것입니다.

이 조건에 부합되는 프로스펙터와는 다시 만날 날짜를 정해서 홈 미팅에 초대하여 충분한 시간을 두고(1~2시간) 사업설명을 하면 좋을 것입니다. 자세한 사업설명은 그 때 해도 늦지 않습니다. 서둘러 결과를 내려고 하면 오히려 실패하기 쉽습니다.

두 번째 조건으로는 상대방이 당신의 이야기를 들을 자세가 되어 있는가 하는 것입니다. 왜냐하면 새로운 것을 받아들이는 데에는 반드시 유연성이 필요하기 때문입니다. 또한 다른 사람으로부터 뭔가를 배우기 위해서는 한 마디로 말해 겸허한 정신을 갖고 있지 않으면 안 됩니다. 그리고 아무리 사업에 관심을 갖고 있더라도 다른 사람의 의견을 듣는 겸허함이 없는 사람이라면, 앞으로 당신이 그 사람을 사업에서 리드할 수 없을 것입니다.

세 번째 조건은 현재 누리는 삶의 질을 향상시키려고 하는 마음이 있는가 하는 것입니다. 그리고 네 번째로 진취적인 자세를 갖고 있고 적극적이며 긍정적인 사고방식을 갖고 있는가 하는 조건을 들 수 있습니다.

수많은 성공자들의 경험에 의하면 이러한 조건을 충족시키는 프로스펙터가 그렇지 않은 프로스펙터보다 네트워크 마케팅에서 성공할 확률이 더 높다고 합니다.

하지만 처음부터 모든 프로스펙터가 이러한 모든 조건을 충족시키는 것은 아닙니다. 사업자가 된 후에 혹은 여러 번 미팅에 참석한 후에 겨우 이러한 조건을 충족시키는 사람들도 적지 않습니다. 그러므로 오픈미팅이 끝난 후에 프로스펙터가 최소한 네트워크 마케팅의 사업에 관심을 갖고 사업에 대해 좀더 알고 싶어할 경우에는 다음 단계로서 홈 미팅에 초대하도록 하십시오.

오픈미팅을 한 결과, 만약 프로스펙터가 네트워크 마케팅에 관심을 보이지 않을 경우에는 시기가 좋지 않았을 수도 있으므로 홈 미팅에 초대하는 것을 보류해두는 것이 좋을 것입니다. 그리고 계속해서 그 사람과 연락을 취하다가 기회를 보아 조건이 갖추어졌을 때, 다시 접근하면 됩니다. 다시 말해 이번에는 방금 식사를 끝낸 후라 배가 잔뜩 불러 있을지 모르기 때문에 상대방이 시장기를 느낄 때를 봐서 다시 식사에 초대하면 되는 것입니다.

이런 생각을 갖고 프로스펙터를 파악하면 당신의 귀중한 시간을 유용하게 사용할 수 있을 것이며 상대방이 관심을 보이지 않더라도 그 사람에 대해 나쁜 감정을 갖게 되지 않기 때문에 전과 똑같이 대할 수 있을 것입니다. 그러면 '네트워크 마케팅을 하면 친구를 잃는다' 는 말은 없어질 것입니다.

상대방이 당신의 곁을 떠나는 원인이 당신에게도 있다는 사실을 알고 있습니까? '저 사람은 아무래도…' 라고 하는 당신의 생각은 그대로 상대방에게 전달됩니다. 그러므로 다른 사람의 호감을 사고 싶다면 우선 당신이 상대방을 좋아해야 합니다. 당신이 '저 사람은 나의 초대를 거절했지. 도저히 용서할 수가 없어' 라고 생각하면 그 감정은 그대로 상대방에게 전달되어 대인관계에 악영향을 미칩니다.

반대로 당신이 상대방에게 거절당한 것을 아무렇지 않게 생각한다면, 그 사람 역시 아무렇지 않게 여길 것이므로 바람직한 대인관계가 계속 유지될 수 있습니다.

(2) 접근할 때에는 회사 이름은 절대로 말하지 않는다

프로스펙터를 오픈미팅에 초대하거나 사업설명을 할 때, 중요한 것은 절대로 회사 이름을 공개하지 않는 것입니다. 왜냐하면 미팅에 초대하겠다는 약속을 할 때나 네트워크 마케팅의 사업을 설명할 때, 회사 이름을 말할 필요가 전혀 없기 때문입니다. 이것은 만약 상대방이 배가 고프지 않다면 아무리 유명한 식당 이름을 대더라도 그 사람을 식사에 초대할 수가 없는 것과 마찬가지입니다. 오픈미팅의 목적은 식당에 초대하기 전에 프로스펙터의 배가 고픈지 그렇지 않은지의 여부를 알아내는데

있습니다.

그리고 회사 이름을 공개하는 것은 당신이 찾고 있는 조건에 부합되는 프로스펙터를 홈 미팅에 초대하여 사업설명을 하고 프로스펙터가 어느 정도 네트워크 마케팅의 사업 내용을 이해할 수 있게 되었을 때 말해야 합니다.

당신의 프로스펙터가 야심을 갖고 있지 않다면 혹은 지금 생활에 만족해서 하고자 하는 의욕이 없다면 당신이 소개하려고 하는 것이 무엇이든 거절할 것입니다.

그러므로 미팅에 초대하기 위해 접근할 때나 네트워크 마케팅의 사업 내용을 설명할 때에는 회사 이름을 꺼낼 필요가 전혀 없습니다.

오픈미팅의 특징

(1) 시간낭비를 최소한으로 줄일 수 있다

오픈미팅에서는 미리 요점을 인쇄한 '설명용 용지'를 사용하여 기초적인 네트워크 마케팅의 사업 내용을 프로스펙터에게 설명합니다. 이때, 사업 개요에 대한 설명을 하는데 필요한 시간은 15~20분 정도로 짧습니다. 왜냐하면 오픈미팅은 비교적 짧은 기간에 많은 프로스펙터를 파악하려는 목적으로 고안된 방법이기 때문입니다.

10명의 프로스펙터가 있다고 가정했을 때, 가자에게 완전한 사업설명을 하려면 적어도 15시간이라는 긴 시간이 필요합니다. 하지만 오픈미팅을 사용하면 그 1/5에 해당하는 3시간 정도에 끝낼 수 있습니다. 만약 오픈미팅을 한 결과, 사업에 관심을 갖게 된 사람이 있다면 날짜를 다시 정해서 홈 미팅에 초대하여 자세한 마케팅 플랜을 설명하는 것이 좋을 것입니다.

어떤 사람은 '10명의 프로스펙터를 홈 미팅에 동시에 초대하면 2시간 만에 끝날 텐데' 라고 생각할지도 모릅니다. 물론 맞는 말입니다. 만약 그것이 쉬운 일이라면 고생할 필요도 없고 오픈미팅이 고안될 필요도 없었을 것입니다. 하지만 그게 말처럼 쉽지 않기 때문에 오픈미팅이 고안된 것입니다.

(2) 오픈미팅에 필요한 것

오픈미팅에 필요한 것은 설명용 용지, 붉은 색 펜 그리고 당신의 '열정' 뿐입니다. 그리고 15분이라는 짧은 시간 안에 사업 내용의 설명이 가능할뿐더러 장소도 한정되어 있지 않기 때문에 회사에서 점심을 먹고 난 휴식시간에도 충분히 가능합니다. 이처럼 오픈미팅은 바쁜 현대사회에 잘 맞는 방법으로 단기간에 큰 사업을 해 나가는데 적절한 방법인 것입니다.

그리고 15분이라는 짧은 시간 안에 '설명용 용지' 에 적혀 있는 간단한 사업 내용과 네트워크 마케팅의 특징 그리고 네트워크 마케팅의 가능성을 설명하다 보면 당신 회사의 'ㅎ' 자도 설명할 여유가 없을 것입니다. 만약 15분이라는 짧은 시간에 당신의 회사와 제품에 대해 설명하려고 한다면, 분명 어중간한 설명이 될 것이고 오해의 근원이 되기 십상입니다.

수많은 네트워크 사업자 중에는 15분 만에 사업의 전체적인 개요, 특징, 가능성 그리고 회사와 제품에 대한 설명을 모두 하려는 사람이 분명 있을 것입니다. 만약 당신이 그렇게 한다면 당신 스스로 자유를 얻을 기회를 깨뜨리는 것이 될뿐더러 프로스펙터가 자유를 얻을 기회도 빼앗아 가는 결과가 되고 말 것입니다. 당신이 커다란 기회를 스스로 포기하는 것은 당신의 자유입니다. 하지만 당신에게는 다른 사람이 자유를 얻을 수 있는 기회를 없앨 권리가 없습니다. 그러므로 오픈미팅에서는 '설명용 용지'에 적힌 정보만 전해주면 되는 것입니다.

(3) 오픈미팅을 할 때의 주의사항

지금부터 프로스펙터와 오픈미팅을 하기 전에 반드시 알아두어야 할 점들과 주의사항에 대해 설명하도록 하겠습니다.

① 프로스펙터를 오픈미팅에 초대하기 전에 프로스펙터가 네트워크 마케팅 사업을 받아들일 조건에 부합되는가를 우선 검토합니다.

② 오픈미팅은 주로 일대일로 네트워크 마케팅의 사업 내용을 설명하고 상대방의 반응을 관찰하는 '인터뷰 형식의 미팅'입니다. 그리고 네트워크 마케팅의 사업 내용을 설명할 때에는 미리 인쇄된 '설명용 용지'를 사용합니다. 이때, 프로스펙터가 이해하기 쉽도록 중요한 요점에 붉은 색 펜으로 선을 그으면서 설명합니다.

③ 무엇보다 중요한 것은 사업을 설명하기 전에 프로스펙터의 마음을

편하게 해주는 것입니다. 때로는 프로스펙터가 '뭔가를 구입해야 하는 것은 아닌지' 혹은 '서류에 사인해야 하는 것은 아닌지'라고 걱정할 때가 있습니다. 그러므로 설명을 하기 전에 "오늘은 당신에게 사인을 받거나 어떤 결단을 요구하고 혹은 제품을 사도록 하기 위해 이 자리에 온 것이 아닙니다."라고 처음부터 확실하게 말해두는 것이 중요합니다.

④ 만약 프로스펙터가 어떤 배경을 갖고 있는지 잘 모를 때에는 상대방이 어떤 사람인지 알아내기 위해 다음과 같이 짧은 질문을 해도 무방할 것입니다. 이러한 짧은 대화는 상대방의 긴장을 풀어주는 데에도 도움이 됩니다.

"ㅇㅇㅇ씨, 혹시 괜찮으시다면 어떤 일을 하고 계신지 말씀해 주실 수 있나요?" 또는 "이야기를 하기 전에 ㅇㅇㅇ씨에 대해 좀 알고 싶은데요, 만일 지장이 없다면 이야기해 주실 수 있겠습니까? 혹시 결혼은 하셨는지요? 가족은 있나요? 이 지역에서 오래 사셨나요?"와 같이 일반적인 질문을 합니다.

⑤ 절대로 회사 이름은 말하지 않습니다.

누구를 오픈미팅에 초대할 것인가?

(1) 어떤 미팅에 초대할 것인지는 프로스펙터와의 신뢰관계에 의해 좌우된다.

명단을 작성할 때, 중요 포인트 중의 하나는 당신이 알고 있는 모든 사람들을 명단에 올리는 것입니다. 이때, 명단에 올린 사람들은 크게 두 그룹으로 나뉩니다.

첫 번째 그룹은 당신과 신뢰관계에 있는 당신의 가족, 친척, 친구들, 회사 동료 그리고 동호회 멤버입니다.

두 번째 그룹은 당신과 그다지 신뢰관계에 있지 않은 사람들의 그룹입니다. 예를 들어 안면은 있지만 이름은 모르는 당신 자녀의 같은 반 친구의 부모, 가끔 가는 세탁소 주인, 단골 주유소의 주유원처럼 서로 얼굴은 알지만 개인적인 것에 대해서는 별로 알지 못하는 관계에 있는 사람들입니다.

당신과 신뢰관계가 있는 첫 번째 그룹의 사람들 중에는 홈 미팅에 초대하는 조건에 부합되지 않는 사람들이 있을 지도 모르지만, 그렇다고 폰 스크립트를 사용해서 인터뷰 접근을 하여 오픈미팅에 초대하는 것은 부자연스럽기 때문에 본인에게 직접 접근하여 홈 미팅에 초대하는 것이 좋을 것입니다.

하지만 두 번째 그룹의 사람들은 당신과 그다지 신뢰관계가 없는 프로스펙터로 직접 홈 미팅에 초대하는 것은 무리가 있습니다. 왜냐하면 당신의 집에 초대할 정도로 친한 사이도 아니고, 대부분의 경우 초대를 하더라도 참석하지 않을 것이기 때문입니다. 그렇지만 이들과 신뢰관계를 쌓아나가려면 많은 시간과 돈이 필요할 것이고 시간적으로나 경제적으로 많은 부담이 될 것입니다. 게다가 신뢰관계를 쌓기 위해 1년 아니 2년 정도 노력한 후에 그 사람을 홈 미팅에 초대하더라도 그 사람이 참석한다는 보장은 전혀 없습니다.

그렇다면 처음부터 완충 접근법의 하나인 "인터뷰 접근법"을 사용하여 오픈미팅을 갖고 그 사람의 반응을 보는 것이 시간과 노력을 헛되게 사용하지 않는 지름길이 될 것입니다.

이처럼 오픈미팅이란 당신과 신뢰관계에 있지 않은 프로스펙터를 한 단계 먼저 접촉한 후에 홈 미팅에 초대하는 최고의 방법입니다.

그러나 만약 인터뷰 접근을 할 때, 처음부터 '회사의 이름'을 말하면 두 번째 접근이 불가능해질 것입니다. 머리가 나쁜 물고기도 같은 낚시 바늘에 두 번 걸리지 않는 법입니다. 처음부터 'ㅇㅇ의 미팅에 참석해 주십시오'라고 회사 이름을 말했을 때 미팅에 참석하지 않았던 사람을 나중에 다시 한 번 'ㅇㅇ의 미팅에 참석해 보지 않겠습니까?'라고 말하면서 미팅에 초대하더라도 참석할 리가 없습니다. 왜냐하면 그 사람은 당신이 소개하려고 하는 회사에 대해 친구들이나 가족에게 물어보았거나 이미 소문을 들었기 때문입니다.

하지만 인터뷰 접근법을 사용하면 접근할 때, 회사 이름을 말하지 않기 때문에 상대방은 당신이 어떤 사업을 소개하려고 하는지 모를 것입니다. 따라서 두 번째 접근이 가능해집니다.

이 방법은 단기간에 커다란 네트워크를 만드는 데 있어서 최적의 방법입니다. 그리고 최근 미국에서 실제로 사용되어 좋은 결과를 얻고 있습니다.

(2) 어떤 미팅에 초대할 것인지는 사업경험에 의해 좌우된다

프로스펙터를 홈 미팅에 초대할 것인지 아니면 오픈미팅에 초대할 것인지는 당신과 프로스펙터와의 신뢰관계 그리고 당신의 사업경험과 자신감에 의해 좌우됩니다. 기본적으로 당신과 신뢰관계에 있는 가족, 친척, 친구들, 회사 동료, 동호회 멤버는 직접 홈 미팅에 초대하고 그 밖의 사람들은 오픈미팅에 초대하는 것이 좋습니다.

하지만 이미 네트워크 마케팅에서 성공하여 일정한 결과를 얻고 있는 사람은 그만큼 사업, 시스템, 제품, 스폰서 그리고 자기 자신에 대해 자신감을 갖고 있기 때문에 초면인 사람이나 별로 신뢰관계가 없는 사람일지라도 홈 미팅에 직접 초대할 수 있을 것입니다. 그러나 사업경험이 거의 없는 사람이 초면인 사람이나 별로 신뢰관계가 없는 사람을 홈 미팅에 초대하는 것은 조금 시기상조입니다.

어쨌든 어떤 프로스펙터를 홈 미팅에 초대할 것인지 혹은 오픈미팅에 초대할 것인지는 항상 당신의 스폰서나 업 라인에게 조언을 부탁한 후, 결정하도록 하십시오. 명단을 작성하였다면 스폰서와 함께 명단에 들어 있는 프로스펙터들의 배경에 대해 이야기를 나누고 어떤 사람을 어떤 미팅에 초대할 것인지 함께 결정하십시오. 네트워크 마케팅에서는 무엇을 하든 스스로 판단해서 자기 혼자의 힘으로 하려고 해서는 안 됩니다.

오픈미팅에 초대하기 전에 상대방을 파악한다

(1) 상대방을 파악하여 오픈미팅에 초대한다

명단에 들어있는 프로스펙터 중에서 별로 신뢰관계가 없는 사람들은 오픈미팅에 초대하게 되는데, 그렇다고 아무나 마구잡이로 오픈미팅에 초대하면 안 됩니다.

우선 미팅에 초대하기 전에 프로스펙터가 오픈미팅에 초대하기에 적합한 사람인지를 직접 만나거나 전화를 통해 파악하지 않으면 안 됩니다. 이러한 접근을 '인터뷰 접근'이라고 하는데, 이것은 마치 기업이 신입사원을 응모할 때 취하는 수속과 같다고 생각하면 됩니다.

기업은 접수된 이력서를 심사하고 응모조건에 부합되는 사람만을 골라 면접을 실시합니다. 따라서 기업이 내건 조건, 예를 들어 학력, 연령 제한, 성별, 경력과 같은 조건에 부합되지 않는다면 아예 면접 볼 기회조차 얻지 못하는 것입니다. 그리고 운 좋게 면접을 보게 되더라도 최종적으로 누구를 채용할 것인지를 정하는 것은 다름 아닌 기업입니다.

인터뷰 접근에서 프로스펙터를 파악하는 것은 마치 위의 예와 같습니다. 기업이 조건에 부합된 응모자만 면접을 하는 것처럼, 오픈미팅에는 인터뷰 접근에서 두세 가지 질문으로 프로스펙터를 파악하여 조건에 부합된 사람만 초대합니다. 그러나 위의 예에서는 누구를 채용할 것인지의 최종결정권이 기업 측에 있었지만, 네트워크 마케팅에서는 사업을 할 것인지 하지 않을 것인지에 대한 최종결정권이 프로스펙터 자신에게 있습니다. 이것이 바로 기업과 네트워크 마케팅의 커다란 차이인 것입니다.

일반적으로 접근 방법은 다음과 같이 프로스펙터와 신뢰관계가 있는지의 여부에 근거하여 직접 접근법을 사용할 것인지 아니면 완충 접근법을 사용할 것인지가 결정됩니다. 그리고 각각의 접근법은 접근할 때 직접 만날 것인지 아니면 전화를 사용할 것인지에 의해 다시 둘로 나뉩니다.

일반적인 접근 방법

1) 직접 접근법 (주로 신뢰관계가 있는 가족, 친척, 친구나 이웃 사람들에게 사용한다) … 그들 모두를 홈 미팅에 초대한다
   a) 직접 만나서 접근한다
   b) 전화를 이용하여 접근한다

2) 완충 접근법 (주로 신뢰관계가 없는 프로스펙터에게 사용한다) … 조건에 부합된 사람만을 홈 미팅에 초대한다
   ① 카세트테이프를 이용하여 접근한다
   a) 직접 만나서 접근한다
   b) 전화를 이용하여 접근한다

② 비디오 테이프를 이용하여 접근한다

　a) 직접 만나서 접근한다

　b) 전화를 이용하여 접근한다

③ 인터뷰 접근법 … 조건에 부합된 사람만을 오픈미팅에 초대한다.
그 결과 조건에 부합되면 홈 미팅에 초대한다

　a) 직접 만나서 접근한다

　b) 전화를 이용하여 접근한다

(2) 체크해야 할 프로스펙터의 조건이란?

우리가 체크해야 할 프로스펙터의 조건은 무엇일까요?

그것은 프로스펙터가 적어도 본업 이외의 수입을 얻고 싶어할 것, 생활의 질을 향상시키기 위해 언제나 뭔가를 갈구하고 있을 것, 다른 사람의 이야기를 잘 듣는 겸허한 태도를 갖고 있을 것입니다.

프로스펙터가 조건에 맞는지를 체크하기 위해서는 폰 스크립트대로 "시간적으로나 금전적으로 만족할 만한 조건이라면 지금 얻고 있는 수입 이외에 더 많은 수입을 얻고 싶지 않습니까?"라고 상대방에게 질문하면 알 수 있을 것입니다. 인터뷰 접근에서 사용하는 폰 스크립트는 '오픈미팅에 사용하는 폰 스크립트'를 참조하기 바랍니다.

폰 스크립트의 특징은 상대방에게 질문을 하는 형태로 만들어져 있다는 것입니다. 왜냐하면 어떤 상황이든 질문을 하는 사람이 대화의 주도권을 쥐고 있기 때문입니다. 따라서 폰 스크립트를 사용하면 대화를 주도적으로 할 수 있고 당신이 생각한 결과를 얻을 확률이 보다 높아집니다.

만약 프로스펙터가 당신의 질문에 대해 명확한 반응을 보이지 않을 경우에는 조건에 부합되지 않는 사람이므로 당신의 귀중한 시간을 허비해 가면서 오픈미팅에 초대하여 네트워크 마케팅의 컨셉을 설명할 가치가 없습니다. 네트워크 마케팅은 의욕이 있으면 누구든 할 수 있는 사업입니다. 하지만 모든 사람들이 부수입을 얻고 싶어하는 것은 아닙니다.

폰 스크립트를 사용하여 접근한다

명단에 들어있는 프로스펙터에게 폰 스크립트를 사용하여 접근하는 목적은 최종적으로 프로스펙터를 오픈미팅 혹은 홈 미팅에 초대하기 위해서입니다. 하지만 모든 프로스펙터를 미팅에 직접 초대하는 것이 아니라 초대하기 전에 프로스펙터가 당신이 찾고 있는 조건에 맞는지를 판단하지 않으면 안 됩니다. 그리고 프로스펙터가 조건에 부합되는지의 여부를 판단하기 위해서는 폰 스크립트(전화로 하는 대화 예문)를 사용하여 그 사람에게 접근합니다.

이 책에서는 이 과정을 '인터뷰 접근' 이라고 부릅니다.

(1) 인터뷰 접근의 여섯 가지 포인트

폰 스크립트를 사용하여 전화로 인터뷰 접근에 성공하는 여섯 가지 포인트는,

첫째, 우선 시간제한을 둔다

둘째, 상대방을 칭찬해 주고 인사말을 한다

셋째, 전화한 이유를 명확히 한다

넷째, 상대방이 당신이 찾고 있는 조건에 부합되는지를 판단한다

다섯째, 상대방의 불안과 염려를 제거한다

여섯째, 미팅에 참석하게 하거나 만날 약속을 한다

이상의 여섯 가지 포인트는 프로스펙터를 홈 미팅에 초대할 때나 오픈 미팅에 초대할 때 동일하게 적용됩니다.

(2) 왜 프로스펙터를 파악해야 하는가?

어쩌면 당신은 폰 스크립트를 사용하지 않더라도 그리고 프로스펙터가 오픈미팅을 받을 조건에 부합되는지를 판단하지 않더라도 프로스펙터로부터 미팅에 참석하겠다는 약속을 받아낼 수 있을지도 모릅니다. 하지만 한참 사업설명을 하는 도중에 프로스펙터가 "부수입 같은 것에는 관심이 없는데요.", "현재 생활에 충분히 만족해요", "부업에는 전혀 흥미가 없는데 그런 이야기를 할 생각이었으면 애초에 그렇다고 말할 일이지"라고 말하지 말라는 법은 없습니다. 만약 그런 말을 듣는다면 그보다 비참한 일은 없을 것입니다.

그러므로 프로스펙터를 오픈미팅에 초대하기 전에 적어도 그 사람이 '뭔가를 갈망하고 있는가?', '현재 생활을 향상시키려 하고 있는가?'

하는 것을 파악하는 것이 중요합니다. 그렇게 함으로써 당신의 귀중한 시간을 보다 효과적으로 사용할 수 있을 것이며 상대방의 시간을 헛되이 사용하는 일도 없을 것입니다.

그리고 프로스펙터를 파악해야 하는 최대의 이유는 뭐니 뭐니 해도 주위 사람들의 부정적인 반응으로 인해 새로운 사업자가 영향을 받지 않도록 보호하기 위해서입니다.

아무리 커다란 꿈이 있고 진취적인 사고를 갖고 있는 사람일지라도 명단에 들어있는 프로스펙터를 되는 대로 홈 미팅에 초대하려다 여러 번 반복해서 프로스펙터로부터 거절을 당하면 대부분의 사람들은 프로스펙터에게 접근하는 것을 두려워하게 됩니다.

만약 그다지 꿈이 크지 않은 새로운 사업자가 운 나쁘게도 현재 생활에 만족해서 그 무엇도 하려는 마음이 없는 프로스펙터에게 접근하여 여러 차례 거절당하였다면, 그 사업자는 분명 심리적인 타격을 받게 될 것입니다. 그리고 그것이 그가 프로스펙터로서 하는 마지막 접근이 될 것입니다. 뿐만 아니라 그 사업자는 사업을 그만둘지도 모릅니다. 동시에 주위 사람들에게 "네트워크 마케팅을 하더라도 절대 성공할 수 없어요"라고 자신의 체험담을 그럴싸하게 이야기할 지도 모릅니다. 그리고 사람들은 그의 말을 믿고 '네트워크 마케팅을 하더라도 성공할 수 없구나' 라는 선입견을 갖게 될 가능성이 있는 것입니다.

간혹 '누가 사업을 할지 모르므로 그냥 손에 잡히는 대로 미팅에 초대하여 사업설명을 하면 된다' 라고 말하는 사업자도 있습니다. 물론 그다지 틀린 말은 아닙니다. 그러나 프로스펙터를 파악하지도 않고 접근하면 네트워크 마케팅에서 성공하지 못하는 사람이 그만큼 많이 나올 것입니다. 그 결과, 네트워크 마케팅에 대해 좋지 않은 이미지를 갖게 되는 사람이 늘어나고 그런 악순환이 계속되면 사업을 하기가 대단히 어려워질 것입니다. 물론 이미 이 사업에서 성공한 사람들은 이 이야기를 대수롭지 않게 생각할 수도 있지만, 이제 막 사업을 하려고 하는 사람들에게는 큰 장애가 될 지도 모릅니다.

(3) 조건에 부합되지 않는다면 당신이 먼저 전화를 끊는다

이제 어떤 미팅에든 프로스펙터를 초대하려면 그가 당신의 조건에 부합하는지를 파악하는 것이 중요하다는 것을 이해하게 되었을 것입니다. 예를 들어 당신의 질문에 대해 프로스펙터가 "아니오. 한 번도 없습니다. 지금 하고 있는 일에 충분히 만족하고 있고 다른 사업을 할 시간도 없거든요"라고 대답한다면 당신은 "그러세요? ○○○씨가 관심을 가질 만한 사업을 소개해 드리려고 했는데 정말 안타깝네요. 하지만 ○○○씨가 지금 하고 계시는 일에 만족하고 있다는 말을 듣게 되어 안심이 됩니다. 또 다른 기회가 있으면 다시 연락드리지요. 정말 고맙습니다."라고 말한 뒤, 당신이 먼저 전화를 끊으면 되는 것입니다.

그러면 당신은 상대방으로부터 거절당한 것이 아니기 때문에 당신의 '자존심'이 상처를 받는 일도 또한 심리적인 타격을 받는 일도 없을 것입니다. 다시 말해 상대방이 당신이 찾고 있는 프로스펙터의 조건에 맞

지 않기 때문에 상대방을 오픈미팅에 초대하는 것이 아니라 전화를 끊는 것입니다. 상대방이 현재 생활에 만족하고 있다면 미팅에 초대하더라도 오지 않을 것이고, 상대방이 당신의 초대를 거절하면 크든 작든 당신은 심리적인 상처를 입을 것이기 때문입니다.

그 사람을 미팅에 초대할 것인지 아닌지의 최종적인 결정권은 당신에게 있습니다. 이 점이 중요한 것이므로 결코 잊지 않도록 하십시오. 하지만 사업을 할 것인지의 여부는 사업설명을 들은 프로스펙터에게 결정권이 있습니다.

오픈미팅의 밑바탕에 깔려 있는 생각은 명단에 들어있는 모든 사람들이 배가 고파서 뭐든지 먹고 싶다는 생각을 갖고 있는 것이 아니라는 것 그리고 이제 막 식사를 끝낸 사람을 다시 식사에 초대하는 것은 불가능하다는 것입니다. 배가 고프지 않은 사람을 식사에 초대하는 것은 시간만 아까울 뿐이고, 식사 초대를 받은 사람에게도 성가신 일입니다. 그러므로 식사에 초대하기 전에 두세 가지 질문을 하고 상대방이 배가 고픈지를 확인하는 것이 중요합니다.

프로스펙터 중에는 방금 식사를 끝내서 배가 잔뜩 부른 사람도 있을 것입니다. 하지만 지금 배가 고프지 않은 사람도 언젠가는 배가 고파질 것이므로 그 때를 봐서 나중에 다시 그 사람을 식사에 초대하면 됩니다.

물론 어떤 식당으로 초대할 것인지는 당신과 프로스펙터와의 신뢰관계에 의해 좌우됩니다. 당신과 신뢰관계에 있는 가족, 친척, 친구, 회사동료, 동호회 멤버들은 고급 레스토랑(홈 미팅)에 직접 초대합니다. 하지만 당신과 별로 신뢰관계가 없는 사람들은 우선 한 단계 아래인 대중식당(오픈미팅)에 초대합니다. 단순히 안면만 있는 사람이나 전혀 모르는 사람을 홈 미팅에 초대하는 것은 너무 성급한 느낌이 있기 때문입니다. 그러므로 대중식당에서 식사를 한 후에 서로 마음이 통하면 날짜를 다시 정해서 고급 레스토랑으로 초대하는 것이 좋습니다.

누구를 어떤 식당에 초대할 것인지는 당신 자신이 정할 문제이지만 식당에서 무엇을 먹을 것인지는 상대방이 결정합니다. 어떤 사람은 정식(A타입)을 고를 것이고 어떤 사람은 한 가지 요리만(B타입) 고를 것입니다. 혹은 음식은 시키지 않고 음료만(C타입) 주문하는 사람이 있을지도 모릅니다. 어쨌든 누구라도 식당에 초대하지 않는다면 누가 무엇을 먹을지는 아무도 알 수 없습니다.

오픈미팅의 가이드라인

오픈미팅에서는 홈 미팅이나 다른 미팅과 마찬가지로 네트워크 마케팅 사업의 특징이나 사업 내용을 설명하는데, 다른 미팅과 다른 점은 설명 도중에 '회사'의 이름이 어느 곳에도 나오지 않는다는 것입니다. 왜냐하면 우선 15~20분이라는 짧은 시간에 회사나 제품을 설명하는 것이 불가능하고, 만약 회사의 이름을 말하면 프로스펙터는 자신이 갖고 있는 선입견에 의해 이야기의 내용을 판단할 것이기 때문입니다. 특히 당신이 사업자로 등록된 회사가 국내에 진출한 지 10년 이상 지났다면,

대부분의 사람들은 적어도 회사 이름 정도는 알고 있을 것입니다. 하지만 문제는 당신의 회사에 대해 프로스펙터가 갖고 있는 정보가 반드시 긍정적인 것만은 아니라는 점입니다. 심지어는 매우 강하게 오해하고 있는 경우도 적지 않습니다.

다시 한 번 강조하지만 오픈미팅의 목적은 프로스펙터로부터 커미션을 요구하거나 제품을 구입하도록 강요하는 것이 아닙니다. 그것은 바로 다음과 같은 세 가지 목적이 있습니다.

첫째, 프로스펙터가 네트워크 마케팅 사업에 관심을 갖게 하고 만약 그 사람이 더 자세한 정보를 듣고자 한다면 다른 날짜를 정해 홈 미팅에 초대하는 것입니다.

둘째, 프로스펙터와의 신뢰관계를 더욱 공고하게 하는 것입니다.

셋째, 만약 프로스펙터에게 반드시 실현시키고 싶어하는 꿈이 있다면 네트워크 마케팅을 통해 꿈을 실현할 수 있다는 점을 알려주려는 것입니다.

이 세 가지가 오픈미팅의 목적입니다. 그러므로 당신이 먼저 적극적으로 회사 이름을 말할 필요는 전혀 없습니다.

이제부터 오픈미팅에서 어떻게 마케팅 플랜을 설명할 것인지 단계별로 알아보도록 하겠습니다. 네트워크 마케팅에서 무엇보다 중요한 것은 특별한 훈련이나 재능에 관계없이 누구든 쉽게 따라 할 수 있어야 한다는 점입니다.

그러므로 오픈미팅을 할 때에는 누구나 똑같이 할 수 있도록, 프레젠테이션에서 말하려고 하는 요점을 적어 놓은 '설명용 용지'(카드 #1~7) 를 사용합니다.

카드 #1

1) '시간과 수입' 의 관계

 * 질 높은 생활 – 돈과 자유로운 시간이 필요

 * 의사는 돈은 있지만 자유시간이 없다

 * 해고된 사람은 돈이 없다

 * 샐러리맨 – 둘 다 없다

 * 네트워크 마케팅 사업… 시간과 돈을 동시에 얻을 수 있다

2) 네트워크 마케팅이란?

 * 21세기에는 유통 시스템의 주류를 이룬다

 * 프랜차이즈와 같은 방법으로 사업을 전개한다

 * 적은 자금으로 많은 이익을 얻을 기회가 있다

 * 하버드 대학에서도 가르치고 있다

 * 변호사, 의사, 파일럿 중에도 사업을 하는 사람이 있다

카드 #2

1) 네 가지의 특징

 ① 받고 싶은 수입의 액수를 자신이 결정할 수 있다

  * 몇 만원에서 연간 몇 억 원까지

② 권리수입을 얻을 수 있다

  * 노동수입과 권리수입을 비교한다

③ 좋은 품질의 상품을 사용할 수 있다

  * 가격은 조금 비싸지만 고품질이다

④ 사업영역을 무한대로 늘릴 수 있다(글로벌 화)

  * 국내에 있으면서도 전 세계적으로 사업을 전개할 수 있다

2) 네 가지의 불안

① 자본금 – 일반적으로 10만 원 이하

② 리스크(위험) – 현금 반환이 보장되기 때문에 리스크는 없음

③ 사업경험 – 시스템이 있기 때문에 불필요

④ 시간 – 자신이 정할 수가 있음

카드 #3

〈전통적인 유통 시스템〉

제조업자 –→ 대리점 → 도매점 → 소매점 –→ 소비자

  400원   450원   700원   → 1,000원 + 소비세

  중간업자

제조업자 – → 중간업자 – → 소비자

  40%   60%   -5%

〈네트워크 마케팅의 유통 시스템〉

생 산 자 ─→ 액티브 사업자 → 등록 사업자 ─ → 소비자
             30%   30%   −5%
         성적별 보너스   30% 디스카운트
             네트워크 사업자

카드 #4

1) 네 가지 시장 범위

 ① 첫 번째 범위 : 일상 생활용품

　 * 각종 세제/화장품/치약/비타민제/건강보조식품

 ② 두 번째 범위 : 카탈로그 판매

　 * 한국의 카탈로그 판매는 이제 시작 단계

　 * 커다란 사업기회임

 ③ 세 번째 범위 : 하이테크

　 * 정수기/공기청정기/가정용 경비기구

 ④ 네 번째 범위 : 서비스

　 * 장거리 전화 서비스

　 * 신용카드 서비스

　 * 자동 네트워크 서비스

　 * 자동차 긴급 지원 서비스

* 여행 서비스

* 부동산 서비스

* 숙박 서비스

* 보험 서비스

카드 #5

('6-4-2' 네트워크)

수입	___만	___만	___만	___만
사업자 수	1명	7명	31명	79명

카드 #6

권리수입(리더십 보너스)

한 개의 그룹에서 발생하는 리더십 보너스　=＿＿＿만원

여섯 개의 그룹에서 발생하는 리더십 보너스　=＿＿＿만원

카드 #7

　네트워크 마케팅은 미국의 50개 주를 비롯하여 전 세계 많은 나라와

지역에서 사업을 전개하고 있음. 간단한 수속을 하는 것만으로 국내에

있으면서 다른 나라에서도 사업을 전개할 수 있음.

북미/남미 대륙

미합중국/캐나다/멕시코/브라질/과테말라/코스타리카/아르헨티나/
파나마/온두라스/칠레/엘살바도르/콜롬비아

환태평양 지구

일본/홍콩/대만/한국/중국/말레이시아/인도네시아/마카오/필리핀/인
도/브루나이/타이/호주/뉴질랜드

유럽 지구

영국/독일/프랑스/스위스/벨기에/이탈리아/오스트리아/스페인/폴란
드/체코/슬로바키아/슬로베니아/헝가리/포르투갈/그리스

마무리지으며

프로스펙터로부터 홈 미팅에 참석하겠다는 약속을 받아낸다

'설명용 용지'는 점선을 따라 사등분하여 사용하고 중요한 요점을 이
해하기 쉽게 붉은 색이나 오렌지 색 형광펜으로 밑줄을 그어 나갑니다.
그리고 설명을 다한 후에는 프로스펙터가 나중에 재검토할 수 있도록
설명에 사용한 용지를 건네주도록 하십시오.

이제, 오픈미팅에서 어떤 단계를 밟아 프레젠테이션을 진행해야 하는지 설명하겠습니다.

프로스펙터에게 자기소개를 한다

우선 오픈미팅을 위해 귀중한 시간을 할애해 준 프로스펙터에게 감사의 마음을 전하도록 하십시오.

그 다음으로 프레젠테이션을 하기 전에 다음과 같은 요령으로 프로스펙터에게 자기소개를 합니다. ①당신의 이름 ②주소를 '서울시 동대문구 ○○동에 살고 있습니다' 와 같이 간단하게 말합니다. ③네트워크 마케팅 이외에 다른 일을 하고 있을 경우에는 간단하게 그 직업과 직함을 소개하고 그 일을 하면서 네트워크 마케팅을 하고 있다는 점을 설명합니다. 이때 명함을 교환해도 좋습니다. 물론 프로스펙터에게 주는 명함에는 네트워크 마케팅 회사의 이름이 인쇄되어 있어서는 안 됩니다.

〈자기소개의 예〉

"○○○씨. 오늘 귀중한 시간을 내주셔서 대단히 감사합니다. 우선 사업설명을 시작하기 전에 간단하게 제 소개를 하겠습니다. 제 이름은 ___입니다. 현재 (서울시 동대문구 ○○동)에 살고 있으며 XX 회사의 영업부 부장으로 근무하는 한편 네트워크 마케팅을 하고 있습니다."

프로스펙터의 경계심과 긴장을 풀어준다

프로스펙터가 '뭔가를 사라고 하는 것은 아닐까?' 라거나 '억지로 하라고 하면 어쩌지?' 하는 경계심을 갖고 있다면 아무리 훌륭한 설명이라 하더라도 머리 속에 들어오지 않는 법입니다. 그러므로 다음 단계로 프로스펙터의 경계심과 긴장을 풀어주는 것이 중요합니다. 따라서 사업설명을 하기 전에 "지금부터 사업설명을 하겠습니다. 하지만 ○○○씨에게 커미션을 요구하거나 구매를 강요하는 일은 절대로 없을 것입니다" 라고 확실하게 이야기하는 것이 중요합니다. 또한 프로스펙터의 배경에 대해 잘 모를 때에는 자기소개를 한 후에 다음과 같은 짧은 대화로 프로스펙터의 긴장을 풀어줄 수도 있습니다.

예문 ①
"○○○씨. 혹시 괜찮다면 어떤 일을 하고 계신지 말씀해 주실 수 있겠습니까?" 혹은 "이야기를 하기 전에 ○○○씨에 대해 알고 싶은데 결혼은 하셨는지요? 가족이 있나요? 이 지역에는 오래 사셨습니까?"

이처럼 일반적인 질문은 상대방의 긴장을 풀어주는 데 효과적입니다. 그리고 실제로 설명용 용지를 사용하여 네트워크 마케팅의 사업 컨셉을 설명하기 전에 반드시 이러한 과정을 거쳐야 합니다. 지금부터 설명용 용지를 사용하여 어떻게 설명해 나갈 것인지에 대해 알아보도록 하겠습니다.

카드 #1 – 시간과 수입 그리고 꿈

프로스펙터에게 다음과 같은 사항을 알려줍니다.

① '시간과 수입'의 관계를 알려 준다.

② 네트워크 마케팅이 무엇인지 설명한다.

③ 네트워크 마케팅의 사업 내용을 이해하게 한다.

(1) 시간과 수입

대부분의 사람들은 시간과 돈, 둘 중의 하나는 갖고 있습니다. 예를 들어 의사나 비행기 조종사는 높은 수입을 받고 있는 반면, 가족과 함께 보낼 자유시간은 없습니다. 반대로 해고되어 직장을 잃은 사람들은 시간은 넘칠 정도로 많지만 수입이 없습니다. 이처럼 시간이 많은 사람은 돈이 없고, 돈이 있는 사람은 자유시간이 없는 것이 일반적인 현상입니다. 하지만 삶의 질을 높이려면 고수입과 자유시간을 동시에 소유해야 합니다.

그렇다면 고수입과 그것을 즐길 수 있는 시간을 동시에 갖게 해 주는 일이 과연 존재할까요?

물론 있습니다! 시간과 돈을 동시에 얻을 수 있는 사업이 하나 있습니다. 그리고 그 사업은 현재 전 세계에서 대단한 기세로 성장하고 있습니다. 그것이 바로 '네트워크 마케팅 사업'입니다. 네트워크 마케팅은 사업에 참가한 각각의 사업자들이 독립적인 사업주가 되는 것으로 제품을 제조업자(생산자)로부터 소비자에게 유통시키는 시스템 가운데 가장 효율적인 방법 중의 하나입니다. 그러면 지금부터 고수입과 자유시간을 동시에 얻을 수 있는 네트워크 마케팅에 대해 설명해 나가고자 합니다.

(2) 네트워크 마케팅이란?

네트워크 마케팅은 다음과 같은 특징을 지니고 있습니다.

① 21세기에는 유통 시스템의 주류를 이룰 것이라고 한다.

② 프랜차이즈 업계와 같은 방법으로 사업을 확장시켜 나간다.

③ 약간의 자금으로 시작하며 위험도 없고 많은 이익을 얻을 기회가 있다.

④ 주로 일류기업에서 공급되는 일상 생활용품을 유통시키는 시스템이다.

⑤ 하버드 비즈니스 스쿨에서 정규 과목으로 가르치고 있다.

⑥ 변호사, 의사, 비행기 조종사들도 이 사업에 참가하고 있다.

일부 전문가들로부터 21세기 유통 시스템의 주류를 이룰 것이라고 평가받는 네트워크 마케팅은 프랜차이즈와 같은 방식으로 사업을 확장시켜 나가는 최첨단 유통 시스템입니다. 하지만 프랜차이즈와 달리 네트워크 마케팅은 극히 적은 자본으로 시작하여 높은 이익을 얻을 기회가 있는 사업입니다. 게다가 전혀 리스크도 없습니다.

특히 미국에서는 하버드 대학의 비즈니스 스쿨을 비롯하여 수많은 비즈니스 스쿨에서 정규과목으로 가르치고 있고 이 사업은 변호사, 의사, 파일럿과 같이 다양한 직업에 종사하는 사람들에 의해 널리 받아들여지고 있습니다.

이미 국내에서도 네트워크 마케팅 사업이 20여 년 전부터 시작되어 수천, 아니 수만 명의 성공자들을 배출하였으며 지금은 확립된 유통 시스템으로 자리 잡고 있습니다.

하지만 아직 잘 모르는 점이 있을지도 모르므로 앞으로 그 조직과 특징에 관해 자세히 설명해 나가도록 하겠습니다.

카드 #2 - 네트워크 마케팅의 네 가지 특징과 네 가지 걱정

(1) 네풀워크 마케팅의 네 가지 특징

네트워크 마케팅은 다음의 네 가지 특징을 지니고 있습니다.

① 받고 싶은 수입의 액수를 자신이 결정할 수 있다.

② 권리수입을 얻을 수 있다.

③ 좋은 품질의 제품을 사용할 수 있다.

④ 사업영역을 무한대로 늘릴 수 있다.(글로벌 화)

① 받고 싶은 수입의 액수를 자신이 결정할 수 있다.

네트워크 마케팅은 우리에게 비교적 단기간에 합법적인 방법으로 고

소득을 얻을 수 있는 방법을 제공하고 있습니다. 하지만 이 사업이 갖는 최대의 특징은 한 달에 수 십 만원에서 연간 수십 억 원까지 자신이 희망하는 액수만큼의 수입을 얻을 수 있는 방법이 준비되어 있다는 것입니다. 그러므로 네트워크 마케팅에서는 자신이 받고 싶은 수입 액수를 정한 후에 사업을 시작할 수 있습니다.

예를 들어 한 달에 수 십 만원의 수입을 얻고 싶다면 제품을 소매 판매함으로써 어려움 없이 수 만원에서 수 십 만원의 수입을 얻을 수 있습니다. 또한 한 달에 250만원의 수입을 얻고 싶다면, 그에 맞는 크기의 네트워크를 만들면 가능해집니다. 그리고 열심히 노력해서 네트워크를 더 키우면 1년에 수 십 억을 얻을 수도 있습니다.

② 권리수입을 얻을 수 있다.

(권리수입과 노동수입의 차이를 이해하기 쉽게 설명한다)

우리가 얻는 수입은 크게 둘로 나눌 수 있습니다. 그것은 '노동수입' 과 '권리수입' 입니다. 그런데 전체 노동자의 95% 이상이 '노동수입' 을 받고 있습니다. 샐러리맨은 노동수입을 받는 대표적인 사람들로 하루 24시간 중에서 8~10시간 정도를 회사를 위해 사용하고 그 대가로 회사로부터 한 시간에 얼마 하는 식으로 정해진 급료를 받습니다. 이처럼 노동수입은 일한 시간에 따라 정기적으로 수입이 들어오기 때문에 편리하긴 하지만, 회사가 부도로 인해 도산하거나 질병 및 퇴직으로 일을 할 수 없게 되면 수입이 뚝 끊긴다는 단점도 있습니다.

한편, 권리수입은 당신이 갖고 있는 권리로부터 발생하는 수입을 가리키는 말로 인세수입, 주식이나 증권에서 얻는 수입, 아파트나 주차장의 임대료, 연금, 토지 소유로 인해 얻는 수입, 은행이자, 특허료와 같은 것이 있습니다.

그러면 왜 권리수입이 중요할까요? 그것은 앞으로 펼쳐질 고령화 시대에 있어서 우리의 생활이 윤택할 것인지 아니면 비참해질 것인지는 얼마나 권리수입을 많이 받느냐로 결정되기 때문입니다.

네트워크 마케팅을 통해 벌어들이는 수입은 권리수입의 하나로 '인세수입'과 비슷한 '인세수입'을 얻는 일이 가능해집니다.

인세라는 것은 TV에서 방송하기 위한 영화 필름의 매각금, (출연료, 작가에 대한) TV 재방송료, 책의 발행자가 저자에게 지급하는 돈을 가리킵니다. 즉, '인세수입'이라는 것은 뭔가 특수한 것을 만들거나 뛰어난 일을 해놓으면, 예를 들어 책을 저술하면 그 책이 팔리는 한 그 일을 다시 하지 않더라도 들어오는 수입을 가리키는 것입니다.

이처럼 인세수입은 특별한 재능이나 기능을 갖고 있는 사람만 손에 넣을 수 있는 것입니다. 하지만 네트워크 마케팅에서는 특별한 재능이나 특기가 없다 하더라도 자신이 원하기만 한다면 누구든 인세수입과 비슷한 '인세수입'을 받을 수 있는 기회를 제공하고 있습니다. 그리고 이 '인세수입'은 정해진 조건만 충족시키면 60세가 되든 80세가 되든 연령에 관계없이 계속 들어오는 것입니다. 그리고 상속도 가능합니다.

③ 좋은 품질의 상품을 사용할 수 있다.

본래 네트워크 마케팅에서 유통되는 상품은 그 네트워크를 통해서만 구입할 수 있습니다. 그러므로 네트워크에서 판매되는 상품은 다소 가격이 비싸기는 하지만 품질만큼은 보증할 수 있습니다. 현재 국내에서 활약하고 있는 네트워크 마케팅 회사가 취급하고 있는 상품 수는 수십 개에서 수백 개에 이르는데, 네트워크 마케팅의 발상지인 미국에서는 전 세계 일류기업의 대다수가 이 사업에 참가하고 있습니다.

어느 유명한 네트워크 마케팅 회사에서는 7,000종 이상의 상품을 취급하고 있습니다. 세븐일레븐으로 대표되는 편의점에서 취급하고 있는 상품수가 보통 3,000종 전 후라는 점에 비추어 볼 때, 이것은 세븐일레븐의 두 배나 되는 수치입니다. 앞으로 국내에서 활약하고 있는 네트워크 마케팅 회사가 취급하는 상품수도 미국처럼 해마다 증가할 것임에 틀림없으며 이에 따라 사업기회는 앞으로 더욱더 커질 것입니다.

④ 전 세계적으로 사업을 전개할 수 있다.

네트워크 마케팅이 갖는 또 하나의 특징은 본사가 해외에 자회사를 두고 사업을 전개하고 있다면, 국내에 있으면서 해외에서 사업을 전개할 수 있다는 것입니다. 예를 들어 당신의 네트워크 마케팅 회사가 미국, 캐나다, 호주, 영국, 프랑스, 중국 그리고 필리핀 등지에 진출해 있을 경우, 만약 당신이 그 중에 어느 나라에든 친구나 아는 사람이 있다면 간단한 수속만으로도 국내에 있으면서 이러한 나라에서 사업을 펼쳐나갈 수 있는 것입니다. 이렇게 개인이 전 세계에 네트워크를 만들어 사업을 전개할 수 있는 것은 네트워크 마케팅밖에 없습니다.

(2) 네트워크 마케팅에 대한 네 가지 불안

왜 사람들은 네트워크 마케팅에 대해 '노' 라고 말할까요?

그 이유에 대해 설문조사를 한 결과, 많은 사람들이 다음과 같은 네 가지 불안과 염려를 마음속에 품고 있다는 사실을 알게 되었습니다.

① 자본금 : 사업을 시작하는 데 자본금은 얼마나 필요한가?

② 리스크(사업상의 위험) : 위험하지는 않을까?

③ 사업경험 : 사업경험이 전혀 없는데 잘할 수 있을까?

④ 시간 : 지금도 대단히 바쁜데 사업을 하면 더 바빠지지 않을까?

① 사업을 시작하는 데 자본금은 얼마나 필요한가?

어떤 사업을 시작하든 대부분의 사람들이 가장 먼저 머리 속에 떠올리는 걱정이 바로 '자본금' 입니다. 하지만 네트워크 마케팅에서는 그것을 걱정할 필요가 없습니다. 네트워크 마케팅을 시작하는 데 필요한 자금은 회원으로 등록할 때 필요한 비용뿐입니다.(한국에서는 등록비용 없음!) 그리고 그 비용은 일반적으로 10만 원 이하입니다. 당장 새로운 구두를 한 켤레 사려고 해도 10만원 정도는 들 것입니다. 그러니까 구두 한 켤레를 새로 샀다고 생각하고 투자를 하면 이 사업을 시작할 수 있는 것입니다. 그리고 당신이 지불한 등록비용은 회원 자격을 해약했을 때, 10%의 수수료를 제하고 전액 환불받게 됩니다.

그렇다면 그토록 자본금이 적게 드는 이유는 무엇일까요?

첫째, 네트워크 마케팅은 사업자 한 사람 한 사람이 소비자나 또 다른 사업자를 개척해 나가는 무점포 상품 판매이기 때문에 기업의 입장에서 볼 때, 사업경비가 전혀 필요 없습니다.

둘째, 상품이 좋다는 것은 입 소문으로 퍼져나가기 때문에 광고비가 일체 들어가지 않습니다.

셋째, 상품은 택배로 직접 소비자에게 배달되기 때문에 일반 소매업처럼 중간 유통마진이 없습니다.

② 리스크(사업상의 위험)가 있지는 않을까?

10만원을 주고 산 구두가 후에 당신의 발 사이즈에 맞지 않는다는 것을 알게 되더라도 한 번 신었다면 반품할 수가 없습니다. 하지만 이 사업에서는 나중에 이 사업이 자신에게 맞지 않는다는 것을 알게 되어 그만두려고 마음먹으면 언제든 해약할 수 있고, 이미 지불한 신청 비용은 10%의 수수료를 제외하고 전액을 반환해 주는 것이 일반적입니다.

그리고 사업자로 등록하더라도 일정 양의 매입이나 재고의 강제 구매는 일절 없습니다. 물론 수입을 얻으려면 제품을 유통시키지 않으면 안 됩니다. 하지만 기본적으로 당신이 해야 할 일은 현재 당신이 사용하고 있는 일상 생활용품을 바꾸는 것뿐입니다. 일상 생활용품은 당신이 이 사업을 하든 하지 않든 반드시 어딘가에서 구입하지 않으면 안 되는 상품입니다. 만약 그렇다면 이 사업을 통해 자사상품을 구입하여 조금이라도 수입을 얻고 가계에 보탬을 주는 것이 더 좋을 것입니다.

일반적으로 네트워크 마케팅 회사가 취급하고 있는 대부분의 제품에는 100% 현금 반환보증이 붙어 있거나, 제품에 불만이 있을 경우 정해진 기간 내에 반품하면 사용 여부와 관계없이 언제든 구입 금액을 모두 반환해 줍니다.

따라서 네트워크 마케팅에서는 사업에서 성공하지 못해 전 재산을 날리는 리스크라는 말은 존재하지 않습니다.

③ 사업경험이 전혀 없는데 잘할 수 있을까?

대부분의 사람들은 사업경험이 전혀 없기 때문에 '내가 이 사업을 잘할 수 있을까?' 라는 걱정을 하게 됩니다. 하지만 그런 걱정은 할 필요가 없습니다. 이 사업을 하는 데 있어서 당신의 지식과 경험은 거의 필요치 않습니다. 왜냐하면 프랜차이즈 업계와 마찬가지로 사업 매뉴얼을 이용하여 사업을 전개하기 때문입니다.

맥도널드나 세븐일레븐의 성공 이야기는 누구나 알고 있을 것입니다. 이들 프랜차이즈 업계는 과거 30년 동안 급성장을 거듭하면서 수많은 사람들에게 엄청난 부를 가져다주었습니다. 네트워크 마케팅 역시 그와 비슷한 매뉴얼을 사용하여 사업을 전개하기 때문에 당신의 지식과 사업 경험은 전혀 필요치 않습니다.

④ 투자하는 시간은?

많은 사람들이 일, 자녀 교육, 가사에 쫓기고 있어 '지금도 대단히 바쁜데 이 사업을 하면 지금보다 더 바빠지는 것은 아닌지' 걱정할 지도 모릅니다. 하지만 네트워크 마케팅은 원래 바쁜 사람들을 대상으로 고안된 사업입니다. 그러므로 이 사업은 당신의 남는 시간을 이용해서 할 수 있는 사업입니다.

지금까지 살펴본 것처럼, 네트워크 마케팅은 극히 적은 자금으로 시작할 수 있으며 리스크도 없고 사업경험도 필요 없는데다가 시간에 얽매일 필요도 없습니다. 사업에 필요한 것은 오로지 '성공하고 싶다' 는 당신의 강한 열정과 하고자 하는 의지뿐입니다.

카드 #3 - 전통적인 유통 시스템 VS 네트워크 마케팅

(1) 전통적인 유통 시스템

우리가 슈퍼마켓이나 소매점에서 상품을 구입하는 것은 결과적으로 '전통적인 유통 시스템' 을 통해 제품을 구입하는 것이 됩니다. 예를 들어 당신이 소매가격이 1,000원인 볼펜을 소매점에서 구입한다고 가정해 봅시다.

당신이 1,000원에 구입한 볼펜을 생산자가 출하할 때에는 원재료비, 종업원의 급료, 연구개발비, 전체 경비, 광고비와 같은 사업경비와 회사의 이익을 모두 합쳐 약 400원 정도에 내보냅니다.

그렇게 공장을 나온 400원 짜리 볼펜은 첫 번째 중간업자인 '대리점'으로 가는데, 제조업자와 도매상을 이어주는 다리 역할에 대한 보수로서 약 50원의 가격이 더 얹어져 450원이 됩니다. 그리고 450원이 된 그 동일한 볼펜은 다음에 두 번째 중간업자인 '도매업자'에게로 갑니다. 그곳에서도 사업경비와 이익금으로 250원이 더 얹어지고 볼펜의 가격은 700원이 됩니다. 이제 700원이 된 볼펜은 세 번째 중간업자인 '소매점'으로 갑니다. 그리고 그곳에서 종업원의 급료, 가게 임대료, 광고비, 전체 경비 그리고 이익을 모두 합쳐 약 300원이 오르게 됩니다. 결국 최종적으로 1,000원이라는 소매가격으로 가게에 진열되는 것입니다.

이처럼 전통적인 유통 시스템에서는 생산자가 400원에 출하한 제품이 단지 중간업자를 경유했다는 이유로 2배 이상이 오른 1,000원이 되는 것입니다. 이 전통적인 유통 시스템의 구조를 소매가격이 1,000원인 볼펜을 예로 들어 제품의 흐름을 큰 줄기만 그림으로 표현해 보면 〈그림 1〉과 같이 됩니다.

〈전통적인 유통 시스템〉

〈그림 1〉

제조업자─→ 대리점 → 도매점 → 소매점   ─→ 소비자

(생산자) (제1중간업자)(제2중간업자)(제3중간업자)

400원 → 450원 → 700원   →1,000원+소비세

(중간업자)

그리고 〈그림 2〉에서 알 수 있는 것처럼 우리가 백화점이나 슈퍼에서 구입하는 상품 가격의 약 60%는 중간업자의 이익과 사업경비입니다. 이처럼 전통적인 유통 시스템을 소비자의 입장에서 보면, 소비자는 이익을 얻을 기회가 전혀 없는 것은 물론이고, 소비세의 도입으로 오히려 제품가격의 5%를 별도로 더 지불해야 합니다. 따라서 이러한 유통 시스템을 사용하는 한 소비자인 당신은 절대로 이익을 얻을 기회가 없는 것입니다.

〈그림 2〉

제조업자(생산자) ─ │ → 중간업자 ─ │ → 소비자

  40%　　　　　　　60%　　　　　　　−5%

(2) 네트워크 마케팅의 유통 시스템

다음으로 네트워크 마케팅의 유통 시스템을 설명하도록 하겠습니다. 네트워크 마케팅 유통 시스템의 가장 큰 특징은 대리점, 도매점, 소매점과 같은 중간업자를 생략하고 제품이 택배를 통해 생산자로부터 직접 네트워크 사업자에게로 보내진다는 것입니다.

앞에서 기술한 것처럼 1,000원짜리 볼펜을 예로 들어 네트워크 마케팅의 유통 시스템을 알기 쉽게 설명하면 〈그림 3〉과 같이 됩니다.

〈네트워크 마케팅의 유통 시스템 – 그림 3〉

생산자 → 네트워크 사업자 → 소비자

400원 → 700원 → 1,000원 → 1,050원(+소비세)

위의 그림처럼 제품 가격의 40%에 해당하는 '400원'은 전통적인 유통 시스템과 마찬가지로 네트워크 마케팅 회사가 취합니다. 하지만 네트워크 마케팅의 유통 시스템에서는 사업자로부터 직접 주문을 받은 후, 상품이 중간업자를 경유하지 않고 택배를 통해 직접 사업자나 소비자에게 보내집니다. 따라서 모든 네트워크 사업자는 전 제품을 30% 할인된 가격으로 구입할 수 있으며, 그것을 소매로 팔면 그 금액만큼이 자신의 수입으로 직결됩니다.

다시 말해 〈그림 3〉과 같이 소매가격이 1,000원인 볼펜을 700원에 구입해서 그 제품을 1,000원에 소매로 팔면 300원의 소매이익을 얻을 수 있는 것입니다. 이렇게 네트워크 마케팅에서는 소비자인 사업자가 제품을 싸게 구입할 수 있을 뿐만 아니라 이익을 얻을 기회도 있는 것입니다.

네트워크 마케팅에서는 대리점이나 도매상이 필요 없기 때문에 이론상으로는 생산자로부터 400원에 출하된 볼펜을 400원에 구입할 수 있어야 합니다. 하지만 실제로는 〈그림 3〉과 같이 사업자의 손에 들어올 때에는 무슨 이유에서인지 300원이 더 가산된 700원이 되어 있습니다. 그러면 이 '300원'은 네트워크 마케팅의 유통 시스템에서 어디로 사라진 것일까요? 그 대답은 〈그림 4〉를 보면 알 수 있습니다.

〈그림 4〉

네트워크 마케팅 회사 ─   │ → 네트워크 사업자 ─ │   → 소비자
       40%   60%   0%

400원에 제조되어 출하된 제품이 네트워크 사업자의 손에 들어올 때에는 300원이 더 가산된 700원이 되는 이유를 당신이 네트워크 사업자로 등록되어 있는 네트워크 마케팅 회사(ㅇ사)의 연간 전체 매출액을 1조원이라고 가정해 놓고 설명하도록 하겠습니다.

〈그림 4〉와 같이 전통적인 유통 시스템과 마찬가지로 전체 매출액인 1조원의 40%에 해당하는 4,000억 원은 생산자인 ㅇ사가 이익과 사업경비로 취합니다. 그리고 남은 60%에 해당하는 6,000억 원이 네트워크 마케팅에서는 네트워크 사업자에게 전부 환원됩니다. 사업자에게 환원되는 6,000억 원의 내역을 살펴보면, 절반에 해당하는 3,000억 원은 〈그림 4〉를 보면 알 수 있듯이 사업 활동을 하고 있는 액티브 사업자들에게 평등하게 분배됩니다.

다시 말해 전통적인 유통 시스템에서 대리점이나 도매상의 사업 경비 및 수익으로 사라지는 30%가 네트워크 마케팅 유통 시스템에서는 사업 활동을 해서 포인트를 누적시킨 활동적인 사업자에게 누적 포인트에 따라 보너스 형태로 평등하게 환원되는 것입니다.

그 이유는 모든 제품에는 포인트가 정해져 있는데, 얼마나 포인트를 많이 모았는지에 의해 받을 수 있는 보너스 액수가 계산되기 때문입니다.

그러면 이제 나머지 절반에 해당하는 3,000억 원에 대해 살펴봅시다. 네트워크 사업자가 되면 누구나 자동적으로 모든 제품을 30% 싸게 구입할 수 있습니다. 30% 할인된 그 금액이 바로 3,000억 원에 해당되는 것입니다. 전통적인 유통 시스템에서 이 3,000억 원은 이익과 사업경비로 소매점이 취하던 돈입니다. 그러므로 네트워크 마케팅을 함으로써 얻게 되는 수입은 회원등록 요금이나 미팅을 개최할 때 모인 티켓 대금 그리고 사람을 모집해서 생긴 수익금으로 생기는 것이 아닙니다. 또한 악덕상법처럼 거액의 제품을 억지로 사게 하거나 수 백 만원에 해당하는 재고를 억지로 떠넘기는 것도 아닙니다.

지금까지의 설명을 통해 네트워크 마케팅이 전적으로 합법적인 사업이라는 사실을 이해할 수 있었을 것입니다. 당신 스스로 다시 한 번 생각해 보기 바랍니다. 지금까지 해왔던 대로 슈퍼마켓이나 백화점에서 상품을 구입하여 계속 중간업자의 호주머니를 채워주는 것이 좋은지 아니면 네트워크 마케팅을 해서 조금이라도 수입을 얻고 가계에 도움을 주는 것이 좋은지를 말입니다.

카드 #4 - 네 가지 시장 영역

(1) 네 가지 시장 영역
최첨단의 네트워크 마케팅 사업은 다음의 네 가지 시장 영역으로 구성되어 있습니다.

첫 번째 영역은 '소모품', 다시 말해 일상 생활용품을 취급하는 영역입니다.

두 번째 영역은 '카탈로그 판매'입니다.

세 번째 영역은 정수기나 공기청정기로 대표되는 '하이테크 제품'을 취급하는 영역입니다.

그리고 네 번째 영역은 장거리 전화 서비스나 신용카드 회원 서비스로 대표되는 '서비스'를 사업으로 하는 시장 영역입니다.

〈p.265 그림 참조〉

① 첫 번째 시장 영역 : 일상 생활용품

이 영역으로 분류되는 제품은 네트워크 마케팅에서 대단히 중요한 제품입니다. 왜냐하면 일상 생활용품은 성별, 국적, 연령, 종교의 차이, 교육 수준에 관계없이 전 세계 어디에서든 매일 많은 사람들에 의해 반복해서 사용되고 있는 것들이기 때문입니다.

현재 국내에서 전개되고 있는 네트워크 마케팅 사업의 거의 대부분이 이 첫 번째 영역에 집중되어 있습니다.

첫 번째 시장 영역은 다음과 같이 다시 네 종류로 분류됩니다.

ⓐ 홈 케어 : 가정용 세탁 세제, 부엌용 세제, 자동차용 세제 등

ⓑ 하우스 케어 : 키친웨어, 전자 조리기, 각종 조리용 기구 등

ⓒ 건강식품 : 건강보조식품, 청량음료 등

ⓓ 퍼스널 케어 : 기초&메이크업 화장품, 샴푸&린스, 치약 등

② 두 번째 시장 영역 : 카탈로그 판매

국내 최대 규모의 네트워크 마케팅 회사가 카탈로그로 취급하는 제품 수는 7,500종 이상이나 됩니다. 그리고 대부분의 제품을 500개의 전 세계 일류기업에서 공급받고 있고 일류 메이커의 가정용 전자 제품, 사무용 기기, 휘트니스 용품, 속옷, 구두, 가방과 같이 일반 백화점에서 판매하고 있는 것을 모두 카탈로그를 통해 구입할 수 있습니다.

〈카탈로그 판매로부터 사업자가 얻을 수 있는 세 가지 특전〉

ⓐ 카탈로그 안에 있는 모든 제품을 17~30% 할인된 가격에 구입할 수 있습니다.

ⓑ 카탈로그에 들어있는 모든 제품에는 포인트가 붙어 있기 때문에 그 제품을 구입하면 포인트가 가산됩니다.

ⓒ 소비자가 만약 당신의 번호를 사용하여 제품을 구입했을 경우에는 그 제품에 붙어 있는 포인트가 당신에게 가산됩니다.

③ 세 번째 시장 영역 : 하이테크 제품

세 번째 영역은 하이테크 제품으로 정수기, 공기청정기, 일반 가정용 전자제품, 음성 메일 서비스, 컴퓨터 기기와 같은 것들이 있습니다.

④ 네 번째 시장 영역 : 서비스 사업

네 번째 영역은 각종 '서비스 사업' 입니다. 지금부터 설명하는 서비스 사업은 현재 국내 시장에는 아직 도입되지 않았지만 미국 시장에 서비스 사업이 도입된 것으로 보아 가까운 장래에 국내 시장에도 이 서비스 사업이 도입될 것임을 예측할 수 있습니다. 국내 시장에 도입될 가능성이 있는 서비스 사업으로는 다음과 같은 것이 있습니다.

ⓐ 장거리 전화 서비스 … 요금의 할인과 포인트 적용.

ⓑ 신용카드 회원 서비스 … 지정된 카드를 사용하면 연간 카드 사용액의 정해진 퍼센트에 해당하는 금액을 캐시 백 하는 서비스입니다. 포인트 적용.

ⓒ 자동 네트워크 서비스 … 세일즈맨을 거치지 않고 자동차 회사로부터 직접 최저가격으로 자동차를 구입할 수 있는 서비스입니다. 물론 포인트 적용.

ⓓ 자동차 긴급 지원 서비스 … 24시간 고장 난 차를 견인해주는 서비스를 합니다. 이 서비스를 사용하면 포인트를 받을 수 있습니다.

ⓔ 자동판매기 렌탈 서비스 … 청량음료 자동판매기의 렌탈 서비스와 포인트 적용.

ⓕ 여행 서비스 … 지정된 항공회사를 이용하면 항공운임의 할인을 받을 수 있을 뿐만 아니라 마일리지도 적립 받을 수 있

습니다. 포인트도 가산됩니다.

ⓖ 부동산 서비스 … 부동산의 매매를 소개하면 포인트를 받을 수 있습니다.

ⓗ 숙박 서비스 … 제휴 호텔의 숙박료 할인 외에 렌트카도 싸게 빌릴 수 있습니다. 물론 포인트도 붙습니다.

ⓘ 보험 서비스 … 지정된 보험회사의 보험에 가입하면 포인트가 가산됩니다.

미국에서는 네트워크 사업자가 되면 위에서 설명한 네 가지 시장 영역의 모든 제품(7,500종)과 서비스를 이용해서 사업을 전개할 권리를 얻을 수 있습니다.

이것을 보면 국내에서의 네트워크 마케팅 사업은 아직까지 성장할 여지가 충분히 있다는 것을 알 수 있습니다.

카드 #5 – '6-4-2 네트워크'를 만드는 방법

지금부터 네트워크에 들어오는 많은 사람들이 서로 어떻게 협력하여 사업을 확대시켜 나가는지 그 방법을 '6-4-2 네트워크' 모델을 사용하여 설명해 나가도록 하겠습니다. 그리고 이 설명에서 사용하는 수치는 설명을 좀더 이해하기 쉽게 하기 위한 것일 뿐, 사업자가 되면 매월 정해진 금액의 제품을 구입해야 하는 의무가 있는 것이 아닙니다. 그리고 당신의 네트워크가 이렇게 된다는 보장도 없습니다.

(1) 어떻게 수입을 얻을 수 있는가? → ⬜6⬝⬝4⬝⬝2⬜ 네트워크를 만드는 방법

네트워크 마케팅은 한 사람이 몇 백 만원 혹은 몇 천 만원이나 되는 제품을 유통시키는 사업이 아닙니다. 각자가 갖고 있는 자원과 정보는 보잘 것 없을지 모르지만 10명, 아니 100명이 모여 서로의 자원과 정보를 합치면 굉장히 커집니다. 다시 말해 당신이 혼자 1,000만원 어치의 제품을 유통시키는 것은 매우 어렵지만, 20명의 네트워크를 만들어 한 사람이 50만원씩 제품을 유통시키면 쉽게 목적을 달성할 수 있는 것입니다.

수입	\＿＿만	\＿＿만	\＿＿만	\＿＿만
사업자 수	1명	7명	31명	79명
수입	＿＿만	＿＿만	＿＿만	＿＿만
사업자 수	1명	7명	31명	79명

① ⬜＿⬝＿⬝＿⬜

당신 혼자서 30만원에 상당하는 제품을 유통시키면 곧바로 9만원(30만×0.3)의 소매이익이 나옵니다. 그리고 당신이 30만원의 사업을 달성하려면 스스로 제품을 사용하며 고객을 15명 확보하고 네트워크를 만드는 일을 조화롭게 진행하면 별다른 어려움 없이 가능할 것입니다. 이제부터는 설명을 간단하게 하기 위해 소매이익은 생략하도록 하겠습니다.

② 6－□－□

당신이 6명의 사업자를 발견하였고 그 6명이 평균적으로 30만원의 사업을 한다면 그 달에 받을 수 있는 당신의 수입은 대략 ＿＿＿원이 됩니다.(얼마의 수입이 될 것인지는 당신이 참여한 네트워크 마케팅 회사에 따라 다르기 때문에 스스로 계산해 보기 바랍니다)

이 경우에도 사업자가 된 6명이 특별히 어려운 일을 해서 30만원에 상당하는 제품을 유통시키는 것이 아닙니다. 그들이 하는 것은 당신과 마찬가지로 스스로 제품을 구입하고 고객을 15명 발견하며 네트워크를 만드는 것입니다.

③ 6－4－□

당신이 스폰서 한 6명이 각각 4명의 사업자를 발견할 수 있도록 도와준다면, 네트워크의 전체 사업자 수는 31명이 됩니다. 그리고 사업자 모두가 평균 30만원의 사업을 한다면, 그 달에 받을 수 있는 당신의 수입은 약 ＿＿＿원이 됩니다.

여기서 주목해야 할 점은 당신의 네트워크 전체가 930만원에 상당하는 많은 제품을 유통시켰지만 사업자 한 사람 한 사람은 단지 30만원의 제품을 유통시켰을 뿐이라는 것입니다. 만약 당신 혼자서 소매로 930만원의 제품을 유통시키려고 한다면 대단히 어려운 일이지만, 사업자 각자가 한 달 동안 30만원의 사업을 하면 어려움 없이 쉽게 달성할 수 있습니다. 그리고 그룹에서 달성한 결과는 그룹 모두의 이익으로 연결됩니다. 이것이 바로 네트워크 마케팅이 갖고 있는 힘입니다.

④ 6─4─2

당신이 새롭게 사업자가 된 사람들을 도와주어 각각의 사업자가 두 사람씩 새로운 사람들을 찾아낸다면 네트워크 전체의 사업자 수는 79명이 됩니다. 이때, 사업자 전원이 한 달에 평균 30만원의 사업을 하면 당신이 그 달에 받을 수 있는 수입은 약 ____원이 됩니다.

이것으로 '6-4-2 네트워크' 가 완성되었습니다. 당신이 참여한 네트워크 마케팅에서의 보너스 액수를 계산해서 구체적인 수치를 넣어 설명하기 바랍니다.

네트워크의 형성	사업자 수	보너스
당신 혼자	1명	____원
당신+6명	7명	____원
당신+6명+4명	31명	____원
당신+6명+4명+2명	79명	____원

카드 #6 – 권리수입을 설명한다

네트워크 마케팅 사업은 받고 싶은 수입의 액수를 자신이 결정할 수 있고 권리수입을 얻을 수 있으며 좋은 품질의 제품을 사용할 수 있고 전계에서 사업을 전개할 수 있다는 네 가지 특징을 갖고 있다는 것은 앞에서 언급한 그대로입니다.

특히 받고 싶은 액수의 수입을 올리는 것은 그룹 구성원 모두가 협력한다면 금방 달성할 수 있습니다. 하지만 이것은 샐러리맨과 마찬가지로 제품을 유통시키는 '노동'을 하지 않으면 수입을 올릴 수 없는 '노동수입'입니다.

사실, 지금까지 설명한 수입은 모두 '노동수입'이며 제품을 유통시키지 않는 한, 수입을 올릴 수 없습니다.

하지만 네트워크 마케팅에서 성공한다는 말의 진정한 의미는 당신이 노동에 좌우되지 않는 '권리수입'을 얻는 것입니다. 예를 들어 당신이 한 달간 하와이로 여행을 가든 아파서 몇 달 동안 병원에 입원을 하든 고령으로 일을 못하게 되든 관계없이 수입이 계속 들어오는 상태가 되도록 하는 것입니다.

앞에서 설명했듯이 상식적으로 생각할 때, 권리수입은 일반적인 지식이나 특기로는 절대로 받을 수 없습니다. 하지만 네트워크 마케팅을 하면 특별한 기술이나 재능이 없더라도 노력만 하면 누구든 권리수입을 얻을 기회가 있습니다. 그리고 네트워크 마케팅에서 얻게 되는 권리수입은 당신이 만든 네트워크가 존재하는 한 당신의 자녀 혹은 손자에게 상속할 수도 있습니다.

그러면 네트워크 마케팅을 통해 어떻게 권리수입을 얻을 수 있을까요? 그 해답은 당신이 스폰서한 사람들을 도와 79명의 네트워크를 만들어주고 그들을 독립시키는데 있습니다.

예를 들어 다음의 그림과 같이 당신이 'A'라는 사람을 도와주어 그 그룹을 79명의 네트워크로 만들어 주면 당신은 약 ＿＿만원의 권리수입을 얻을 수 있습니다. 만약 당신이 친구나 가족 여섯 명('A', 'B', 'C', 'D', 'E', 'F')을 도와 여섯 개의 그룹에 79명의 네트워크를 만들어주고 독립시켜 주면 당신이 받는 권리수입은 ＿＿만원 ×6이 됩니다. 그리고 당신의 개인 그룹으로부터 나오는 수입인 ＿＿만원을 더하면 당신의 한 달 수입은 ＿＿만원이 되는 것입니다.

사업자 수	1명	7명	31명	79명
권 리 수 입 = ＿＿만원 × 1 그룹 = ＿＿만원/월				
(리더십 보너스) = ＿＿만원 × 1 그룹 = ＿＿만원/월				
개인 그룹으로부터의 수입 = ＿＿만원/월				
그 달의 당신의 수입 합계 = ＿＿만원/월				

카드 #7 - 사업영역을 무한대로 확장

네트워크 마케팅의 특징 중의 하나는 간단한 수속만으로 전 세계에서 사업을 전개할 수 있다는 것입니다. 지금은 지역경제가 아니라 글로벌 경제 시대입니다. 그리고 글로벌경제가 되면 국내에서 경쟁하는 것만이 아니라 전 세계 사람들과 경쟁하지 않으면 안 됩니다. 따라서 노력을 게을리 하면 도태되고 마는 살벌한 세상이 되었습니다. 그런데 네트워크 마케팅에서는 국내에 있으면서도 다른 나라에서 사업을 전개할 수 있는 커다란 사업기회를 잡을 수 있습니다.

현재 국내에 진출한 네트워크 마케팅 회사의 대부분은 미국의 50개 주를 비롯하여 다른 많은 나라와 지역에서 사업을 전개하고 있습니다. 따라서 만약 당신이 외국에 아는 사람이 있다면 간단한 수속을 통해 국내에 있으면서도 다른 여러 나라에서 사업을 전개할 수 있습니다.

북미/남미 대륙

미합중국/캐나다/멕시코/브라질/과테말라/코스타리카/아르헨티나/파나마/온두라스/우루과이/칠레/엘살바도르/콜롬비아

환태평양 지구

일본/홍콩/대만/한국/중국/말레이시아/인도네시아/마카오/필리핀/인도/브루나이/타이/호주/뉴질랜드

유럽 지구

영국/독일/프랑스/스위스/벨기에/이탈리아/오스트리아/스페인/폴란드/체코/슬로바키아/슬로베니아/헝가리/포르투갈/그리스/터키(중?근동 지구)

(사업을 전개하고 있는 나라와 지역은 네트워크 마케팅 회사에 따라 다르기 때문에 당신이 참여하고 있는 회사가 어떤 나라와 지역에서 사업을 전개하고 있는지 조사해 보기 바랍니다)

마지막으로

프로스펙터로부터 홈 미팅에 참석하겠다는 약속을 받아냅니다.

즉, "지금까지의 설명으로 네트워크 마케팅이 무엇인지 어느 정도 이해하셨으리라 생각합니다. 만일 네트워크 마케팅에 대해 좀더 자세히 알고 싶다면 이번 주 ㅁ요일 △시에 저희 집에서 자세한 설명회를 할 예정인데 참석해 보시지 않겠습니까?"라고 말하면서 홈 미팅에 초대하는 것입니다.

후속조치

경험이 별로 없는 사업자는 프로스펙터를 홈 미팅에 초대하여 사업설명만 하면 스폰서 할 수 있을 것이라고 생각하기 쉽지만 실제로는 전혀 그렇지 않습니다. 대부분의 프로스펙터는 사업설명을 들은 후에 "사업을 하고 싶지만 어떻게 해야 하는지 모르겠습니다. 좀 가르쳐 주십시오"라거나 "사업에 관심이 있거든요. 그러니 좀더 자세히 설명해 주세요."라고 당신에게 말할지도 모릅니다.

이처럼 대부분의 프로스펙터는 네트워크 마케팅에 대한 지식이 거의 없기 때문에 사업설명을 들은 후에도 어떻게 해야 할지 모르는 경우가 많습니다. 성공자의 경험에 의하면 어떻게 해야 좋을지 몰라 망설이거나 뒷걸음치는 경우가 압도적으로 많았다고 합니다.

사실, '나는 할 수 있다' 는 긍정적인 생각보다는 '내가 할 수 있는 일이 아니야' 라고 부정적인 생각을 갖는 경우가 훨씬 더 많습니다.

그러므로 프로스펙터를 홈 미팅에 초대하여 사업설명을 한 다음에 취해야 할 단계는 '후속조치' 입니다. 후속조치를 하는 최대의 목적은 각각의 프로스펙터를 A, B, C타입 중의 하나로 분류하는 데 있습니다. 그렇지만 프로스펙터를 미팅에 초대해서 사업설명을 하는 것과 지금부터 설명하는 '후속조치' 를 비교해 보면, 전자는 단순하고 비교적 간단한 것에 비해 후자는 대단히 복잡한 일입니다.

그러면 왜 후속조치를 해야 할까요?

그것은 후속조치를 취할 때, 당신이 어떻게 프로스펙터에게 대응하는가에 따라 당신이 스폰서 할 수 있는 인원수가 크게 달라지기 때문입니다. 가능한 한 많은 프로스펙터를 스폰서 할 수 있도록 지금부터 후속조치를 하는 목적과 후속조치 때 사용하는 도구에 대해 알아보도록 합시다.

후속조치를 취할 때 당신의 목표

후속조치를 취할 때에는 다음에 언급하는 ⓐ에서 ⓒ까지의 목표를 염두에 두는 것이 매우 중요합니다. 왜냐하면 목표를 하나하나 달성해 나가는 것으로 프로스펙터를 스폰서 할 수 있을지 없을지가 결정되기 때문입니다.

ⓐ 프로스펙터가 네트워크 마케팅에 얼마나 관심을 갖고 있는지를 파악합니다. 그렇게 하기 위해 다음과 같이 질문합니다.

"예를 들어 이 사업에 대한 관심도에 대해 0부터 10까지 점수를 매긴다고 해봅시다. 대단히 관심이 높아 지금이라도 사업을 하고 싶을 때에는 10점, 전혀 관심이 없을 때에는 0점입니다. 그리고 관심이 있는 것 같기도 하고 없는 것 같기도 해서 애매할 때에는 5점이라고 합시다. 또한 이 사업에 대한 여러분의 관심도에 따라 6점이되기도 하고 4점이되기도 합니다. 자, 그러면 여러분께 질문을 하나 드리겠습니다. 이 사업에 대한 여러분의 관심도는 몇 점입니까?"

이렇게 질문을 하면 대부분의 사람들은 4에서 6 사이라고 말할 것입니다. 왜냐하면 그렇게 대답하는 것이 무난하기 때문입니다. 그러면 당신은 프로스펙터에게 "어떻게 하면 여러분의 관심을 5에서 10으로 할 수 있을까요?"라고 질문해 보십시오. 어쩌면 그 사람이 생각하고 있는 '네트워크 마케팅을 할 수 없는 진짜 이유'를 들을 수 있을지도 모릅니다.

당신의 질문에 대해 만일 상대방이 10점이라고 말한다면 곧바로 스폰서 하도록 하십시오. 반면, 0점이라고 하면 그 사람은 현재 생활에 만족하고 있거나 하려는 의욕이 없는 사람 혹은 시기가 좋지 않아서일 수도 있으므로 더 이상 당신의 시간을 투자하더라도 시간낭비일 것입니다. 그러므로 명단에서 그 사람의 이름을 일시적으로 지우도록 하십시오. 그리고 이번에는 시기가 좋지 않았을 수도 있으므로 다른 기회를 봐서 다시 한 번 미팅에 초대하도록 하십시오.

ⓑ 프로스펙터가 제대로 이해하지 못한 부분을 설명하고 그가 걱정하고 있는 것에 대해 이야기를 나눕니다. 이때, 절대로 상대방을 설득하려 해서는 안 됩니다. 당신이 이 사업에 대해 처음으로 듣게 되었을 때, 똑같은 생각을 했었다는 이야기를 하면서 늘 상대방의 입장에 서서 생각하지 않으면 안 되는 것입니다.

ⓒ 최종적으로 프로스펙터를 A, B, C타입 중의 하나로 분류합니다. 다시 말해 모든 프로스펙터가 이 세 가지 중의 하나에 속하도록 하는 것입니다. 단순히 제품을 하나 구입하기만 해도 그는 세 가지 타입 중의 하나가 될 수 있습니다.

후속조치에 사용하는 도구

후속조치를 신속하게 진행하려면 다음의 사업도구를 활용하는 것이 좋습니다.

(1) 정보자료집 & 비디오테이프

홈 미팅이 끝나고 프로스펙터가 집으로 돌아가기 전에 반드시 카세트 테이프가 들어 있는 '정보자료집'이나 사업에 대해 설명해 놓은 비디오 테이프를 건네주도록 하십시오. 정보자료집이나 비디오테이프는 며칠 뒤에 회수할 것이므로 다시 한 번 프로스펙터를 만날 구실을 만들 수 있습니다.

정보자료집은 다음번에 만날 때까지 프로스펙터가 사업에 대한 정보를 얻을 수 있는 근원이 됩니다. 그리고 정보자료집을 갖고 가게 하는 것이 중요한 이유는 미팅에 참석한 프로스펙터가 사업을 할 것인지의 여부를 판단할 때에는 보통 주위에 있는 사람들, 예를 들어 친구나 가족의 의견을 들을 것이기 때문입니다. 문제는 프로스펙터가 의견을 들을 가능성이 있는 사람들 대부분이 네트워크 마케팅에 관해 정확한 지식을 갖고 있지 않다는 점입니다.

네트워크 마케팅에 대해 잘 모르는 사람의 의견을 듣고 적절한 판단을 내릴 것이라고 기대할 수는 없습니다. 그러므로 정보자료집 안에 사업을 객관적으로 보여주는 자료를 넣어 그것을 프로스펙터에게 보여주고 사업을 할 것인지의 여부를 스스로 판단하게 하는 것이 중요합니다.

정보자료집을 건네주는 목적을 다시 한 번 정리해 보면 다음과 같습니다.

첫째, 정보자료집에 들어있는 자료를 통해 많은 프로스펙터가 품고 있는 가장 일반적인 불안과 의문에 대한 해답을 얻을 수 있기 때문입니다.

둘째, 정보자료집은 나중에 회수할 것이므로 다시 한 번 프로스펙터를 만날 구실이 되기 때문입니다.

셋째, 정보자료집 안에는 당신 이외의 사람들이 네트워크 마케팅에 관해 적어 놓은 의견이나 체험담이 실려 있는 잡지 및 신문기사가 들어있는데, 그것을 통해 프로스펙터는 많은 사람들의 의견에 접할 수 있고 네트워크 마케팅을 보다 정확하게 판단하는 데 도움이 될 것이기 때문입니다.

그러므로 미팅에 참석한 모든 프로스펙터에게 정보자료집과 비디오테이프를 건네줄 수 있도록 미팅 전에 미리 준비해 두십시오.

(2) 컨벤션이나 그룹 미팅

사람들은 보통 사업설명을 한 번 듣는 것으로는 그 내용을 제대로 이해하지 못하지만, 두세 번 듣다 보면 이해하게 됩니다. 그러므로 홈 미팅에 참석한 사람들은 가능한 한 그룹 미팅에 참석하도록 권하십시오.

성공한 사람들의 경험에 의하면 프로스펙터에게 비교적 규모가 큰 미팅, 이를테면 컨벤션이나 그룹 미팅에 참석하게 하여 사업에서 성공한 사람들을 많이 만나게 할수록 그 사람이 갖고 있는 인생관이나 가치관에 커다란 변화가 생기고 네트워크 마케팅을 사업기회로 받아들일 가능성이 높아진다고 합니다.

후속조치를 취할 때, 결코 잊어서는 안 될 중요한 원칙

① 반드시 정보자료집을 건네준다

홈 미팅에 참석한 프로스펙터에게는 반드시 나중에 회수할 물건, 예를 들어 정보자료집이나 비디오테이프를 가져가도록 해야 합니다. 그렇게 함으로써 그 프로스펙터와 다시 한 번 만날 이유가 생기게 됩니다.

② 정보자료집은 반드시 회수한다

정보자료집이나 비디오 테이프는 반드시 24~48시간 안에 회수해야 합니다. 그러므로 그것을 건네줄 때에는 프로스펙터와 상의하여 반드시 회수할 날짜를 결정하도록 하십시오.

③ 의문점이나 질문은 종이에 적어 놓도록 한다

후속조치를 취하는 목적 중의 하나는 프로스펙터가 갖고 있는 걱정이나 질문에 대답하기 위해서입니다. 따라서 프로스펙터에게 정보자료집을 건네줄 때에는 반드시 잘 모르는 것이나 질문이 생기면 종이에 적어 놓도록 당부하기 바랍니다.

④ 항상 대화의 주도권을 쥐고 있어야 한다

사실, 꿈이나 목표를 갖고 있는 프로스펙터라 할지라도 대부분의 경우 그것을 실현시킬 수단을 갖고 있지 않거나 그 방법을 잘 모릅니다. 프로스펙터가 갖고 있는 꿈과 목표를 실현시킬 수단 및 방법을 알고 있는 사람은 바로 당신입니다. 따라서 대화의 주도권은 프로스펙터가 아닌 당신이 잡고 있어야 합니다.

⑤ 홈 미팅에 참석하여 사업설명을 들은 프로스펙터들은 반드시 A, B, C의 타입으로 분류하도록 하십시오. 그리고 이 사업을 할 것인지 혹은 제품을 사용할 것인지는 그 사람 스스로 판단하게 하십시오.

후속조치의 비결

성공자들의 경험에 비춰 보면 이 사업을 누군가에게 소개했을 때, 사람들은 보통 어느 정도 예상했던 반응을 보인다고 합니다.

우선, 이 사업이 지니고 있는 가능성을 소개하면 대부분의 프로스펙터는 흥분을 감추지 못합니다. 하지만 그와 동시에 의문, 의심, 두려움을 갖게 됩니다. 흥분과 동시에 마음 깊은 곳에서 '세상에 그런 일이 있을 리가 없지. 분명히 뭔가 꿍꿍이속이 있을 거야', '나도 정말 할 수 있을까?', '아무래도 나중에 거액의 자본금이 필요하다고 말할 거야', '이 사업에 정말로 가능성이 있는 걸까?', '이 사람을 믿어도 되나?', '지금도 무척 바쁜데 이 사업을 할 시간이 있을까?', '나는 아는 사람이 별로 없는데…' 등의 의문과 두려움을 갖게 되는 것입니다.

하지만 문제는 당신이 프로스펙터가 갖고 있을지도 모르는 걱정이나 의심, 의문에 '어떻게 대답할 것인가?' 하는 것이 아닙니다. 조금만 노력하면 당신은 그러한 모든 질문에 대응하는 방법을 배울 수 있기 때문입니다.

진정한 문제는 '프로스펙터가 네트워크 마케팅을 하지 않는 진정한 이유를 당신에게 말하지 않는다는 점'입니다. 왜냐하면 창피하다거나 자신이 약하고 지식이 부족하다는 것이 드러날지도 모른다는 두려움을 안고 있기 때문입니다. 그러므로 당신에게 그럴 듯한 이유를 대며 네트워크 마케팅을 못하겠다고 말하는 것입니다.

그들의 변명은 주로 '지금 저는 너무 바빠서 새로운 것을 할 시간이 없어요', '지금 시기가 좋지 않네요. 애들이 좀더 크면 할 수 있을 텐데', '아직 검토 중이에요. 결론이 나면 전화 드리지요', '아내(남편)에게 말해 볼게요'와 같은 것들입니다.

아마도 당신은 그러한 이유가 하나의 변명에 지나지 않는다는 사실을 깨우쳐줄 수 있을 것입니다. 하지만 프로스펙터가 사업을 하지 않으려는 진정한 이유는 따로 있기 때문에 대화는 계속 평행선을 그을 수밖에 없습니다. 다시 말해 프로스펙터가 결정을 내리지 못하는 진정한 이유가 따로 있는데, 그것을 파악하지 못한다면 계속 해결책을 제안하더라도 근본적인 해결은 되지 않을 것입니다.

프로스펙터가 네트워크 마케팅을 하지 않는 진정한 이유는 '난 학력이 미천해서 할 수가 없어', '회원이 되면 아마도 제품을 억지로 사라고 할 거야', '내가 세일즈를 어떻게 해', '이 사람은 별로 내키지가 않아', '이 사람을 어떻게 믿어?' 와 같은 것일지도 모릅니다. 하지만 실제로 프로스펙터가 어떤 생각을 하고 있는지는 아무도 모릅니다. 그러므로 후속조치를 끝낼 때에는 다음과 같이 말하도록 하십시오.

"○○○씨, 저는 이 사업이 ○○○씨에게 필요한 사업이라고 확신하고 있습니다. 하지만 몇 가지 불안하거나 걱정스럽게 생각되는 점이 있을지도 모릅니다. 제가 ○○○씨께 해드릴 수 있는 조언은 여기 이 자료를 읽어보라는 것입니다. 그렇게 하면 지금 갖고 있는 대부분의 의문은 해결될 것입니다. 그래도 의문이나 질문이 있다면 하루나 이틀 후에 다시 한 번 만나서 대답해 드리도록 하지요. □요일 △시에 만날 수 있을까요?"

"한 번 다양한 배경을 가진 사람들이 참석하는 그룹 미팅에 참석해서 여러 가지 강연을 들은 후에 이 사업을 할 수 있을 것인지의 여부를 판단해 보세요. 그렇게 하면 지금 느끼는 불안과 염려는 거의 다 해결될 것입니다. □요일 △시에 그룹 미팅이 있거든요. 한 번 참석해 보시지 않을래요?"

어떤 프로스펙터는 자신이 사업을 하면 그 이익이 당신에게 돌아간다고 오해하기도 합니다. 왜냐하면 네트워크 마케팅의 '서로에게 도움을 주면 서로의 이익이 된다'는 사업의 기본적인 사항을 이해하지 못하기 때문입니다. 이런 오해를 풀기 위해서는 가능한 한 당신 그룹의 구성원이 아닌 다른 사람들을 많이 만나게 하여 네트워크 마케팅이 뛰어나다는 것을 들려줄 필요가 있습니다. 당신 그룹의 구성원과 전혀 관계가 없는 사람들로 하여금 비즈니스 플랜을 보여주도록 하여 사업을 다른 각도에서 보게 하는 것입니다. 이것이 바로 홈 미팅에 참석한 프로스펙터나 새로운 사업자를 그룹 미팅 및 커다란 대회에 데려가는 가장 큰 이유입니다.

프로스펙터의 걱정과 오해에 대한 대처방법

이제 프로스펙터가 사업설명을 들은 후에 마음속에 품고 있을 걱정이나 오해에 대한 대처방법에 대해 설명하도록 하겠습니다.

프로스펙터의 가장 일반적인 오해

네트워크 마케팅의 사업자인 당신은 네트워크 마케팅에서의 성공이 연령, 성별, 학력, 경력, 직함, 사회적 경험, 인종, 국적, 종교, 빈부의 격차처럼 그 사람의 배경과 전혀 관계가 없다는 사실을 이미 잘 알고 있을 것입니다.

다시 말해 이 사업은 바빠서 시간이 없는 사람, 자본금이 없는 사람, 사업경험이 없는 사람 그리고 여성이든 남성이든, 고졸이든 대졸이든 관계없이 누구나 할 수 있으며 노력만 하면 누구든 성공할 가능성을 갖고 있는 것입니다.

또한 당신은 네트워크 마케팅은 합법적인 사업이라는 사실 그리고 강한 열정이 있고 스스로 다른 사람으로부터 새로운 지식을 배우려는 겸허함을 갖고 있으며 노력을 아낌없이 기울인다면 누구든 성공할 가능성이 있다는 것을 알고 있을 것입니다.

하지만 대부분의 프로스펙터에게 있어서 네트워크 마케팅 사업은 낯설거나 처음으로 대하는 것이기 때문에 한 두 번의 설명을 듣는 것으로는 네트워크 마케팅을 제대로 이해할 수 없을 것입니다. 그리고 사업 내용을 이해하지 못한 프로스펙터들은 '나는 별로 배우지 못해서 아무래도 이 사업을 못할 것 같아' 라든가 '세상에 그처럼 그럴듯한 일이 있을 리가 없어. 분명히 뭔가 다른 꿍꿍이속이 있을 거야' 라고 오해하기 쉽습니다.

어떤 프로스펙터는 자신의 주위에서 이미 사업을 하고 있는 사람들을 보고 '이 사업을 하고 있는 사람들은 대부분 여자잖아. 난 남자라서 못하겠군' 이라고 오해할지도 모릅니다. 혹은 사업설명을 들어도 잘 이해하지 못해 '이렇게 어려운 것을 다 외워야 하는 거라면 나는 안 되겠군' 이라고 마음속으로 생각하고 있을지도 모릅니다.

프로스펙터가 마음속에 품고 있을 걱정과 오해에 대처할 때의 포인트

사업자인 당신은 프로스펙터가 당신에게 말할지도 모르는 '걱정과 오해'에 대해 "왜 그걸 몰라요?"라거나 "그건 잘못된 생각이에요"라고 분개하거나 훈계 및 설득하려 할 것이 아니라, 상대방의 기분을 충분히 이해하고 상대방의 입장에 서서 대처하지 않으면 안 됩니다. 그리고 동시에 시스템대로 '자신과 확신'을 갖고 의연한 태도로 대처할 필요가 있습니다.

한 마디로 말해 사업자인 당신은 프로스펙터가 하는 말을 정면에서 부정할 것이 아니라, 프로스펙터가 조금이라도 이 사업을 이해할 수 있도록 도와주지 않으면 안 되는 것입니다. 그리고 그렇게 하려면 상대방을 존경하고 있고 상대방의 생각을 충분히 이해한다는 것을 나타내야 합니다.

따라서 프로스펙터의 '걱정이나 오해'에 대처할 때에는 절대로 공격적이 되지 않고 비굴해지지 않으며 훈계하지 말고 설득하려 하지 않도록 충분히 주의를 기울여야 합니다.

또한 응답을 할 때에는 '공감한다, 느꼈다, 발견했다'라는 세 가지 개념을 사용하는 것이 중요합니다.

우선, 당신이 상대방의 기분이나 입장을 충분히 이해한다는 것을 보여줍니다. 그 다음으로 당신도 처음에는 그 사람과 똑같은 느낌과 생각을 갖고 있었다는 것을 말합니다. 그 후 실제로 네트워크 마케팅을 하며 알게 된 것은 '처음에 생각했던 것과 전혀 다른 사업'이라는 점을 말하면 상대방도 충분히 납득할 것입니다.

 대부분의 경우, 사업을 할 수 없는 진정한 이유는 감춰져 있다

 무엇보다 중요한 것은 프로스펙터가 당신에게 말하는 이유와 걱정이
진정한 이유가 아닐 때가 많다는 사실입니다. 앞에서도 말했지만, 많은
경우 프로스펙터들은 그럴듯한 가짜 이유를 대면서 진정한 이유를 숨기
곤 합니다.

 가장 일반적인 가짜 이유에는 다음의 세 가지가 있습니다.

 ① "지금 저는 일(육아) 때문에 무척 바쁘거든요. 아무래도 네트워크 마케팅
을 할 시간이 없을 것 같네요."

 ② "네트워크 마케팅이 저에게 맞는지 안 맞는지(제가 할 수 있는지 어떤지)
잘 모르겠어요."

 ③ "어쩌죠? 제가 아는 사람들이 이미 네트워크 마케팅을 하고 있는데요."

 이밖에 다른 이유도 있겠지만 프로스펙터가 겉으로 드러내놓는 가장
일반적인 이유는 위의 세 가지입니다.

 이럴 경우, 명목상의 이유에 대해 의논하거나 설득하려 하는 것은 전혀
효과가 없을 뿐만 아니라, 오히려 역효과를 불러일으킬 수도 있습니다.
왜냐하면 그 이면에는 네트워크 마케팅을 하지 않으려는 진정한 이유와
걱정이 숨어 있기 때문입니다. 진정한 이유는 따로 있기 때문에 다른 각

도에서 여러 가지 해결책을 계속 내놓는다 하더라도 근본적인 문제는 해결할 수 없을 것입니다.

하지만 당신이 명목상의 이유에 잘 대처할 수 있다면, 결과적으로 볼 때 당신은 진정한 이유에 그만큼 더 다가간 셈이 됩니다. 여기에서 문제는 프로스펙터가 이 사업을 하지 못하겠다고 생각하는 진정한 이유와 걱정은 개인적이고 감정적인 것이 대부분이기 때문에 다른 사람에게 알리고 싶지 않은 것들이라는 점입니다. 따라서 만약 당신이 프로스펙터로부터 사업을 할 수 없는 진정한 이유를 끄집어내려고 하면 할수록 그 사람은 당신과 거리를 두려고 할 가능성도 충분히 있습니다.

예를 들어 "제가 이 사업을 할 수 있을지 잘 모르겠어요."라고 말하는 프로스펙터에게 당신이 "괜찮아요. 네트워크 마케팅은 누구든 할 수 있는 사업이거든요"라고 아무리 말을 해도 그 사람으로 하여금 '그래? 나도 네트워크 마케팅을 할 수 있단 말이지' 라고 생각하도록 할 수는 없습니다. 왜냐하면 프로스펙터가 네트워크 마케팅을 할 수 없다고 생각하는 진정한 이유가 따로 있기 때문입니다. 어쩌면 마음속으로 '나는 배우지 못했는데 사업 같은 걸 어떻게 해?' 라고 다른 이유를 갖고 있을지도 모릅니다. 혹은 '전에 사업을 해본 경험이 전혀 없는데 사업을 어떻게 시작한담?' 이라고 자신감이 없을지도 모릅니다.

솔직히 말해 그 사람이 네트워크 마케팅을 하지 않는 진정한 이유는 본인 이외에는 아무도 알 수가 없습니다. 왜냐하면 사람들은 대부분 개인적이고 감정적인 이유를 다른 사람에게 알리고 싶어하지 않기 때문입니다.

네트워크 마케팅을 하지 않으려는 진짜 이유

다음의 두 가지 질문에 대해 상식적으로 생각해 보기 바랍니다.

① 만약 일상 생활용품을 소매가격보다 30%나 싼 '도매가격'으로 구입할 수 있다면 그리고 굳이 소매점으로 나가지 않고 집에 앉아 편히 받아볼 수 있다면 사람들은 일부러 시간을 내서 소매점을 찾아가 비싼 가격의 제품을 구입할까요?

② 만약 사람들이 현재 받고 있는 수입에 변화를 주지 않고 보다 많은 수입을 올릴 수 있는 방법을 알고 있다면, 사람들은 그 방법을 통해 좀더 많은 수입을 올리려 하지 않을까요?

누구든 돈을 낭비하는 것보다는 절약하고 싶어하고, 누구든 수입이 적은 것보다는 더 많은 것을 원합니다. 그리고 당신이 알고 있다시피 네트워크 마케팅을 하면 품질이 우수한 제품을 도매가격에 집에 편하게 앉아 구입할 수 있으며 사업 활동을 하면 현재 하고 있는 일을 희생하는 일 없이 고수입을 얻을 기회를 잡을 수 있습니다. 그런데 왜 어떤 프로스펙터들은 사업을 하지 않을뿐더러 사업정보를 얻을 수 있는 홈 미팅에 조차 참석하려 하지 않는 것일까요?

① 그들이 아는 사람 중에서 적어도 한 명은 전에 사업자로 활동하다가 많은 이익을 올리지 못한 채 사업을 그만두었기 때문입니다. 혹은 현재 네트워크 마케팅을 하고 있는 가까운 사람 중에서 아직 사업에서 성공한 사람이 한 명도

없기 때문입니다. 다시 말해 그들의 마음속에는 네트워크 마케팅을 하더라도 성공할 수 없다는 생각이 있기 때문입니다.

② 사업을 해본 경험이 전혀 없어 네트워크 마케팅에서 성공할 수 있다는 자신감이 없기 때문입니다.

③ 이미 많은 사람들이 네트워크 마케팅을 하고 있고 시장은 이미 포화상태이므로 이제 와서 하기에는 늦었다고 생각하기 때문입니다.

위의 세 가지가 프로스펙터들이 네트워크 마케팅을 하지 않으려는 가장 일반적인 이유입니다. 하지만 많은 경우, 그들은 당신에게 진정한 이유를 말하지 않고 '그럴듯한 이유'를 대기 때문에 주의하지 않으면 안 됩니다. 예를 들어 '전에 사업을 해본 경험이 전혀 없기 때문에 네트워크 마케팅을 해서 성공한다는 자신감이 없어요'라는 진정한 이유를 말하는 대신, '지금 하고 있는 일(아이들 키우는 일) 때문에 무척 바쁘거든요. 할 시간이 없을 것 같네요'라고 그럴듯한 이유를 대는 것입니다. 그렇다면 왜 그렇게 말하는 것일까요?

그것은 '사업경험이 없어서 네트워크 마케팅을 할 자신이 없어요'라고 진정한 이유를 말하면 스스로 자신에게 능력이 없다는 것을 인정하는 것이 되기 때문입니다. 그리고 '바빠서 할 시간이 없네요'라고 말하면 적어도 자신의 체면이 깎이지는 않을 것이라고 생각하는 것입니다.

또한 어떤 사람은 '성공하지 못할 게 뻔한 데 처음부터 그런 일을 벌이지 않는 편이 낫지'라고 생각할 지도 모릅니다. 게다가 이러한 사람이 전에 네트워크 마케팅을 해서 성공하지 못했던 사람을 한 명이라도 알고 있다면 마음속으로 '네트워크 마케팅을 해서 실패하느니 아예 처음부터 하지 않는 것이 상책이다' 라는 생각을 하고 있을 것입니다. 물론 아무 것도 하지 않으면 실수나 실패를 경험하지 않게 됩니다. 하지만 결국에는 이루어놓은 것이 아무 것도 없을 것입니다.

사업자의 사명이란?

사업자의 사명은 가능한 한 많은 프로스펙터를 미팅에 초대하여 '이 커다란 사업기회' 를 알려주는 것입니다. 그들이 네트워크 마케팅의 가능성을 오해하여 이 커다란 사업기회를 잡지 못하는 일이 없도록 해야 하는 것입니다. 그리고 프로스펙터 각자가 갖고 있는 '무한한 가능성' 을 스스로 깨닫게 하는 것입니다. 가족이나 친구들을 미팅에 초대하는 목적은 단순히 그들로 하여금 사업자가 되게 하여 제품을 팔기 위함이 아닙니다.

또한 사업자가 된다는 것은 이 사업을 통해 프로스펙터가 갖고 있는 '부정적인 생각', 이를테면 '하더라도 성공하지 못할 거야', '나는 성공할 수 없어', '시간이 없어서 못해' 와 같은 생각을 '일단 시도하면 성공할 수 있을 거야', '난 반드시 성공할 수 있어', '시간이 없더라도 할 수 있어' 와 같은 '긍정적인 사고' 로 바꾸도록 도와줄 임무가 주어지는 것을 의미하기도 합니다.

만약 당신이 누군가에게 "당신이 강하게 원한다면 당신도 성공할 수 있습니다"라고 말하면서 실제로 네트워크 마케팅에서 성공하도록 그들을 도와준다면, 분명 그들은 당신에게 깊이 감사할 것입니다. 그리고 그 사람은 평생 당신의 친구가 될 것입니다.

프로스펙터가 마음 깊숙한 곳에 지니고 있는 걱정과 오해에 대처하는 방법

다시 한 번 강조하지만, 네트워크 마케팅을 할 수 없다고 프로스펙터가 생각하고 있는 이유나 걱정, 오해에 대해 상대방을 설득하려 한다거나 반대의견을 말할 것이 아니라, 당신의 의견을 논리적으로 간단하게 말하십시오. 그리고 화제를 바꾸어 그들이 지금까지 잊고 있던 그들의 꿈과 손에 넣으려는 것을 그들로부터 이끌어내는 일에 집중하십시오.

지금부터 프로스펙터가 갖고 있는 가장 일반적인 걱정과 오해에 대해 몇 가지 논리적이고 간단한 대처방법을 지적하고 그 하나하나에 대해 자세히 설명하도록 하겠습니다.

프로스펙터가 갖고 있는 가장 일반적인 걱정과 오해는 다음과 같습니다.

① 네트워크 마케팅의 사업 내용을 이해하지 못하겠어요. 내가 사업을 할 수 있을지 모르겠네요.

② 네트워크 마케팅을 할 시간이 없어요.

③ 네트워크 마케팅 시장은 이미 포화상태가 아닌가요?

④ 먼저 사업을 시작한 사람만 많은 이익을 얻을 수 있기 때문에 지금 시작하기에는 너무 늦었다는 생각이 드네요.

⑤ 돈은 사람에게 나쁜 영향을 준다고 생각해요. 그래서 그런지 돈 버는 것은 제 성격에 맞지 않는 것 같네요.

⑥ 전에 사업 같은 것을 해본 적이 없어서 네트워크 마케팅 사업을 할 수 있을지 모르겠어요.

네트워크 마케팅을 잘 모르는 사람들을 위해 가능한 한 이해하기 쉬운 용어를 사용하도록 하겠습니다.

① 네트워크 마케팅의 사업 내용을 이해하지 못하겠어요. 내가 사업을 할 수 있을지 모르겠네요.

"○○○씨가 어떤 느낌을 갖고 있을지 충분히 이해가 갑니다. 처음에는 저도 이 사업 이야기를 듣고 ○○○씨와 똑같은 생각을 했습니다. 저도 네트워크 마케팅 사업 내용이 잘 이해되지 않아 '나는 사업을 할 수 없을 거야'라고 생각했었죠. 제 경험에 비추어 보면 사업설명을 한 두 번 들어도 잘 이해되지 않더군요. 저는 여러 가지 미팅에 참석해서 실제로 이 사업을 하고 있는 사람들을 만나고 그들에게 이것저것 이야기를 들어 본 후에야 비로소 이 사업을 이해할 수 있었습니다.

제가 해드리고 싶은 말은 네트워크 마케팅 사업을 할 수 있을지 없을지 고민이 되신다면, 그룹 미팅에 한 번 참석하셔서 어떤 사람들이 이 사업을 하고 있는지 직접 확인한 후에 어떻게 할 것인지를 결정해도 늦지 않다는 점입니다. (달력을 꺼내서) 마침 이번 주 일요일 오후 3시에 ○○ 센터에서 이제 막 사업을 시작하려는 사람들을 위한 설명회가 있거든요. 제가 2시까지 차로 모시러 오겠습니다. 같이 가실 수 있으시죠?"

② 네트워크 마케팅을 할 시간이 없어요.

"제가 ○○○씨에게 이 사업을 소개하려고 했던 주된 이유는 ○○○씨가 대단히 바쁜 분이라는 것을 알고 있었기 때문입니다. 실은 저도 이 사업을 시작하려고 마음먹었을 때 ○○○씨와 마찬가지로 시간에 대해 걱정을 많이 했습니다. '지금도 이렇게 바쁜데 다른 사업을 할 시간이 있을까?' 라거나 '지금은 할 수 있을지 몰라도 일단 그룹이 커지면 점점 더 바빠질 텐데' 라는 걱정이 있었지요.

하지만 실제로 네트워크 마케팅을 해본 후에 네트워크(그룹)가 점점 커짐에 따라 더 바빠지는 것이 아니라 반대로 자유시간이 전보다 훨씬 더 많아진다는 사실을 알게 되었습니다. 왜냐하면 네트워크의 여러 사람 중에서 리더를 발견하기 때문이지요. 일단 리더를 발견하면 시간은 두 세 배 정도 많아집니다.

네트워크 마케팅은 본래 ○○○씨처럼 바쁜 사람들을 대상으로 고안된 사업으로, ○○○씨의 생활에서 가장 중요한 ○○○씨의 가족을 위해 자유시간을 사용할 수 있도록 기회를 제공해 줍니다. 다시 한 번 미팅에 참석해서 ○○○씨와 같은 입장에 있는 사람들의 이야기를 들어보도록 하세요. 그렇게 하면 이 사업이 우리에게 제공하고 있는 가능성이 얼마나 큰지 이해하실 수 있을 겁니다."

③ 네트워크 마케팅 시장은 이미 포화상태가 아닌가요?

"제가 사업을 시작할 당시 국내에서 네트워크 마케팅을 하고 있는 사람이 100만 명을 넘어섰다는 말을 들었을 때, 저는 '국내의 네트워크 마케팅 시장이 이미 포화상태가 아닌가' 그리고 '그렇다면 모든 사람들이 네트워크 마케팅의 사업기회에 대해 알고 있는 것이 아닌가' 라고 생각했습니다. 하지만 제 스폰서가 이런 말을 들려주더군요. 미국에서는 네트워크 마케팅이 40년의 역사를 갖고 있는데, 그런 미국에서도 하루에 수천 명의 사람들이 새롭게 사업자가 된다고 합니다. 우리보다 역사가 두 배나 더 긴 미국에서도 이 사업이 제공하는 사업기회를 모르는 사람들이 많은 것입니다. 물론 전과 비교했을 때, 이 사업에 대해 소문을 들어본 사람들이 더 많아진 것은 사실이지만, 이 사업의 진정한 의미를 제대로 알고 있는 사람들은 극히 일부라고 합니다.

어떤 데이터에 의하면 국내에서도 많을 때에는 한 달에 수만 명이 새로운 사업자가 된다고 합니다. 적어도 하루에 수천 명이 사업자가 되는 셈입니다. 이러한 추세로 계속 진행된다면 네트워크 마케팅 시장은 금방 포화상태가 될 것이라는 걱정을 할 수도 있습니다. 하지만 국내에서는 1년에 약 200만 명 정도가 새롭게 성인이 됩니다. 이것은 한 달에 약 16만 명 이상이 성인이 되는 셈입니다. 그러므로 시장이 포화되는 것이 아니라 더 큰 네트워크를 만들 기회가 늘어나는 것입니다.

네트워크 마케팅을 하고 있는 사람들의 숫자를 나라 전체 인구와 비교해 보면 어느 나라든 대개 5% 전후입니다. 시장이 포화상태가 된다는 것은 100%에 가깝다는 것인데, 어떤 사업이든 시장이 100% 포화상태가 된 적은 역사상 단 한 번도 없습니다.

일례로 누구든 맥도널드의 성공 스토리를 알고 있을 것입니다. 통계에 의하면 패스트푸드점에 가는 사람 중에서 맥도널드에 가는 사람은 18% 전후라고 합니다. 10명 중에서 두 명밖에 가지 않는데도 불구하고 맥도널드는 그 업계에서 '넘버 1'인 것입니다. 실제로 현재 네트워크 마케팅에서 유통되는 제품이 유통시장 전체에서 점하고 있는 비율은 단지 몇 퍼센트에 지나지 않습니다.

이상의 설명에서 알 수 있는 것처럼 네트워크 마케팅 시장은 이미 포화상태에 이른 것이 아닙니다. 이것으로 앞으로도 네트워크 마케팅에서 제품을 유통시켜 매출액을 신장시킬 기회가 계속 이어진다는 점을 이해하셨으리라 생각합니다."

아니면 이러한 대답도 좋습니다.

"_____(회사명을 넣으면서)라는 이름은 여성들의 80% 이상(적절한 숫자를 넣는다)이 그리고 남자들도 과반수이상이 들어본 적이 있다고 합니다. 그렇다고 전 국민의 과반수가 이 사업으로 하고 있는 것은 아닙니다. 실제로 이 사업을 하고 있는 사람들은 전체 인구의 1~2%(적절한 숫자를 넣는다)에 불과할 뿐입니다. 지명도가 높기 때문에 ○○회사의 사업을 하고 있는 사람들도 많을 것이라고 생각하는 것은 옳지 않습니다. 이것은 ○○회사의 이름을 알고 있는 사람들의 숫자는 대단히 많지만, 실제로 사업을 하고 있는 사람은 여전히 적어 시장이 포화상태에 이르려면 아직 멀었다는 것을 의미합니다.

또한 이러한 통계도 있습니다. 현재 국내에는 약 ＿＿명 (적절한 숫자를 넣는다)의 사업자가 있습니다. 하지만 실제로 그 중의 80%에 해당하는 명(적절한 숫자를 넣는다) 이상은 제품을 싸게 살 수 있기 때문에 혹은 의리 때문에 사업자가 된 사람들입니다. 그들은 사업자로 불리기는 하지만 사업을 전혀 하지 않거나 약간의 사업만 하는 경우가 많습니다. 남은 20%에 해당하는 약 ＿＿명(적절한 숫자를 넣는다)만이 네트워크 마케팅을 사업으로 생각하고 열심히 하고 있는 것입니다.

오늘날 ○○회사는 1년에 약 ＿＿이상 (적절한 숫자를 넣는다)의 매출액을 기록하고 있는데, 그것을 지탱하고 있는 것은 전체 인구의 극히 일부에 지나지 않습니다. 물론 앞으로도 시장이 포화되는 일은 없습니다. 그러므로 사업자가 되어 열심히 사업을 한다면 당신이 커다란 수입을 받을 수 있는 기회는 여전히 존재하는 셈입니다.”

④ 먼저 사업을 시작한 사람만 많은 이익을 얻을 수 있기 때문에 지금 시작하기에는 너무 늦었다는 생각이 드네요.

“네트워크 마케팅은 전 세계 각국에서 그리고 국내에서도 법적인 수속을 모두 끝마쳤고 사회적으로도 정당한 사업으로 인정받고 있습니다.

네트워크 마케팅은 다른 비합법적인 상법과 달리 아무리 먼저 일을 시작했을지라도 실제로 일을 하지 않으면 이익을 얻을 수 없습니다. 또한 여러 사람을 스폰서 하더라도 그 사람의 사업을 지원해서 그 사람이 성공하도록 돕지 않으면 이익으로 연결되지 않습니다. 지금 네트워크 마케팅에서 고수입을 얻고 있는 성공자들은 보통 사람들이 생각하는 것 이상의 노력을 기울여 온 사람들로 결코 아무 것도 하지 않고 높은 수입을 올리고 있는 사람은 한 명도 없습니다.

네트워크 마케팅에서는 누구나 자유롭게 일하고 있으며 얼마나 일을 할 것인지 그리고 어느 정도의 수입을 얻을 것인지를 결정하는 것은 사업을 하고 있는 자기 자신입니다. 성공한 사람들이 부럽습니까? 하지만 열심히 사업을 하면 누구나 고소득을 얻을 기회가 있습니다.

5년, 10년 전과 비교해 보면 지금은 네트워크 마케팅 사업을 펼치기에 매우 좋은 환경이 갖추어져 있습니다. 왜냐하면 전보다 많은 사람들이 성공을 거두고 있고 보다 뛰어난 트레이닝 프로그램이 존재하기 때문입니다. 그리고 네트워크 마케팅 회사도 대기업이 되어 보다 많은 일류제품을 취급하고 있기 때문입니다. 저희는 네트워크 마케팅 업계의 성장과 함께 가능한 한 많은 사람들이 수입을 올릴 기회를 잡을 수 있도록 전 세계적으로 일류 사업 팀을 만들려고 합니다.

제가 드릴 수 있는 조언은 다음 번 미팅에 참석하셔서 ㅇㅇㅇ씨와 동일한 배경을 갖고 있는 많은 사람들을 만나보고, 이 사업이 ㅇㅇㅇ씨에게 어떤 기회를 제공하고 있는지 스스로 조사해 보셨으면 하는 것입니다."

⑤ 돈은 사람에게 나쁜 영향을 준다고 생각해요. 그래서 그런지 돈 버는 것은 제 성격에 맞지 않는 것 같네요.

"저는 ○○○씨께서 그런 걱정을 하고 계신 것에 대해 감사하고 있습니다. 사람들은 흔히 돈벌이만을 강조하곤 하는데, 저희는 돈을 버는 것뿐만 아니라 경제적으로 더 많은 선택기회를 제공해 주는 수단에 대해 이야기하고 있는 것입니다. 돈이 있다는 것은 때에 따라 우리가 자유를 얻을 선택기회가 더 많아진다는 것을 의미하기도 합니다. 그리고 돈이 있으면 사랑하는 친구나 가족과 함께 보낼 수 있는 시간을 더 많이 가질 수도 있습니다.

어떤 사람에게 있어서 네트워크 마케팅을 통해 부수입을 얻는 것은 어린 자녀들을 놀이방에 맡기고 일터로 갈 필요가 없어지는 것을 의미합니다. 우리는 생활의 질을 보다 더 향상시키기 위해 밤낮으로 노력하고 있습니다. 그리고 이 사업에서 얻은 수입은 우리에게 다양한 선택의 자유를 제공하는 것입니다.

어떤 사람에게 있어서 부수입을 얻는 것은 보다 많은 돈을 가난한 사람이나 자선단체에 기부할 수 있다는 것을 의미할 수도 있습니다. 우리가 경제적으로 어려움을 겪고 있는 사람들을 마음으로 안타깝게 여기는 것만으로는 그들에게 전혀 도움이 되지 않습니다. 하지만 이 사업으로 얻은 수입을 그러한 사람들을 위해 사용할 수 있는 것입니다. 이처럼 생각하기에 따라 돈은 그 사람의 배를 불리기만 하는 도구가 되기도 하고, 사회와 가난한 사람들을 위해 도움이 되는 도구가 되기도 하는 것입니다.

(달력을 꺼내면서) 이번 주 □요일 저녁 7시부터 열리는 그룹 미팅에 참석해서 ○○○씨와 같은 세대의 사람들과 만나 보는 것이 어떻겠습니까? 그렇게 하면 많은 사람들이 처음에는 ○○○씨와 동일한 생각을 갖고 있었다는 것을 그리고 지금은 네트워크 마케팅의 가능성을 깨닫고 사업을 열심히 하고 있다는 것을 실감할 수 있을 겁니다."

⑥ 전에 사업 같은 것을 해본 적이 없어서 네트워크 마케팅 사업을 할 수 있을지 모르겠어요(자신이 별로 없어요).

"솔직히 ○○○씨께서는 이 사업을 하고 싶으시죠? 하지만 이 사업을 해서 성공할 수 있다는 자신감이 없는 것인지도 모릅니다. 제 말이 맞나요? 제가 이 사업을 처음부터 혼자서 해왔을 것이라고 생각하십니까? 제가 이 사업을 시작했을 때는 ○○○씨와 마찬가지로 사업에 관한 지식이나 경험이 전혀 없었습니다. 하지만 처음에는 그 누구도 제가 이 사업을 하는 방법을 알고 있을 것이라고 기대하지 않았습니다. 그리고 제 그룹에도 다양한 사람들이 들어와 있는데 저는 지금까지 단 한 사람도 처음부터 혼자서 사업을 할 수 있을 것이라고 생각하거나 기대해 본 적이 없습니다. 저희 그룹은 네트워크 사업자가 서로의 결점을 보완해 나가면서 그리고 모르는 것이 있으면 서로 가르쳐 주면서 함께 사업을 해왔습니다.

이번 주 □요일에 있을 미팅에 한 번 참석해 보시기 바랍니다. 미팅에 참석하면 ○○○씨가 얼마나 그룹 사람들로부터 조언과 지원을 받을 수 있는지 알 수 있을 것입니다."

　대부분의 프로스펙터는 네트워크 사업자가 되더라도 '무엇을 해야 좋을지 모른다거나 네트워크 마케팅을 하더라도 성공할 것이라는 자신감이 없을 경우, 처음부터 사업을 하지 않는 쪽을 택하게 됩니다. 그러므로 네트워크 마케팅을 설명할 때에는 프로스펙터에게 다음과 같은 세 가지를 알려주는 것이 중요합니다.

　① 사업은 하나부터 열까지 혼자서 다 하는 것이 아니라 그룹 사람들과 함께 서로 도와가면서 한다는 것.

　② 사업은 이미 성공한다는 것이 증명된 시스템을 사용하여 하기 때문에 개인적인 지식이나 경험은 일절 필요하지 않으며 누구든 할 수 있다는 것.

　③ 사업에 얼마만큼의 시간을 투자할 것인지는 본인 스스로 결정할 문제로 강요받지 않는다는 것.

마무리지으며

우리의 대뇌는 좋은 영향을 주는 정보이든 악영향을 끼치는 정보이든 외부로부터의 모든 정보를 받아들입니다. 대뇌는 어떤 것이 우리에게 좋은 영향을 주는 정보이고 나쁜 영향을 주는 정보인지 구별해 낼 능력이 없는 것입니다.

그리고 우리의 몸은 노폐물을 소변이나 대변과 같은 배설물의 형태로 체외로 배출하게 되어 있습니다. 또한 피부는 체외에 존재하는 유해물질이 체내에 침입하지 않도록 막아주는 역할을 합니다. 이때, 만약 유해물질이 침입한다면 그 박테리아(세균)는 백혈구에 의해 분해 되어 체외로 배출됩니다.

하지만 우리의 뇌에는 피부와 같은 방어시스템이 없을 뿐만 아니라 일단 들어온 나쁜 정보를 체외로 배출시키는 시스템도 없습니다. 따라서 좋든 나쁘든 일단 대뇌에 들어온 정보는 평생 우리의 뇌 어딘가에 저장되어 있는 것입니다.

어떤 학자는 우리의 대뇌에 대해 이렇게 표현하고 있습니다.

"이제 막 태어난 갓난아이의 대뇌는 투명한 물을 담아 놓은 물통과도 같다. 그리고 나쁜 정보는 그 물통에 한 방울씩 떨어져 물통의 물에 퍼져 나가는 붉은 색 잉크와도 같다."

나이를 먹으면서 우리의 뇌는 나쁜 정보를 흡수하게 되고 그렇게 됨에 따라 투명한 상태에서 옅은 분홍색 그리고 점차 분홍색에서 붉은 색으로 변해 가는 것입니다. 물론 나쁜 정보란 어린 시절에 자주 듣는 '넌 바보야!', '뭐를 하든 넌 안 돼!' 와 같이 그 사람의 하려는 의지를 없애는 말과 나쁜 영향을 주는 영화, 잡지 및 TV 프로그램 같은 것들입니다. 그리고 안타깝게도 우리의 대뇌는 적어도 이미 분홍색이 되어 있습니다.

이처럼 우리의 대뇌에는 좋은 정보인지 아니면 나쁜 정보인지를 분별할 수 있는 시스템이 없기 때문에 외부로부터의 나쁜 정보를 차단하지 않는다면, 우리의 뇌는 점점 붉은색으로 변해갈 것입니다. 그리고 외부로부터의 나쁜 영향을 차단하기 위해서는 악영향을 끼치는 TV, 잡지, 영화를 피해야 할 것입니다. 또한 우리의 자신감을 없애는 말을 하는 사람들과는 거리를 두어야 할 것입니다.

그렇다면 일단 축적된 나쁜 정보는 어떻게 해야 할까요? 나쁜 정보를 우리의 뇌에서 체외로 배출할 수 없다면, 이미 축적된 나쁜 정보가 우리에게 악영향을 끼치지 않게 하는 방법이 있을까요?

단 하나의 방법이 있습니다. 그것은 좋은 정보를 대량으로 뇌에 주입하여 나쁜 정보를 희석시키는 것입니다. 이것은 새빨갛게 된 물통의 물도 대량의 물을 계속 부어 넣으면 깨끗한 물이 되는 것과 같은 원리입니다. 네트워크 마케팅 사업에 있어서 나쁜 정보를 희석시키는 것은 업 라인이 추천하는 책을 읽고 카세트테이프를 들으며 비디오테이프를 보는 것 그리고 미팅에 참석하여 대량의 좋은 정보를 대뇌에 집어넣어 이미 축적된 나쁜 정보를 희석시키는 것입니다.

 이 책을 마무리하면서 가장 걱정되는 것은 여러분이 지식을 잔뜩 쌓아 놓고 행동으로 실천하지 않으면 어쩌나 하는 것입니다. '인생의 목적은 행동에 있지 사상에 있지 않다'는 말처럼 실제로 시스템을 사용하여 행동할 때에만 비로소 성공할 수 있습니다. 머릿속에 지식만 채워 넣은 이른바 '도서관 인간'은 결코 성공할 수 없는 것입니다. 지식은 실천을 할 때, 제 기능을 발휘하는 법입니다.

 '영국 사람은 생각한 후에 뛰고, 프랑스 사람은 생각하면서 뛰고, 이탈리아 사람은 뛰고 나서 생각한다'는 유명한 말이 있습니다. 우리나라 사람은 어떤 타입일까요? 그리고 당신은 어떤 타입입니까?

 일반적으로 많은 지식을 쌓은 지식인이나 화려한 경력을 자랑하는 사람들은 네트워크 마케팅에서 성공할 수 없다는 말을 듣곤 합니다. 이것은 어디까지나 일반적인 경향으로 그들이 절대로 성공할 수 없다는 말이 아닙니다. 쉽게 말해 일류대학을 우수한 성적으로 졸업한 사람들은 지식은 많이 갖고 있지만, 반면 단호한 결단을 내리지 못해 성공하지 못하는 경우가 많다는 것입니다.

 소위 인텔리라고 불리는 사람들은 영국 사람과 같이 생각한 후에 뛰는 타입입니다. 다시 말해 지식을 갖고 있기 때문에 쉽게 행동할 수 없는 것입니다. 그리고 지식을 우선시해서 행동하지 않는 사람은 네트워크 마케팅에서 크게 성공할 수 없습니다.

이 책을 읽은 독자들이 우선 해야 할 것은 컵에 들어있는 주스가 맛이 있는지 없는지를 논할 것이 아니라, 실제로 컵을 집어 들고 마신 후에 스스로 판단하는 것입니다. 마찬가지로 이 책에서 소개한 사업지식과 노하우가 진정으로 현명한 생각인지를 이리저리 생각하기보다는 실제로 시스템을 사용해 보고 나서 스스로 판단해 보기 바랍니다.

하지만 당신의 그룹에 이 책보다 완벽하지는 않지만 업 라인에 의해 작성된 시스템이 있을 경우에는 그 시스템을 우선 사용해야 합니다. 왜냐하면 하나의 그룹에 두 개의 시스템이 존재하면 그룹 내에 혼란을 야기할 수 있기 때문입니다. 만일 당신의 그룹에 확립된 시스템이 전혀 없을 경우에는 곧바로 이 책을 참고하십시오.

본래 미국에서 네트워크 마케팅이라는 사업이 구상된 이유는 단지 '스스로 성공하고 싶은 사람들에게 수단을 제공한다' 는 목적을 달성하기 위함이었습니다. 그러므로 네트워크 마케팅을 할 것인지 아니면 하지 않을 것인지는 전적으로 당신이 선택하기 나름입니다.

그리고 제가 이 책을 쓰게 된 것은 사업자들이 시행착오를 겪어 귀중한 시간과 노력을 헛되이 낭비하는 것을 최소한으로 줄이고, 가능한 한 단기간에 성공을 쟁취하기를 바라는 마음에서였습니다. 하지만 아무리 뛰어난 마케팅 플랜과 제품을 갖춘 회사라 하더라도 또한 아무리 훌륭한 책을 보고 테이프와 연설을 듣더라도 그리고 당신에게 성공할 수 있는 방법을 알려준다 하더라도, 당신으로 하여금 성공하도록 할 수는 없습니다. 왜냐하면 네트워크 마케팅 사업을 실제로 하는 것은 바로 당신 자신이기 때문입니다.

성공은 예나 지금이나 당신의 손에 달려 있습니다. 저는 당신이 반드시 성공해서 당신의 주위에 있는 사람들까지도 행복하게 해줄 수 있는 사람이라고 굳게 믿습니다.

요시무라 유타카(吉村 豊)

네트워크 마케팅 이렇게 시작하면 된다

1판 1쇄 찍음 / 2002년 7월 30일
1판 10쇄 펴냄 / 2016년 8월 1일

지은이 / 요시무라 유타카
옮긴이 / 안훈
펴낸이 / 배동선
마케팅부 / 최진균
총무부 / 이다혜
펴낸곳 / 아름다운사회

출판등록일자 / 2008년 1월 15일
등록번호 / 제2008-1738호

주소 / 서울시 강동구 성내동 419-28 아트빌딩 2층 (우: 05403)
대표전화 / (02)479-0023 팩스 / (02)479-0537
E-mail / assabooks@naver.com

ISBN 89-89724-49-X(03320)

값 10,000원

* 잘못된 책은 교환해 드립니다.